若批评不自由，则赞美无意义

Sans la liberté de blâmer, il n'est point d'éloge flatteur

——《费加罗报》（*Le Figaro*）

关 于 作 者

安东尼·刘易斯（Anthony Lewis）

1927年3月生于纽约，毕业于哈佛学院。曾任《纽约时报》周日版编辑（1948—1952）、驻华盛顿司法事务报道记者（1955—1964）、伦敦记者站主任（1965—1972）、专栏作者（1969—2001），目前是《纽约书评》专栏作者。1955年、1963年两度获普利策奖。刘易斯曾在哈佛大学执教（1974—1989），并自1982年起，担任哥伦比亚大学"詹姆斯•麦迪逊讲席"教授，讲授第一修正案与新闻自由。著有《吉迪恩的号角》（Gideon's Trumpet）、《十年人物：第二次美国革命》（Portrait of a Decade: The Second American Revolution）、《言论的边界：美国宪法第一修正案简史》（Freedom for the Thought that We Hate: A Biography of the First Amendment）。刘易斯的妻子是马萨诸塞州最高法院首席大法官玛格丽特•马歇尔，两人现居马萨诸塞州坎布里奇。

关 于 译 者

何 帆

1978年生，湖北襄阳人，法学博士，现任职于最高人民法院。著有《刑法注释书》《刑事没收研究》《大法官说了算》《刑民交叉案件审理的基本思路》等，译有《法官能为民主做什么》《九人：美国最高法院风云》《十二怒汉》等。

批评官员的尺度

《纽约时报》诉警察局长沙利文案

Make No Law:
the Sullivan Case and the First Amendment

〔美〕安东尼·刘易斯 著　何帆 译

北京大学出版社
PEKING UNIVERSITY PRESS

北京市版权局著作权合同登记号 图字:01-2011-1401

图书在版编目(CIP)数据

批评官员的尺度:《纽约时报》诉警察局长沙利文案/(美)刘易斯(Lewis,A.)著;何帆译. —北京:北京大学出版社,2011.7
ISBN 978-7-301-18873-6

Ⅰ.①批… Ⅱ.①刘… ②何… Ⅲ.①案例-美国 ②言论自由-美国 ③新闻事业-美国 Ⅳ.①D971.2 ②G219.712.0

中国版本图书馆 CIP 数据核字(2011)第 086543 号

Make no law:the Sullivan Case and the First Amendment/Anthony Lewis
First Vintage Books Edition,September 1992
Copyright © 1991 by Anthony Lewis
All rights reserved under international and Pan-American Copyright Conventions.
Published in the United States by Vintage Books, a division of Random House, Inc., New York,and simultaneously by Random House of Canada Limited,Toronto.
Originally published in hardcover by Random House, Inc., New York,in 1991.
This translation published by arrangement with Random House, an imprint of The Random House Publishing Group, a division of Random House, Inc.
Simplified Chinese translation copyright © 2011 by Peking University Press.
ALL RIGHTS RESERVED.

书　　　名:批评官员的尺度——《纽约时报》诉警察局长沙利文案
著作责任者:〔美〕安东尼·刘易斯 著 何 帆 译
责 任 编 辑:曾 健 陈晓洁
标 准 书 号:ISBN 978-7-301-18873-6/D·2851
出 版 发 行:北京大学出版社
地　　　址:北京市海淀区成府路 205 号 100871
网　　　址:http://www.yandayuanzhao.com
电　　　话:邮购部 62752015 发行部 62750672 编辑部 62117788
　　　　　　出版部 62754962
电 子 邮 箱:law@ pup. pku. edu. cn
印　刷　者:涿州市星河印刷有限公司
经　销　者:新华书店
　　　　　　650 毫米×980 毫米 16 开本 22.25 印张 254 千字
　　　　　　2011 年 7 月第 1 版 2023 年 1 月第 22 次印刷
定　　　价:69.00 元

关于言论自由的经典判词

正确结论来自多元化的声音，而不是权威的选择。对于许多人来说，这一看法现在和将来都是无稽之谈，然而，我们却把它当作决定命运的赌注。

——勒尼德·汉德法官，"《群众》杂志社诉帕腾案"

当人们意识到，时间已消磨诸多斗志，他们才会更加相信，达至心中至善的最好方式，是不同思想的自由交流。也就是说，如果我们想确定一种思想是否真理，就应让它在思想市场的竞争中接受检验。也仅有真理，才能保证我们梦想成真。

——小奥利弗·温德尔·霍姆斯大法官，"美国诉艾姆拉姆斯案"

国家的终极目的，是协助人们自由、全面地发展；在政府内部，民主协商的力量，应超过独裁专断的势力。……自由思考，畅所欲言，是探索和传播政治真理不可或缺的途径。如果没有言论自由和集会自由，所谓理性商讨就是一句空话。

——路易斯·布兰代斯大法官，"惠特尼诉加利福尼亚州案"

当报界轻率诋毁公众人物，谩骂诽谤恪尽职守的公职人员，并借用公共舆论对他们施加负面影响时，我们不能说媒体权力正被严重滥用，因为与开国先驱们当年遭受的人身攻击相比，这类言论根本算不上什么。如今，我们政府的行政架构已愈加叠床架屋，渎职、贪腐几率陡增，犯罪率屡创新高。玩忽职守的官员与黑帮分子狼狈为奸、包庇犯罪，将对人民的生命和财产安全构成极大威胁，因此，对勇敢、警觉的媒体之需要，显得尤为迫切，在大都市里更是如此。

——查尔斯·埃文斯·休斯首席大法官，"尼尔诉明尼苏达州案"

宗教、政治信仰是常常发生尖锐对立的领域：一个人的坚定笃信，可能被他人视为无稽之谈。据我们所知，为了说服别人接受他的观点，有些人会用夸张甚至虚假的陈述，去贬低那些显赫的宗教或政界人物。但是，历史给我们这个国家的人民带来的启示是：尽管存在滥用自由现象，但从长远来看，这些自由在一个民主国家，对于促成开明的公民意见和正当的公民行为，可谓至关重要。

——欧文·罗伯茨大法官，"坎特韦尔诉康涅狄格州案"

政府官员名誉受损，并不意味着我们要以压制自由言论为代价进行救济。

——小威廉·布伦南大法官，"《纽约时报》诉沙利文案"

宪法保护的表达自由权利，在这个人口众多，日趋多元的社会里，无疑是一剂良药。创设这一权利，就是为了解除政府对公共讨论施加的种种限制，将讨论何种议题的决定权，最大限度交到我们每个人手中。……允许这一自由的存在，或许会导致尘世喧嚣，杂音纷扰，各类不和谐之声不绝于耳，有时甚至会有一些冒犯性的言论。但是，在既定规范之下，这些仅是扩大公共讨论范围导致的一点点副作用罢了。容许空气中充满不和谐的声音，不是软弱的表现，而是力量的象征。

——约翰·哈伦大法官，"科恩诉加利福尼亚州案"

批评的限度就是民主的尺度

（译者序）

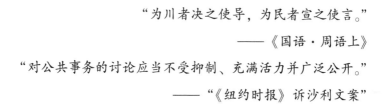

> "为川者决之使导，为民者宣之使言。"
> ——《国语·周语上》
> "对公共事务的讨论应当不受抑制、充满活力并广泛公开。"
> ——"《纽约时报》诉沙利文案"

一

作为当今世界最有影响力的媒体之一，《纽约时报》虽正经受电子传媒的挑战，发行量也有所下降，却从未感受到生存威胁。但是，1960 年，一个名叫 L. B. 沙利文的警察局长提起的一场诽谤诉讼，却几乎将《纽约时报》逼至绝境，如果不是联邦最高法院九位大法官力挽狂澜，这家百年老店或许早已关门大吉。

由威廉·布伦南大法官撰写的本案判决，不仅适时挽救了《纽约时报》，还推动美国新闻界真正担负起监督政府、评判官员的职能，跃升为立法、行政、司法之外的"第四权"。[1]近半个世纪之后，这起名为"《纽约时报》诉沙利文案"（New York Times v. Sullivan）的案件，仍影响着当代美国社会，与每一位普通美国人的生活息息相关。[2]新近发生的一起案件，就是最好的证明。

2011年3月2日，联邦最高法院宣布了"斯奈德诉费尔普斯案"（Snyder v. Phelps）的判决结果，九位大法官以8票对1票，判定极端反同性恋组织"韦斯特伯勒浸礼会教会"胜诉。消息传出，有保守派团体击掌相庆，也有自由派组织表示欢迎，报刊电视亦纷纷叫好。到底是一起什么样的案件，能令左右两派、传媒大佬们皆大欢喜呢？

"斯奈德案"触及的，是美国宪法中的一项永恒议题：言论自由。原审被告弗瑞德·费尔普斯来自堪萨斯州，是"韦斯特伯勒浸礼会教会"创始人。这个教会规模不大，成员多是费尔普斯的亲友。二十年来，但凡有军人下葬，费尔普斯都会率教众奔赴现场，并在附近亮出标语。标语内容相当令人反感，多是"感谢上帝，弄死士兵"、"为9·11感谢上帝"、"上帝仇恨同性恋"、"你们会下地狱"、"美国应遭天谴"，等等。这些人极端仇视同性恋，在他们心目中，美国社会，尤其是美国军方，因为对同性恋行为态度过于宽容，正承受上帝的责

---

〔1〕"第四权理论"（the fourth estate theory），源自美国联邦最高法院大法官波特·斯图尔特1974年11月2日在耶鲁大学法学院的一次演讲。他认为，宪法之所以维护言论自由和出版自由，就是要维持一个有组织而且负责任的新闻界存在，使之成为立法、行政、司法三权之外的第四权，真正起到监督政府，防止政府滥权的作用。这一说法也得到威廉·布伦南大法官的支持。参见 Brennan, Address, 32 *Rutgers Law Review* 173（1979）。

〔2〕本案一审原告为阿拉巴马州蒙哥马利市警察局长沙利文，初审案名为"沙利文诉《纽约时报》案"，沙利文作为原告排列在先。《纽约时报》一审、二审失利后，请求最高法院复审此案。此时，《纽约时报》为上诉人，沙利文为被上诉人，本案在联邦最高法院的案名随即变更为"《纽约时报》诉沙利文案"。

罚，那些战死异乡的军人便是明证。

2006 年，马里兰州居民阿尔伯特·斯奈德主持了爱子马修的葬礼。马修在海军陆战队服役，阵亡于伊拉克战场，遗体被运回家乡下葬。葬礼现场庄严肃穆，观者无不动容。当晚，沉浸在悲痛中的斯奈德打开电视，突然看到一幅令他心碎的画面。原来，葬礼举行时，距离墓地不远的一片空地上，费尔普斯等人正举牌抗议。白发人送黑发人，本就是人生至恸。可以想象，"感谢上帝，弄死士兵"这样的标语，会对一位丧子老父造成多大刺激。

斯奈德以诽谤、侵犯隐私、故意造成精神伤害为由，将费尔普斯等人告上法庭。费尔普斯则援引美国宪法第一修正案，为抗议行为申辩。他提出，既然第一修正案规定"不得立法……侵犯言论自由或出版自由"，那么，举牌抗议便是自己的基本权利，骂天骂地骂总统，都受宪法言论自由条款保护。[1]

不过，一审法院和陪审团可不这么看。陪审团经过商议，判定费尔普斯的行为构成侵权，要求他赔偿斯奈德 1090 万美元。其中，290 万元是补偿性赔偿金，800 万元是惩罚性赔偿金。后来，还是法官网开一面，减免了 210 万元惩罚性赔款。费尔普斯既不甘心，也无能力支付这么多赔偿。他很快提起上诉，并在联邦第四巡回上诉法院胜诉，官司随即打到联邦最高法院。

美国主流媒体多偏向自由派，尽管他们不赞同费尔普斯的反同性恋立场，甚至厌恶他的平素作为，但是，本案的争议焦点，是言论自

---

〔1〕 美国宪法第一修正案全文是："国会不得立法：确立国教或禁止信教自由；侵犯言论自由或出版自由；剥夺人民和平集会或向政府陈情请愿申冤之权利。"其中，不得立法侵犯言论自由或出版自由的内容，又被称为"言论自由条款"或"出版自由条款"。

由的边界如何确定，而非同性恋是否合法。所以，包括《纽约时报》、美联社在内的各大媒体，一边倒地支持教会一方，陆续向最高法院提交了"法庭之友"意见书，以表达他们维护言论自由的立场。[1] 而斯奈德这边，也得到四十八个州和哥伦比亚特区的司法总长、四十位参议员及各退伍军人团体的支持。

近两年，尽管最高法院日臻保守，但在捍卫言论自由问题上，立场却颇为坚决，甚至不惜为此违背主流民意。2010 年 1 月 21 日，大法官们在"公民联盟诉联邦选举委员会案"（*Citizens United v. Federal Election Commission*）中，宣布企业亦拥有言论自由，解除了对企业以投资拍摄"竞选广告"形式介入政治选举的限制，激起总统、国会的强烈反弹。1 月 24 日，巴拉克·奥巴马总统发布首次国情咨文时，一反"三权分立，和和气气"的规矩，公开谴责了这一判决。2010 年 4 月 20 日，最高法院又在"美国诉斯蒂文斯案"（*United States v. Stevens*）中，宣布国会一部禁止传播包含虐畜内容的音像、图书制品的法律违宪，得罪了大批动物保护人士。[2] 人们纷纷预测，这一次，最高法院也会支持教会一方。

果不其然，8 票对 1 票的投票结果，显示了多数大法官的司法倾向。判决意见由首席大法官约翰·罗伯茨执笔。判决理由部分，汇集

---

[1] "法庭之友"（amicus curiae 或 friends of the court）意见书：是指法院在审理案件过程中，当事人以外的第三人向法院提供与案件事实、法律或政策有关的书面意见，借此达到说服法院，支持某一方立场的目的。

[2] 作为例外，美国最高法院近期适当限制了在校学生的言论自由，如 2007 年的"莫尔斯诉弗雷德里克案"（*Morse v. Frederick*）。2002 年 1 月，几名高中生观看冬奥会火炬传递时，打出写有"为耶稣抽大麻（BONG HITS 4 JESUS）"字样的条幅。学生为此受罚后，起诉校方侵犯言论自由。2007 年 6 月 25 日，最高法院以 5 票对 4 票，判定校方胜诉，判决意见指出：校方为保护其他学生不受有害言论影响，可以处罚学生在学校组织的活动中宣扬吸食毒品的行为，这么做不违反宪法言论自由条款。

了最高法院历史上诸多言论自由名案的经典判词。比如，"对公共事务的讨论应当不受抑制、充满活力并广泛公开"（"《纽约时报》诉沙利文案"［1964 年］）；"对公共事务的讨论不只是一种自我表达，更是人民自治的基础"（"盖瑞森诉路易斯安那州案"［1964 年］）；"在第一修正案的价值体系中，关于公共事务的言论位于最高层级，应受到特别保护"（"康尼克诉迈尔斯案"［1983 年］）。

罗伯茨认为，费尔普斯的抗议言论的确"令人不适"，标语内容在促进"公共讨论"方面的作用，亦细微到可以"忽略不计"。但是，他们的所作所为，针对的不是阵亡士兵马修，而是军方的同性恋政策。类似抗议行为，已在 600 场军人葬礼附近发生过，所以，这些抗议应被视为"对公共事务的讨论"。此外，抗议者站立的地方，距离葬礼现场有 1000 英尺，抗议者听从警察指令，既未大声喧哗，也无暴力行为，更没有越界之举。事实上，在葬礼现场，斯奈德虽隐约看到远方有人群聚集，但根本不知道这是针对葬礼的抗议。这也充分说明，死者父亲受到的冒犯，主要来自从电视上目睹的标语内容，而非抗议者对葬礼秩序的直接侵扰。

罗伯茨最后总结道，不能仅仅因为抗议者的言论"对死者不敬，或令人憎恶"，就予以限制。他说："言论威力无穷，可激发人们各样情绪，或令他们怆然涕下，或令他们喜极而泣，而在本案中，某些言论给死者家属带来了巨大痛苦。但是，即便如此，我们也不能为安抚他人伤痛，而令言者有罪。"基于维护言论自由之立国承诺，"为确保政府不压制公共讨论，即使是伤害公众感情的言论，也应当加以保护"。

罗伯茨的判决，延续了最高法院近半个世纪以来的基本立场，那就是，尽可能保护政治性言论的自由，或者说，保护人民就公共事务开展讨论的自由。这些立场，正是由 1964 年的"《纽约时报》诉沙利文案"确立的。

费尔普斯的言论自由固然重要，可是，斯奈德的丧子之痛，与此事给他带来的痛苦煎熬，真的可以忽略不计，甚至让位于抗议者简单、粗暴的"公共讨论"吗？

九位大法官中，惟一持异议意见的小塞缪尔·阿利托大法官就认为，费尔普斯的标语完全是一种"挑衅言论"，不应受宪法第一修正案保护。言论自由不是恶毒污蔑的通行证。的确，教会可以在任何地方，以任何形式表达抗议，但是，法律不能允许他们用伤害公民私人感情的方式表达意愿。他说："就算在一个可以公开、充分讨论公共事务的社会，也不应当让无辜者受到这样的残忍对待。"尽管在最高法院内部，阿利托大法官属于孤独的少数方，可我相信，他的观点，也代表着许多普通人的看法：凭什么言论自由与公民情感冲突时，一定是前者优先？[1]

一百多年来，类似的价值冲突，以案件形式，在最高法院这个大舞台上不断上演。比如：散发反战传单，是否危及前线将士安危？（"艾布拉姆斯诉美国案"，[1919 年]）穿着写有"操他妈的征兵制度"的外套出现在政府办公楼内，算不算扰乱社会治安？（"科恩诉加利福尼亚州案"，[1971 年]）当众焚烧国旗，有没有亵渎人民对国旗的神圣情感？（"德克萨斯州诉约翰逊案"，[1989 年]）州法官候选人在竞选中宣扬自己的司法立场，是否违反了司法伦理？（"明尼苏达州共和党诉怀特案"，[2002 年]）往黑人家里投掷燃烧的十字架，是不是散布"仇恨言论"？（"弗吉尼亚州诉布莱克案"[2003 年]）

---

[1] 关于本案详情及对阿利托大法官的异议意见的深入分析，参见林达："一票反对的意义"，载 2011 年 4 月 3 日《东方早报·上海书评》。

禁止节目嘉宾说粗口，是否侵犯言论自由？（"联邦通讯委员会诉福克斯电视台案"［2009 年］）……在这些案件中，最高法院大法官们殚精竭虑，小心翼翼地标定言论自由的尺度，试图通过一系列判例，在宪法条文、社会现实与价值变迁之间，实现微妙的平衡。这其中，"《纽约时报》诉沙利文案"在推动新闻自由和言论自由，尤其是媒体、公民批评政府官员的自由方面，起到了里程碑式的作用。

二

今人说起美国宪法中的"言论自由条款"，多以为它巨细靡遗，对形形色色的言论一视同仁，施以保护。然而，根据历史学家的考证，美国建国之初，制宪者之所以在第一修正案中规定"不得立法侵犯……言论自由或出版自由"，更多只是针对英国殖民者的"事前限制"措施，也即出版许可制度。这一观点，受到早期大法官的普遍认同，在司法个案中也有所体现。直到 1907 年，大名鼎鼎的小奥利弗·温德尔·霍姆斯大法官在审理"帕特森诉科罗拉多州案"（*Patterson v. Colorado*）时，仍坚持认为，言论自由条款的"主要目的"，在于防范"事前限制"，宪法"并不禁止对那些危害社会安全的言论进行事后惩戒"。

当然，美国宪法能够沿用至今，并被誉为"活的宪法"，靠的是最高法院大法官们与时俱进，适时根据社会情势变迁，通过灵活解释，不断赋予宪法条文新的含义。到 1919 年，霍姆斯大法官已改变立场，认为宪法既严禁"事前限制"，也保障言者不受事后追惩，惟一被排除在保护范围之外的，是可能带来"明显而即刻的危险"的言论。后来，受勒尼德·汉德法官、哈佛法学院泽卡赖亚·查菲教授等人影响，霍姆斯进一步解放思想，又为"明显而即刻的危险"标准加上了"迫在眉睫"与"刻不容缓"两个限定，再度拓宽了对言论的保护范围。1931年，最高法院审理"尼尔诉明尼苏达州案"（*Near v. Minnesota*）时，政府律师詹姆斯·马卡姆试图用霍姆斯1907年的判决意见为打压媒体言论的举措开脱。审判席上，已经九十高龄的霍姆斯大法官微笑着插话："写那些话时，我还很年轻，马卡姆先生，现在，我已经不这么想了。"

一个人的司法立场尚能有如此变化，更何况一个群体，一个机构。20世纪20年代之后，在霍姆斯、路易斯·布兰代斯、雨果·布莱克、约翰·哈伦、厄尔·沃伦、小威廉·布伦南等伟大法官的孜孜努力下，言论自由的保护范围不断扩展，对不同类型言论的保障标准，亦逐步确立。按照最高法院的分类原则，言论自由并非绝对，为了保护公共治安与普遍福利，某些言论必须受到限制。如个人不得在法庭作伪证、不得谎报火警引起公众恐慌、不得教唆或悬赏杀人、不得刊登虚假商业广告。淫秽（Obscenity）、挑衅（Fighting Words）、泄恨（Hate Speech）言论也不受宪法第一修正案保护。[1]

对言论进行适当限制，当然大有必要，但是，从操作角度看，依法禁止某种言论并不可怕，可怕的是禁止者不给出明确的认定标准，想查禁什么言论，就随意给某种言论贴上禁止"标签"。因此，大法官们的努力，更多集中在列明标准方面，使人们对该说什么，不该说什么，以及相关结果，有一个理性、明确的预期。20世纪中叶，许多文学作品仅仅因为有"淫秽"嫌疑，就被政府随意禁止出版。1957年，大法官们在"罗斯诉美国案"（*Roth v. United States*）中宣布，淫秽作品不受宪法保护，但是，衡量一个作品是否"淫秽"，必须根据

---

〔1〕 参见张千帆:《美国联邦宪法》，法律出版社2011年版，第345页。

三个原则：首先，按照当代的社区标准，作品是否通篇都在渲染色情趣味；其次，作品是否会对普通人产生不良影响，而不止是对未成年人而言；第三，作品是否没有任何社会价值。这一标准确定后，政府再不能随便以"涉黄"为由，将某本书打入冷宫。[1] 《洛丽塔》、《包法利夫人》、《南回归线》、《尤利西斯》与《查泰莱夫人的情人》等传统禁书，终于得见天日。

与此同时，对言论自由的研究也进入繁荣期，各类学说层出不穷，进而影响到法官裁判。霍姆斯大法官关于"真理只有在思想市场中，才能得到最好的检验"的说法，布兰代斯大法官关于"靠更多言论矫正异议，而非强制他人噤声沉默"的名言，皆源自英国哲人约翰·弥尔顿、约翰·密尔的理论。弥尔顿认为，世上本无绝对真理，只有让不同意见争执冲突，彼此互补，部分真理才有发展为完全真理的可能。密尔提出，一种言论如果有害，就需要更多的言论来校正、稀释、中和，而非厉行禁止，令万马齐喑。这些思想，在《论出版自由》、《论自由》中都有精彩论述，并最终转化为"艾布拉姆斯诉美国案"（*Abrams v. United States*）、"惠特尼诉加利福尼亚州案"（*Whitney v. California*）等著名案件的判词。

进入 20 世纪，美国哲学家亚历山大·米克尔约翰进一步提出，言论自由并非绝对，可将之划分为"私人言论"与"公共言论"，后

---

〔1〕 1973 年，最高法院在"米勒诉加利福尼亚州案"中，进一步修改了认定"淫秽"的标准：首先，作品放在本地当前的社会环境中判断，主题是否会唤起普通人的淫欲；其次，作品对性行为的描写，是否明显引起人们的反感，而且违反各州相关法律；第三，作品从整体上看，是否缺乏真正的文学、艺术、政治或科学价值。如果答案全部是肯定的，相关作品就可视为淫秽作品，不受宪法言论自由条款保护。为了进一步缩小"淫秽作品"的范围，"米勒案"否定了"罗斯案""完全没有社会价值"的判定标准，而以"缺乏真正的文学、艺术、政治或科学价值"取而代之。这么一来，要想认定一部作品"淫秽"，就比过去更加困难了。

者亦可称为"政治性言论"。私人言论与公共事务无关，国会可视其危害程度，决定是否立法限制。但是，公共言论是人民自治的基础，政府不应干预。他在 1948 年出版的《言论自由与人民自治之关系》（*Free Speech and Its Relation to Self-government*）一书里，集中阐述了上述理论。尽管私人言论不受宪法保护的说法，日后受到很大争议，米克尔约翰教授也在晚年修正了这一观点，但是，关于政府不应干预公共讨论的理论，却逐步深入人心，最终被布伦南大法官吸纳到"《纽约时报》诉沙利文案"的判决意见中。[1]

"沙利文案"的案情并不复杂。1960 年 3 月 29 日，《纽约时报》刊登了一则名为"关注他们的呐喊"的广告，广告描述了南部地区肆虐的种族歧视现象，不点名地批评了当地警方打压民权人士与示威学生的行为。但是，由于审查者把关不严，广告部分细节失实。事后，阿拉巴马州蒙哥马利市的警察局长沙利文以诽谤为由，在当地法院起诉了《纽约时报》，法官判令时报作出巨额赔偿。两审失利后，《纽约时报》不得不上诉到最高法院。1964 年，大法官们以 9 票对 0 票，撤销了下级法院的裁判。判决指出，在美国，参与公共讨论是一项政治义务，"公民履行批评官员的职责，如同官员恪尽管理社会之责"，因

---

[1] 按照米克尔约翰早先的说法，私人言论不受宪法保护，与文学、艺术、科学、教育有关的言论都不在宪法保护范围之类，这一观点受到各方质疑。晚年的米克尔约翰接受批评，拓宽了公共言论的范围，认为凡与大众参与民主政治相关，能够增进个人智慧、正直、良知的言论，都属于政治性言论。但是，如此一来，任何言论都成了公共言论，言论自由的保护范围反而更加模糊。后来，罗伯特·博克法官修正了米克尔约翰晚年的结论，认为言论自由保护的言论只限于"纯正、明显的政治性言论"，与教育、文学、艺术、科学相关的言论，以及商业性言论，都不能被视为政治性言论。参见 Bork, *Neutral Principles and Some First Amendment Problems*, 47 IND. L. J. 1 (1971)。泽卡赖亚·查菲教授对米克尔约翰教授观点的批评文章，可参见魏晓阳译："第一修正案是一只美丽的独角兽：评《言论自由与人民自治之关系》"，载张千帆组织编译：《哈佛法律评论·宪法学精粹》，法律出版社 2005 年版，第 299—314 页。

此，除非媒体蓄意造假或罔顾真相，官员不得提起诽谤诉讼。布伦南大法官执笔的判决意见气势恢宏，充分吸纳了米克尔约翰的观点，尤其是那句"对公共事务的讨论应当不受抑制（uninhibited）、充满活力（robusts）并广泛公开（wide-open），它很可能包含了对政府或官员的激烈、刻薄，甚至尖锐的攻击"，成为日后被频繁引用的经典判词。就连2011年宣判的"斯奈德案"，也把这句话作为判决依据。或许，正是因为这番渊源，"沙利文案"宣判后，当有人问九十二岁的米克尔约翰，对判决有何感想时，老先生意味深长地说："这是值得当街起舞的时刻"。

三

《批评官员的尺度》讲述的，正是与"《纽约时报》诉沙利文案"有关的故事。[1] 当然，如果以为这本书只是就事论事，简单叙述案件始末，显然是小看了作者安东尼·刘易斯。

刘易斯生于1927年3月27日，是美国著名公共知识分子，也是新闻界"老兵"。他毕业于哈佛学院，1948年进入《纽约时报》工作，历任编辑、记者、驻伦敦记者站主任。1969年至2001年期间，他还兼任时报的专栏作者，至今仍在《纽约书评》设有书评专栏。[2] 1964年，最高法院审理"《纽约时报》诉沙利文案"时，三十七岁的刘易斯正好是时报驻华盛顿的"跑线记者"，专门负责与最高法院事

---

〔1〕 本书原名为 *Make no law: the Sullivan Case and the First Amendment*，直译为《不得立法侵犯："沙利文案"与第一修正案》，其中，"不得立法侵犯"为美国宪法第一修正案原文，考虑到中国读者并不熟悉这一表述，结合全书主旨，将本书书名改为《批评官员的尺度：纽约时报诉警察局长沙利文案》，特此说明。

〔2〕 刘易斯最新一篇书评是2011年3月为威廉·布伦南大法官的新传记 *Justice Brennan: Liberal Champion* 所作。

务有关的报道，和参与此案的大法官、律师、当事人都很熟悉。这些经历与资源，为他日后写作此书，提供了极好的素材。

刘易斯布局谋篇、驾驭文字能力极强，擅长设置悬念、以点带面、娓娓道来。1955 年，刘易斯因报道一起海军雇员受"麦卡锡主义"迫害事件，第一次获得"普利策奖"。这名雇员也因为这则报道成功复职。这段故事，后来被改编为电影《海军共谍案》（*Three Brave Men*）。1963 年，刘易斯又因对最高法院事务的出色报道，再度获得"普利策奖"。

刘易斯既精于新闻写作，也是畅销书作家。1964 年，他根据著名的"吉迪恩诉温赖特案"（*Gideon v. Wainwright*），撰写了《吉迪恩的号角》（*Gideon's Trumpet*）一书。这本书讲述了一个穷困潦倒的囚徒，通过不断给最高法院写信申诉，最终改变美国法律，并成功洗脱冤屈的故事。刘易斯以生动笔触，尽力还原事件全貌，刻画了大时代中小人物的命运。该书出版后，受到社会各界追捧，销量高达 80 万册，并被改编为同名电影，由大明星亨利·方达主演。[1]

值得一提的是，多年的新闻从业经历，令刘易斯深谙读者心理，他的作品语言平实、通俗，很少使用深奥法理或晦涩术语。即使遇到专业名词，他也会在正文中举例释明，几乎不劳译者费心作注。比如，在《吉迪恩的号角》中，为解释美国联邦与州的双重法律制度，他就举了这样的例子："以偷车为例。当小偷将停靠在曼哈顿东 87 街的汽车偷走时，就违反了纽约州法律；如果他驾车通过乔治·华盛顿大桥进入新泽西州，他又会触犯禁止驾驶赃车跨越州境的联邦法律。"三十年后，刘易斯推出《批评官员的尺度》一书时，更将这种化繁为

---

[1] 本书已有中译本，即〔美〕安东尼·路易斯：《吉迪恩的号角》，陈虎译，中国法制出版社 2010 年版。

简的能力发挥到极致。

与《吉迪恩的号角》相比,《批评官员的尺度》视角更为广泛,时间跨度也更大,它以"《纽约时报》诉沙利文案"为叙事主线,串接起美国言论自由的历史,涵盖了独立战争、制宪会议、南北战争、罗斯福新政、两次世界大战、民权运动、越南战争、"水门事件"、"伊朗门事件"等各个历史时期的重要人物与事件。书中既描述了美国建国之初的残酷党争,又涉及最高法院的人事变迁与判决内幕,完美刻画了美国法政人物群像。这其中,既有霍姆斯、布兰代斯、沃伦、布伦南、布莱克等最高法院大法官,也有汉德、格法因等下级法院法官,还包括韦克斯勒、查菲、米克尔约翰、比克尔等著名律师和学者。更重要的是,这些人当中,不少人是刘易斯的好友,书中许多素材都来自作者与他们的通信、访谈。而与本案判决有关的第一手材料,则由判决意见主笔者威廉·布伦南大法官亲自提供。

尽管刘易斯本人就是《纽约时报》资深记者,但难能可贵的是,他没有简单站在媒体立场上,渲染绝对的新闻自由。从本书第十七章起,刘易斯结合本案后续发展,对现代媒体的角色、伦理,进行了全面反思,甚至是自我批评,许多观点亦发人深省。比如,为什么"沙利文案"之后,起诉媒体诽谤的案件仍越来越多,标的额也越来越大?为什么媒体与政客、名人对簿公堂时,陪审团甚至广大民众,却宁愿支持权贵?最高法院为保护"公共讨论",降低了对"公众人物"名誉权的保护规格,可是,一位女明星的酒后口角,与"公共讨论"又有什么关系?有必要动用宪法第一修正案,去保护八卦小报的胡编乱造么?[1] 对此，刘易斯指出，现代媒体的权力、影响日益扩大，许多新闻人太把自己当回事，仿佛自己发布的不是新闻，而是真理，如此一来，媒体的所作所为，反会招致公众反感。刘易斯认为，宪法第一修正案的核心目的，是保障人民自由无羁地讨论公共事务，而非只为媒体一家服务。所以，言论自由并不是由媒体一家独享，而是取决于广大人民的理解与支持。否则，就会像罗伯特·博克法官所警告的："媒体独享某种自由到什么地步，这种自由所受的威胁，就达到什么程度。"[2] 可以说，本书最后几章的反思性内容，看似与"沙利文案"案情已无太大关联，却恰恰是最有价值的点睛之笔。

虽然刘易斯从事过多年司法报道，并先后在哈佛大学、哥伦比亚大学讲授"第一修正案与新闻自由"课程，但他本人并非法律科班出身。用他自己的话来说，哈佛法学院一年的"尼曼学者"学习经历，使他获益匪浅。[3] 更有意思的是，刘易斯还有一位"法律贤内助"。他的妻子玛格丽特·马歇尔，是马萨诸塞州最高法院首席大法官。2003年的"古德里奇诉公共健康局案"（*Goodridge v. Department of Public Health*），判决意见就由她主笔。此案首度确认了同性恋婚姻的

---

〔1〕 1967年，最高法院在"沙利文案"基础上，又通过"柯蒂斯出版公司诉巴茨案"（*Curtis Publishing Co. v. Butts*）宣布，即使诽谤案原告并非政府官员，只要他属于"公众人物"（public figure），也可以适用《纽约时报》诉沙利文案"确立的规则。

〔2〕 2007年，安东尼·刘易斯在新书 *Freedom for the Thought that we Hate: A Biography of the First Amendment* 中，再次强化了上述观点。新书已有中译本，即〔美〕安东尼·刘易斯：《言论的边界：美国宪法第一修正案简史》，徐爽译，法律出版社2010年版。

〔3〕 "尼曼学者"（Nieman Fellow）：是哈佛大学"尼曼基金会"1938年建立的，旨在培训新闻精英的教育计划，该基金每年会从美国本土和世界各国的记者中，遴选20多位佼佼者，组织他们在哈佛大学进行为期一年的学习。

合法性，引起社会各界轰动。可以想象，刘易斯的著作中，也包含着这位大法官的智慧。套用刘易斯在新书《言论的边界》"致谢"部分的话，玛格丽特·马歇尔对他书中的每一字句，"都提出过专业而充满爱意的批评"。

<h2 style="text-align:center">四</h2>

"《纽约时报》诉沙利文案"涉及不少法律争议。比如，对某一政府部门的批评，是否"指涉且关系到"主管该部门的官员？相关官员能否以个人名义，提起诽谤之诉？对于这类诉讼，法院是否应作为一般侵权案件裁判？媒体行使监督权、批评权时，如果掺杂了不实报道，应如何承担责任？

认真对照中国当下的社会现实，我们会发现，这些争议和问题，仍具有强烈的时代意义。比如，近年频繁发生的"诽谤"官员案件中，许多地方官员面对媒体或网络上的负面言论，表现出的常常是反戈一击的迅猛，跨省追捕的"豪情"，而非理性宽容与沉稳回应，甚至令"跨省"二字，都成为官员打压网络舆论的代名词。[1]以至于公安部不得不在 2009 年 4 月下发通知，强调侮辱、诽谤案件一般属于自诉案件，应当由公民个人自行向人民法院提起诉讼，只有在侮辱、诽谤行为"严重危害社会秩序和国家利益"时，公安机关才能按照公诉

---

〔1〕 单是最近几年，较著名案件的就有：重庆彭水县秦中飞案（又称"彭水诗案"，2006 年）、山西稷山县薛志敏案（2007 年）、内蒙古吴保全案（2007 年）、陕西志丹县"短信诽谤案"（2007 年）、辽宁西丰县"进京抓记者案"（2008 年）、河南灵宝市王帅案（2009 年）、山东曹县段磊案（2009 年）、宁夏吴忠市王鹏案（2010 年），等等。详细统计可参见雷丽莉："从 20 起诽谤案看公权力追究公民言论责任的路径"，载《法治新闻传播》2010 年第 5 辑，中国检察出版社 2010 年版，第 42—46 页。

程序立案侦查。[1] 诽谤公诉屡禁不止，民事侵权诉讼亦屡见不鲜。这其中，既有官员的个人起诉，也有国家机构的单位行为。比如，深圳市福田区人民法院就曾因《民主与法制》杂志的一则报道，以侵犯法院名誉权为由，起诉了这家杂志社，并在深圳市中级人民法院胜诉。[2]根据耶鲁大学陈志武教授对210起媒体侵犯名誉权判例的统计，在这类案件中，如果原告是政府官员，媒体败诉率高达71.39%，远远高于原告是普通民众的案件。[3]

最近几年，国内关于美国宪法第一修正案及言论自由理论的译

---

[1] 《公安部关于严格依法办理侮辱诽谤案件的通知》指出："随着国家民主法制建设的不断推进，人民群众的法制意识和政治参与意识不断增强，一些群众从不同角度提出批评、建议，是行使民主权利的表现。部分群众对一些社会消极现象发牢骚、吐怨气，甚至发表一些偏激言论，在所难免。如果将群众的批评、牢骚以及一些偏激言论视作侮辱、诽谤，使用刑罚或治安处罚的方式解决，不仅于法无据，而且可能激化矛盾，甚至被别有用心的人利用，借机攻击我国的社会制度和司法制度，影响党和政府的形象。"至于"严重危害社会秩序和国家利益"，可以作为公诉案件办理的侮辱、诽谤案件包括：（一）因侮辱、诽谤行为导致群体性事件，严重影响社会秩序的；（二）因侮辱、诽谤外交使节、来访的外国国家元首、政府首脑等人员，造成恶劣国际影响的；（三）因侮辱、诽谤行为给国家利益造成严重危害的其他情形。

[2] 参见"中国新闻侵权案例精选与评析"课题组：《中国新闻（媒体）侵权案件精选与评析50例》，法律出版社2009年版，第12页。冷静："从法院状告新闻媒体谈起：一起名誉侵权官司引发的思考"，载《北大法律评论》（第二卷第一辑），法律出版社1999年版。

[3] 参见陈志武：《媒体、法律与市场》，中国政法大学出版社2005年版，第95页。

著、专著已有不少。[1] 介绍 "《纽约时报》诉沙利文案" 案情及其影响的著作、文章也逐渐增多。[2] 更加值得注意的是，从 "沙利文案" 及其延伸判例中提炼的规则，已直接体现于国内司法实践。许多法官撰写的民事判决，已开始引入 "公众人物" 的概念，如 "范志毅诉《东方体育日报》案"（2003 年）、"唐季礼诉《成都商报》等媒体案"（2004 年）和 "张靓颖诉《东方早报》案"（2007 年），等等。

在上述案件中，法官偏好用 "公众人物" 一词，论证媒体监督的正当性与合理性。如 "唐季礼案" 中的判词："公众人物较之普通人具有更高的新闻价值，对公众人物的报道会引发社会关注乃至给新闻媒体自身带来更高的知名度和更大的经济利益。新闻媒体为履行其社会舆论监督职责，可以对公众人物的行为进行适度的报道。" 以及 "范志毅案" 中的判词："在媒体行使舆论监督的过程中，作为公众人物的范志毅，对于可能的轻微损害应当予以忍受。从表面上看，报道涉及的是范志毅个人的私事，但这一私事……属于社会公众利益的一部分，当然可以成为新闻报道的内容。新闻媒体对社会关注的焦点进

---

[1] 与言论自由相关的主要译著包括：〔美〕亚历山大·米克尔约翰：《表达自由的法律限度》，侯健译，贵州人民出版社 2003 年版；〔美〕欧文·费斯：《言论自由的反讽》，刘擎、殷莹译，新星出版社 2005 年版；〔美〕凯瑟琳·麦金农：《言词而已》，王笑红译，广西师范大学出版社 2005 年版；〔美〕艾布拉姆斯：《第一修正案辩护记》，王婧、王东亮译，上海三联书店 2007 年版；〔美〕小哈里·卡尔文：《美国的言论自由》，李忠、韩君译，生活·读书·新知三联书店 2009 版；〔美〕安东尼·刘易斯：《言论的边界：美国宪法第一修正案简史》，徐爽译，法律出版社 2010 年版。学术专著包括：邱小平：《表达自由：美国宪法第一修正案研究》，北京大学出版社 2005 年版；侯健：《表达自由的法理》，上海三联书店 2008 年版；唐煜枫：《言论自由的刑罚限度》，法律出版社 2010 年版；郑文明：《诽谤的法律规则：兼论媒体诽谤》，法律出版社 2011 年版，等等。

[2] 比如，萧瀚：《法槌十七声：西方名案沉思录》，法律出版社 2007 年版，第 263—288 页；任东来等：《美国宪政历程：影响美国的 25 个司法大案》，中国法制出版社 2004 年版，272—290 页。

行调查，行使报道与舆论监督的权利，以期给社会公众一个明确的说法，并无不当。"从这些判词中，依稀可以看到"《纽约时报》诉沙利文案"判决意见的影响。

但是，根据一些学者的观察与总结，上述包含"公众人物"概念的判决，存在如下共性：首先，原告都是文艺界、体育界或科学界名人，却没有一个是政府官员。其次，案件涉及的法律争议，用民法中的过错责任原则已足以解决，"公众人物"的概念只起辅助性作用，甚至有画蛇添足之嫌。最后，多数案件只与名人的情爱纠葛、丑闻八卦相关，并不关乎"公共事务"。[1] 美国法官之所以降低对"公众人物"名誉权、隐私权的保护规格，是因为"公众人物"主要是政府官员，允许人民批评"公众人物"，更有利于推动公众、媒体"对公共事务的讨论"。可在我国法官手中，相关概念更多成为装饰判决书的"西式甜点"。当原告是手握实权的政府官员时，舶来理论就不见踪影了。这到底是对"公众人物"的理解不同，还是我们的法院"欺软怕硬"呢？

也许有人要说，中国是中国，美国是美国，"沙利文案"的裁判依据是美国宪法第一修正案，相关规则对中国没有意义。但是，这些人可能忘了，《中华人民共和国宪法》第三十五条中，同样规定了公民的"言论、出版"自由，第四十一条进一步指出："中华人民共和国公民对于任何国家机关和国家工作人员，有提出批评和建议的权利。"[2] 一个社会对批评之声有多大的容忍限度，往往标志着这个社

---

〔1〕 参见魏永征、张鸿霞："考察'公众人物'概念在中国大众媒介诽谤案件中的应用"，载徐迅主编：《新闻（媒体）侵权研究新论》，法律出版社 2009 年版。

〔2〕 参见温家宝总理 2011 年 3 月 14 日在中外记者招待会上的讲话。"创造条件，让人民批评和监督政府"也曾在近两年的《政府工作报告》中出现。

会有多高的民主程度。对人民如此，对新闻界亦然。一个成熟的民主政府，就得像默里·格法因法官在"五角大楼文件案"判决书中说得那样，容忍"一个不断找茬的新闻界，一个顽固倔强的新闻界，一个无所不在的新闻界"。[1]

以宪法条文、国家政策与民主精神为依据，我们有理由对更多现实问题，进行更加深入的思考。比如，在刑法中，是否应删去第二百四十六条第二款，关于对"严重危害社会秩序和国家利益"的侮辱、诽谤行为可提起公诉的规定？[2] 或者，是否应考虑以司法解释形式，对何谓"严重危害社会秩序和国家利益"做紧缩性的界定？对"被害人"是国家工作人员的侮辱、诽谤类刑事案件，是否应对诉讼程序、证据规格与定罪标准予以进一步限制和明确？[3] 在民事案件中，我们是否应当明确，当国家机构起诉媒体或公民侵犯名誉权时，法院可以驳回其诉讼请求？或立法禁止国家机构提起名誉权之诉或诽谤之诉？[4] 是否应将国家工作人员纳入"公众人物"范畴，当他们因职务行为受到批评而提起侵权之诉时，法官是不是应适用更加严格的判

---

〔1〕 关于这方面的观点，可参见〔美〕迈克尔·舒德森：《为什么民主需要不可爱的新闻界》，贺文发译，华夏出版社 2010 年版。

〔2〕 严格意义上讲，涉及广义言论自由的刑法条款，还包括第 103 条"煽动分裂国家罪"、第 105 条第 2 款"煽动颠覆国家政权罪"、第 249 条"侮辱国旗、国徽罪"、第 221 条"损害商品信誉、商品声誉罪"、第 249 条"煽动民族仇恨、民族歧视罪"，对这些罪名的认定，都应当有明确的标准，避免因条文含义模糊而导致打击面过宽。

〔3〕 2010 年 8 月，最高人民检察院曾发布《关于严格依法办理诽谤刑事案件有关问题的通知》，要求今后一段时间内，对于公安机关提请逮捕的诽谤案件，受理的检察院经审查认为属于公诉情形并有逮捕必要的，在作出批捕决定之前，应报上一级检察院审批。这一规定，有利于摆脱地方官员对司法机关办理诽谤案件的干扰。

〔4〕 在英国、美国，相关立法禁止国家机构提起民事诽谤诉讼和刑事诽谤诉讼，也根本不存在这类案件。参见郑文明：《诽谤的法律规制：兼论媒体诽谤》，法律出版社 2011 年版。

断标准?[1] 当媒体报道部分失实，却并非蓄意造假时，应如何认定媒体的责任？在这个风云际会的大时代，思考并解决这些问题，是我们这一代法律人的使命。

翻译本书期间，我曾看过一则关于"广州华侨房屋开发公司诉《中国改革》杂志社案"的新闻报道。在这起案件中，广州市天河区法院驳回了原告的侵权诉讼请求，主审法官在判决书中写道："衡量新闻机构的评论是否公正，应当从其评论的对象是否与社会公共利益有关、评论依据的事实是否真实存在、评论是否出于诚意来考量。"记者问这位名叫巫国平的法官，为什么在涉及社会公益问题上，法院会更倾向于保护媒体的权利？巫法官回答："这个社会对媒体的容忍有多大，这个社会的进步就有多大。一个文明、民主、进步的社会，都应当充分发挥传媒的监督作用。"从这些朴素的话语里，我仿佛又听到霍姆斯、布兰代斯、汉德等伟大法官的声音，也感受到一位中国法官的智慧和勇气。

何帆

2011 年 6 月 18 日

于最高人民法院

---

[1] 2006 年，部分学者受中国记者协会委托，起草过"新闻侵害名誉权、隐私权新的司法解释建议稿"，"建议稿"关于"公共人物"的条文规定："人民法院在审理公共人物提起的名誉权诉讼时，只要内容涉及公共利益，被告没有主观恶意，对于公共人物提出的侵权请求，人民法院不予支持。前款所称公共人物的范围一般包括：（1）依《中华人民共和国公务员法》管理人士；（2）在事关公共利益的企业或组织中担任重要职务的人士；（3）文化、体育界名人及其他众所周知的人士；（4）在特定时间、地点、某一公众广泛关注或者涉及公共利益的事件中，被证明确有关联的人士。"参见徐迅主编：《新闻（媒体）侵权研究新论》，法律出版社 2009 年版，第 338 页。

致　谢

　　这本书能呈现在读者面前，《纽约时报》居功至伟。三十五年前，是《纽约时报》华盛顿记者站主任詹姆斯·赖斯顿，给了我报道最高法院事务的机会。多年来，发行人阿瑟·奥克斯·苏兹贝格与各位报社编辑，提供了足够机遇与充分自由，使我能够顺利从事各类法制报道。与琳达·格林豪斯的多次交流，令我获益匪浅。现在，为《纽约时报》报道最高法院事务的任务，已由她承担。此外，我的写作，还得益于朱迪思·格林菲尔德与约翰·默蒂卡两位时报研究员的大力襄助。

　　以"尼曼学者"身份深造期间，哈佛法学院为我打开了法律之门。如果没有那段学习经历，和之后十五年的从教生涯，若想写出此书，无疑是天方夜谭。我的学生罗斯玛丽·里夫替我核对了所有引注。法学院图书馆的琼·达科特、艾伦·德莱尼、艾伦·迪芬巴赫、珍妮特·卡茨、赫达·科瓦利、贝丝·拉德克里夫、娜奥米·罗恩和乔纳森·托马斯给予我诸多帮助。耶鲁法学院图书馆苏珊·刘易斯–

萨默斯为我搜得许多重要文献。兰德尔·肯尼迪教授提供了与阿拉巴马州有关的大量资料。

哥伦比亚大学法学院的文森特·伯雷西教授审读了本书初稿，他在宪法第一修正案领域的精深造诣，令我获益良多。在我创作期间，玛格丽特·马歇尔和伊莱扎·刘易斯逐章审阅初稿，提出了许多有价值的建议。赫伯特·韦克斯勒与桃瑞丝夫妇接受采访期间，慷慨无私地提供了大量与"沙利文案"有关的信息。同样应感谢其他参与此案，并接受我采访的律师，他们是：罗兰·纳奇曼、马文·弗兰克、T. 埃里克·恩布里。艾伦·布林克利教授在史料方面，也提供了许多及时、有效的帮助。

我在《纽约时报》任职期间的助理，苏珊·罗利–杰拉姆，总能激发我的创作灵感。米娅·刘易斯校对了全文。戴维·格林威对书名提出了建议。

衷心感谢下列作者允许我援引大作，他们是：泰勒·布兰奇（*Parting the Waters：America in the King Years 1954-63*）、弗雷德·弗兰德利（*Minnesota Rag*）、罗德尼·斯莫拉（*Suing the Press：Libel, the Media and Power*）、理查德·波兰伯格（*Fighting Faiths：the Abrams Case, the Supreme Court and Free Speech*）、伦纳德·利维（*Emergence of a Free Press*）、詹姆斯·莫顿·史密斯（*Freedom's Fetters：The Alien and Sedition Acts and American Civil Liberties*）和伦纳德·加门特（*Annals of Law：The Hill Case*）。杰拉尔德·冈瑟教授编撰的《美国宪法：判例与文献汇编》（*Cases and Materials on Constitutional Law*），助我在浩如烟海的第一修正案判例中理出头绪，厘清思路。

兰登书屋的约瑟夫·福克斯为这本书奉献了大量时间、精力。长期以来，是他提醒我放宽眼界，不要只专注于日常报道。编辑过程中，他没有漏掉一处精华，也未放过一丝错漏。苏诺·罗森伯格校正了文稿中的许多小错误。多谢二位了。

最后要感谢的，是小威廉·布伦南大法官。布伦南大法官在"《纽约时报》诉沙利文案"中为后人所作之贡献，已无须赘言。当我决心撰写此书，并请求他提供与本案的相关文献时，他慨然应允，并倾其所能，给予我各种便利与帮助。

安东尼·刘易斯

献给玛吉

目　录

第一章　"关注他们的呐喊"　001

　　"社论式广告"的来源形形色色，形式五花八门。人们万万没有想到，1960 年 3 月 29 日刊出的这则名为"关注他们的呐喊"的广告，会在种族议题之外，掀起一轮更大的争议，不仅成为对新闻自由的巨大考验，并进而演变为美国言论自由史上的一座里程碑。

第二章　蒙哥马利的反击　008

　　霍尔在《广告报》上，发表了一篇气势汹汹的社论："世上有两类说谎者，一类主动撒谎，一类被动为之，这两类说谎者在 3 月 29 日《纽约时报》的整版广告中，粗鲁地诽谤了蒙哥马利市。"他叫嚣道："谎言，谎言，谎言，这就是些一心想募款的三流小说家捏造出来的故事，好欺骗那些偏听偏信、自以为是，实际上却屁也不知道的北方佬。"

第三章　南方的忧伤　016

　　"那些从未感受过种族隔离之苦的人，很容易轻言'等待'"，马丁·路德·金写道，"但是，当你目睹暴徒对你的父母滥用私刑……当你试图向六岁的女儿解释，为什么她不能像电视广告里那样在公园嬉戏玩耍，却怆然词穷……当你驾车远行,却发现没有一家旅店愿意让你留宿,而你不得不蜷在车上夜复一夜……当你日复一日被"白人"和"有色人种"这样的标签字眼所羞辱……你就会了解,'等待'为什么对我们那么艰难。"

第四章　初审失利 028

沙利文的律师读到"黑人"一词时,故意读成"黑鬼",还说自己这辈子都这么念这个词。法庭上,白人律师都被冠以"先生"头衔,如"纳奇曼先生"、"恩布里先生"。黑人们却被称作"格雷律师"、"克劳福德律师"、"西伊律师"。仅仅因为肤色不同,他们居然连"先生"这样的敬语都享受不到。更令人心寒的是,法官对这些统统置若罔闻。

第五章　媒体噪声 041

内部人士透露:"《纽约时报》当时正被内部罢工和业务亏损折腾得焦头烂额,要是输了这些官司,报纸肯定会完蛋。"对于《纽约时报》根据宪法第一修正案提起的上诉,阿拉巴马州最高法院用一句话直接驳回:"美国宪法第一修正案不保护诽谤言论。"只要每家法院都认同上述论点,《纽约时报》将永远无法胜诉。

第六章　自由的含义 056

1797年,乔治·华盛顿即将卸去总统之位,告老还乡,费城《曙光报》发文称:"此人是我国一切不幸的源头,今天,他终于可以滚回老家,再不能专断擅权,为害美国了。如果有一个时刻值得举国欢庆,显然就是此刻。政治邪恶与合法腐败,将伴随华盛顿的黯然离去而退出历史舞台。"政治漫画家对华盛顿也毫不手软,有人甚至把他的头像安在一头驴身上。

第七章　言者有罪　069

共和党人批评联邦党人偏好中央集权和英国政体，骨子里渴望着皇权专制。联邦党人则认为，共和党人就是一群雅各宾派，一旦得势，必会推行法国式的恐怖政治。1798年，第一夫人阿比盖尔·亚当斯在给友人的信中写道，亲法集团，也就是共和党人，正孜孜不倦地在全国"播下邪恶、无神论、腐败和造谣惑众的种子"。

第八章　"人生就是一场实验"　080

1919年，年轻的汉德法官再次致信霍姆斯，认为只有"直接煽动"不法行为的言论方可追惩。他说，"既然案件发生时，正赶上民意沸腾，这种情况下，让陪审团来判定某种言论的'倾向'，恐怕效果不佳……据我所知，1918年的社会气氛就是如此"。对此观点，声望正如日中天的霍姆斯大法官颇不以为然。然后，五十年后，最高法院在"布兰登伯格诉俄亥俄州案"中，却正式采纳了汉德的观点。

第九章　伟大的异议者　097

霍姆斯大法官风流倜傥，对美酒佳人一向来者不拒。内战期间，他明知战事残酷，却投笔从戎，三度负伤。他认为社会改革运动难成大器，却支持改革者们放手一试。布兰代斯大法官向来不近烟酒，一生致力于推动社会改革。霍姆斯习惯撰写简短有力，却含义模糊的判决意见。布兰代斯则喜欢长篇大论，分析各种社会问题。两位性格迥异的大法官，在那个特殊时代，成为言论自由最坚决的捍卫者，和最高法院最伟大的异议者。

第十章　"三天过去了，共和国安然无恙！"　112

在最高法院，明尼苏达州助理司法总长詹姆斯·马卡姆援引霍姆斯大法官1907年在"帕特森诉科罗拉多州案"的判决意见，认为第一修正案只禁止"对出版的事前限制"。他话音未落，九十高龄的霍姆斯大法官突然插话:"写那些话时,我还很年轻,马卡姆先生。现在,我已经不这么想了。"

第十一章　向最高法院进军

多年之后,韦克斯勒回忆道:"接下这个案子前,我对诽谤法没什么了解。做案件背景分析期间,当我意识到必须由被告来承担举证责任时,我受到极大震撼。那种感觉我至今记忆犹新,实在令人措手不及、惊惧不已。或许因为陪审团在这个问题上一直比较温和,过去,我一直以为诽谤法只是纸上谈兵,根本没有在这个国家适用过。"

第十二章　"永远都不是时候"

"公民自由联盟"提交的"法庭之友"意见书提出,连广告言论都要追惩,恰恰说明对政治自由的打压到了令人发指的地步。意见书写道:"就算这是一起诽谤案件,可是,《纽约时报》仅仅因为一则政治广告,就涉嫌诽谤,并被判巨额赔偿。如果连报纸都会因广告中的无心之失而付出惨痛代价,还有哪个异议团体敢借助出版,表达他们对公共事务的看法?"

第十三章　最高司法殿堂上的交锋

沙利文的律师纳奇曼坚持认为,《纽约时报》不作回应,就表示默认。首席大法官沃伦因在"布朗诉教育局案"中推动废除校园种族隔离,近十年来,被南方人以各种方式恶毒谩骂、讥讽。他笑着说:"在最高法院,至少有一个成员,这些年被来自全国各地的信件攻击谩骂,并指责他诽谤。如果他认为自己没有做这样的事,是不是必须回信说明,或者承担五十万美金的判罚?"

第十四章　批评官员的自由

雨果·布莱克大法官将意见草稿提交其他大法官传

阅时,附了封亲笔信给布伦南大法官。他说:"您当然明白,除了我保留的立场和我的协同意见,我认为您在'《纽约时报》案'中的表现十分出色,在保障思想传播的权利方面,您不仅恪尽职守,还向前迈进了一大步。"

第十五章 "这是值得当街起舞的时刻" 193

后人多对这样一个问题充满好奇,如果沙利文当时的索赔金额没有那么高,《纽约时报》是否会不断上诉?这场官司会被最高法院受理么?大法官们是否还会为此重新界定第一修正案的含义?在本案二十周年纪念研讨会上,一审代表《纽约时报》出庭的埃里克·恩布里谈及本案赔偿金额时,调侃纳奇曼说:"这起案件能进入最高法院,罗兰居功至伟,如果他当时只向我们索赔5万美元,我们才懒得把官司打到那儿去呢。"

第十六章 判决背后的纷争 204

周一一大早,哈伦大法官就致信全体大法官,信中说:"亲爱的弟兄们:我已通知布伦南弟兄,现在希望其他弟兄也知道,我已撤回自己在这起案件中的单独备忘录,并无条件地加入多数意见。"

第十七章 连锁反应 224

福塔斯大法官单独提出异议意见,他指出,越是发布对政府官员不利的报道,媒体越是应承担"查证真伪的义务"。末了,他意味深长地总结道:"公务员也是人啊!"

第十八章 "舞已结束" 245

经此一役,《电讯报》斗志尽丧,从此放弃报道政府的不法行为,并要求记者给任何采访对象发函前,必先征求编辑意见,甚至销毁了所有日后可能引发诽谤诉讼的信函、便条。一次,有人向《电讯报》爆料说,当地一位警长涉嫌滥用职权,编辑不仅放弃这一选题,还语重心长地告诫记者:"这次还是让别人去冒险吧。"

第十九章　**重绘蓝图**? 267

《好色客》的律师艾伦·艾萨克曼回答,在华盛顿时代,也有人在漫画中把他画成一头驴。斯卡利亚大法官回应:"这个我不介意。我想,华盛顿也不会介意。但本案情形要过分得多,这可是说你和你母亲在洗手间乱伦啊。"艾萨克曼说:"我们这里讨论的是格调高低问题吗?就像您之前说的,没有人会因此相信杰瑞·福尔韦尔乱伦过。"以政治漫画嘲弄公众人物或政客,本来就是美国延续至今的一项古老传统。

第二十章　**乐观主义者** 286

"五角大楼文件案"中,政府无法说明文件刊出后会导致何种危险,被法庭驳回禁令申请。默里·格法因法官在裁定中写道:"国家安全并非自由堡垒内的唯一价值。安全必须建立在自由体制的价值之上。为了人民的表达自由和知情权等更为重要的价值,政府必须容忍一个不断找茬的新闻界,一个顽固倔强的新闻界,一个无所不在的新闻界。"

注释　　　　　　　　　　　　　　　　305
判例索引　　　　　　　　　　　　　313

第 一 章

"关注他们的呐喊"

　　故事的开头很普通。1960 年 3 月 23 日傍晚，约翰·默里来到纽约西 43 街《纽约时报》总部，联系刊登广告事宜。在二楼广告部，业务员格申·阿伦森接待了他。

　　阿伦森已在《纽约时报》工作了近二十五年，按照女儿朱迪的说法，他向来"恪尽职守，兢兢业业"。阿伦森负责受理各类社团委托刊登的广告业务，即所谓"社论式广告"（Editorial Advertisement）。这类广告来源形形色色，形式五化八门。比如，朝鲜领导人金日成，每年都会在《纽约时报》买下两个版面，宣扬自己的"不断革命理念"。有时，阿伦森内心会有一种冲动，想劝人们不要这么大张旗鼓地宣传各种极端思想，但最终还是隐忍不发。

　　默里打算在《纽约时报》预约一版广告版面，刊登一则由"声援

马丁·路德·金和在南方争自由委员会"发起的"社论式广告"。*
此时虽已是 20 世纪 60 年代，但南方腹地各州的种族隔离观念，仍根
深蒂固。** 各类歧视行为或假法律之名，或直接诉诸暴力。在金博士
领导下，挑战上述观念与暴行的民权运动，也正如火如荼。最近一次
抗议活动，上月刚刚发生在北卡罗来纳州的格林斯波诺郡。当时，四
名黑人大学生打算在当地的伍尔沃思餐厅用餐，由于这家餐厅向来只
对白人开放，店员拒绝向黑人供餐。学生们就地静坐，抗议这一种族
歧视行径。消息迅速传遍南方，金博士立即表态，支持学生们的行
动。然而，两周后，他自己也遭遇司法"暗算"。当他填完 1956 年至
1958 年的纳税申报表后，阿拉巴马州一个大陪审团以伪证罪为由，对
他提出指控。这可是一项重罪，也是该州历史上第一起逃税案。*** 金
博士怀疑这是阿拉巴马州政府故意罗织罪名，令他入罪。

　　"声援马丁·路德·金和在南方争自由委员会"成立于纽约，是
为了募款援助金博士和其他受迫害的南方黑人而发起的组织。委员会
成员包括工会领袖、牧师和演艺明星，如哈里·贝拉方特、西德
尼·波伊特、尼特·金·科尔。默里是一位志愿者，考虑到他曾做过
编剧，委员会安排他撰写各类广告文案。3 月 23 日，他受命将这则广

---

　　* 马丁·路德·金（1929—1968），美国黑人民权运动领袖，倡导以非暴力方式废
除种族隔离，实现种族平等，著名演讲"我有一个梦想"曾深入人心。金于 1964 年获
得诺贝尔和平奖，1968 年 4 月 4 日遇刺身亡。

　　说明：作者注释按原书体例，附录于书后，正文中的注释均为译者注。

　　** 南方腹地（Deep South）：指位于美国南部，对种族、文化问题态度保守的地区，
包括佐治亚州、阿拉巴马州、密西西比州、路易斯安那州和南卡罗来纳。

　　*** 大陪审团（Grand Jury）：刑事案件中，由检察官选定并召集的组织，其职责为受
理刑事指控，听取控方提出的证据。与普通陪审团不同的是，大陪审团只决定是否将犯
罪嫌疑人交付审判，而非认定其是否有罪。英国已于 1948 年彻底废除大陪审团制度，
但美国一直予以保留。根据美国宪法第五修正案，对可能判处死刑或重罪的犯罪，原则
上必须经由大陪审团起诉。联邦法院的大陪审团由 16~23 人组成，各州法院的大陪审
团人数由各州法律自行规定。

告从位于 125 街的委员会办公室送到《纽约时报》总部。

当时，在《纽约时报》刊登一则全版广告，需要支付 4800 多美元。默里表示，本来已有一家广告商承诺代理相关事宜，但为节省时间，他希望报社直接将广告文案排版、送印。为此，他出示了委员会主席菲利普·伦道夫的一封亲笔信。伦道夫是"卧铺车侍者兄弟会"的负责人，也是一位杰出的黑人领袖。他在信中表示，联合署名者一致同意以他们的名义刊登这则广告。阿伦森见所有文件都符合要求，便将这则广告转交广告审查部处理。《纽约时报》内部政策规定，凡有欺诈、捏造之嫌，或"对个人进行人身攻击"的广告，均不予受理（同时也拒绝刊登色情、淫秽书刊、电影的广告）。广告审查部主管文森特·瑞丁审查完广告文案后，签字同意刊出。*

1960 年 3 月 29 日登出的这则广告，使用了大字标题，题为："**关注他们的呐喊**"（*Heed Their Rising Voices*）。此话援引自《纽约时报》3 月 19 日的社论，广告右上角还引述了社论内容："由黑人发起的这次和平示威声威日壮，虽在南方前所未有，却事出有因，值得同情……恳请国会关注他们的呐喊，因为世人终将听到他们的心声。"接下来是广告正文。

"今天，全世界都知道了。"广告说，"美国南方数以千计的黑人学生，正发起一次和平示威游行，宣布黑人同样受美国宪法和'权利法案'保护，并享有人格尊严与生存权利。他们遭遇了前所未有的粗暴对待，施暴者正是那些蔑视并践踏宪法的人。"

---

* 《纽约时报》广告审查部负责审查广告的"可接受性"与"适当性"，文森特·瑞丁是该部门首任主管，《纽约时报》内部沿用至今的"广告接受适当性的准则"（Standards of Advertising Acceptability）即由他制定。关于《纽约时报》内部工作流程，可参见其华裔编辑李子坚的回忆录。即李子坚：《纽约时报的风格》，长春出版社 1999 年版。

接下来，广告描述了发生在南方的种族主义行为。第三段说："在阿拉巴马州蒙哥马利市的州议会厅前，当学生唱完'我的国家，也是你的'这首歌后，学生领袖随即被校方开除。而且，一大批荷枪实弹，携带催泪弹的武装警察，严阵以待，并包围了阿拉巴马州立学院。当所有学生以罢课方式，抗议州政府滥用公权时，警察封锁了学校食堂，试图用饥饿迫使他们就范。"

广告并未对任何人进行指名道姓的批评，而是以"南方违宪者"（Southern Violators of the Constitution）指代相关人员。广告说，他们"决定干掉的不是别人，正是风靡南方的新精神之象征——小马丁·路德·金牧师……"广告文案第六段更进一步说明："对于金博士的和平抗争，南方违宪者一而再、再而三地用暴力、威胁回应。他们炸毁了金博士的家，差点儿杀死他的妻儿；他们抹黑他的名声；甚至用'超速'、'侮辱'、'游荡'等不同罪名先后逮捕他七次。现在，他们又用'伪证罪'起诉他，这可是一项能使他入狱**十年**的重罪。"

文案的下方，列出了六十四位联合署名者名单，其中，埃莉诺·罗斯福*与杰基·罗宾逊**都是广告赞助人。名单下方还附有一句话："我们身在南方，我们每日都在为尊严与自由而战，我们由衷支持这一呼吁。"紧随其后的，是一份二十人名单，其中多数是南方黑人牧师，置于右下角的则是一张供读者捐款的回执。广大读者踊跃捐款，没隔多久，委员会就收到了数倍于广告费的捐款。

无论对默里、阿伦森，还是其他经手这则广告的人来说，此事已告一段落。不过，他们万万没有想到，"关注他们的呐喊"会在种族

---

* 埃莉诺·罗斯福（1884—1962），美国前总统富兰克林·罗斯福的夫人，她本人也是一位著名政治家和社会活动家。

** 杰基·罗宾逊（1919—1972），美国职业棒球大联盟历史上第一位黑人球员。

议题之外，掀起另一轮更大的争议。他们更未料到，这则广告将成为对美国言论和出版权利的一大考验。更让他们始料未及的是，这起事件将演变为一座自由的里程碑。但是，一切就这么发生了。[1]

这则广告只是一个开始，而非结束。一场法律与政治的严重冲突即将开始。这场冲突将威胁到《纽约时报》的生存，也危及媒体报道重大社会议题的自由，乃至公众的知情权。四年后，靠美国最高法院的转折性判决力挽狂澜，所有威胁才烟消云散。过去，最高法院通过行使司法审查权，已确立一系列涉及人民生活方方面面的基本准则。但是，在这起事件中，最高法院不仅重申美国是一个开放社会，也让人民了解到，他们有权对政府表达自己的意愿，更重要的是，这起案件，使1791年发布的宪法第一修正案中那寥寥几个单词，焕发出新的活力：

"国会不得立法……侵犯言论自由或出版自由。"

(Congress shall make no laws... abridging the freedom of speech，or the press.)[2]

关注他们的呐喊

今天，全世界都知道了。美国南方数以千计的黑人学生，正发起一次和平示威游行，宣布黑人同样受美国宪法和"权利法案"保护，并享有人格尊严与生存权利。他们遭遇了前所未有的粗暴对待，施暴者正是藐视并践踏宪法的人们。这些人是所仰赖之典范。

在南卡罗来纳州奥兰治堡郡，400名学生和平聚集在当地商业区一家餐厅前，要求购买和咖啡。他们被催泪瓦斯强制驱散，浑身被高压水龙头浇得透湿。许多人被逮捕后，被驱赶进带刺的露天铁丝网内，在恶劣寒冷中站了好几个小时。

在阿拉巴马州蒙哥马利市的州议会厅前，当学生唱完"我的国家，也是你的"这首歌后，学生领袖随即被校方开除。而且，一大批荷枪实弹、携带催泪弹的武装警察，严阵以待，并包围了阿拉巴马州立大学院。当所有学生以罢课方式，抗议州政府监视他们时，警察封锁了学校食堂，试图用机饿迫使他们就范。

在塔拉哈西，亚特兰大，纳什维尔，萨凡纳，格林斯博罗，孟菲斯，里士满，夏洛特以及南部其他城市，无数美国年轻人毫不畏惧州政府官员的威胁与警察的暴力镇压，像当年的民主先驱一样，勇敢抗争，绝不气馁。他们正是鼓舞了上百万人民，为自由事业增光添彩。

南方违宪……丝毫不足于捍卫者们的非暴力抗争——小马丁·路德·金牧师，他因领导蒙哥马利市的"抵制公车运动"，而成为世界知名人物。但是，这也不足为奇。关键在于，他倡导的非暴力抗争运动，激励和引导学生们以静坐方式抗议。而且，金博士创立了"南部基督教领袖会议"，并出任主席，正是这个组织，领导着各地风起云涌的争取投票权运动。

对于金博士的和平抗争，南方违宪者一而再、再而三地用暴力，威胁他，他们炸毁了金博士的家，差点儿杀死他的妻儿；他们抹黑金博士的名声，甚至用"超速"，"侮辱"，"游荡"等不同罪名先后逮捕他，现在，他们又以"伪证罪"起诉他，这可是一项能使他人狱十年的重罪。显然，这些人的真实目的，就是埋葬掉这位深受爱戴学生与百万民众拥戴的民权领袖，以此威吓南方其他民权运动领导人。他们的战略目标，就是为了挫伤南方黑人的斗志，打压他们抗争的积极性。声援静坐学生的精神领袖，马丁·路德·金，正是南方争取自由运动的重要组成部分。

许多正直的美国人虽未直接声援，却未尝为学生的英勇行为和金博士的勇敢壮举逊色。但是，在这个风云际会的历史时刻，为了争取自由的光荣事业。仅仅喝彩是不够的。此刻，美国的荣誉悬而未决，全世界都在看着我们。对那些当务之急在自由传统而奋斗的南方人民来说，美国是我们的，也是他们的……

我们必须关注他们的呐喊——是的——我们也必须发出我们自己的声音。

我们必须加大关注力度，在道义支持之外，向这些面临牺牲之灾，甚至死亡威胁的人，提供更多物质支持，他们正誓死捍卫着先法与"权利法案"的尊严。

基于以下三个目的，我们呼吁大家伸出援助之手，以现金捐助方式，支持南方的同胞们：为马丁·路德·金提供辩护；金提供辩护——争取投票权。

《纽约时报》所刊载的社论广告"关注他们的呐喊"中文译版

第 二 章

蒙哥马利的反击

　　1960 年，《纽约时报》日发行六十五万份，其中，只有三百九十四份被送到阿拉巴马州的报摊或订户手中。蒙哥马利市的《广告报》及姊妹报《阿拉巴马纪闻》订阅了一份《纽约时报》，新报纸往往会在出报数日后，才被送到编辑部。这里有一位《纽约时报》的忠实读者，有时甚至是唯一读者，年轻的《阿拉巴马纪闻》地方版编辑：雷·杰金斯。

　　"那天，我正趁编版间隙浏览《纽约时报》。"多年之后，杰金斯回忆道，"我看到了那则广告，并据此写了一篇报道。"[3] 这则报道刊登在 1960 年 4 月 5 日的《阿拉巴马纪闻》上。文章开头说："包括埃莉诺·罗斯福女士在内的六十位知名自由派人士，近日在《纽约时报》的一则全版广告上联合署名，呼吁人们为'声援马丁·路德·金和在南方争自由委员会'捐款。据悉，德克斯特大街浸信会教堂前牧师小马丁·路德·金因涉嫌伪证罪，将于五月出庭受审。这位黑人牧师目前住在亚特兰大……"

　　杰金斯列出了部分联合署名者的姓名，并援引了数段广告内容。

比如，民权运动人士"遭遇了前所未有的粗暴对待"。报道还说：

"广告对事实的描述，有些与真相不符，有些未经证实。广告说，阿拉巴马州立学院的黑人学生领袖在州议会厅前唱完'我的国家，也是你的'之后，就被校方开除。事实上，这些学生是因为领导静坐抗议才被开除的。"

"广告还说：'当所有学生以罢课方式抗议州政府滥用公权时，警察封锁了学校食堂，试图用饥饿迫使他们就范。'校方认为上述说法'纯属无稽之谈'。尽管春季入学登记确实出了些状况，但学校食堂从来没有被封锁过。"

杰金斯后来回忆，他的报道在《阿拉巴马纪闻》刊出后，《广告报》编辑格罗夫·克利夫兰·霍尔"骂骂咧咧地冲进编辑部，嚷嚷着要看那则惹是生非的广告"。随后，霍尔将那期《纽约时报》拿回自己办公室，边读边骂。

霍尔的父亲是《广告报》内著名的改革派，曾因一篇抨击三 K 党的社论，荣获 1926 年的普利策奖。霍尔本人对种族问题的立场比较复杂。他极力维护南方现行种族制度，却又对推行种族隔离措施过程中出现的极端主义、暴力行为深恶痛绝。[4]《纽约时报》那则广告刊登一个月前发生的一件小事，颇能看出他的立场。1960 年 2 月 27 日，南方各地爆发静坐运动。有流言称，一些黑人学生将到蒙哥马利市的餐厅用午餐。消息传开后，一些手握棒球棍的白人开始在街头游荡，四处寻找民权人士，结果却一无所获。但是，还是有人殴打了一位黑人妇女。第二天，蒙哥马利《广告报》不仅刊出记录暴行的照片，还在图说中点出施暴者姓名，并指责现场警察袖手旁观，无所作为。

蒙哥马利市警察局长 L. B. 沙利文，看到这些照片与图说后，公

《南方的正义》（〔美〕诺曼·洛克威尔）

开批评了《广告报》的报道。* 霍尔回应说："沙利文不应死盯着扛相机的记者，他更应该关注那些手握棒球棍的白种男人。"不过，霍尔谴责的不止是那些"白人恶棍"，还包括"鲁莽、无知的黑鬼学生"。（沙利文在第二年的"自由乘车运动"中亦扮演了关键角色。** 当时，沙利文曾承诺，"自由乘客"[Freedom Riders]抵达蒙哥马利市时，自己会保证他们的安全。但是，1961年5月20日，当"自由乘客"乘坐的大巴抵达时，沙利文却命令警察撤离公交总站。一群手持棍棒的白人暴徒包围了那里，打伤了许多乘车者，伤者包括司法部长罗伯特·肯尼迪的助手约翰·希根塔克勒。事后，沙利文很快现身，并对记者说："我看到三个人躺在街上。两个黑鬼和一位白人。"）[5]

金博士很欣赏霍尔这篇谴责蒙哥马利市种族暴力行为的社论。他在《迈向自由》一书中写道："我读到霍尔铿锵有力的声明后，非常钦佩这位绝顶聪明，却立场纠结的人士。此君公然支持种族隔离，但反对以此名义实施暴行。"

其实，霍尔很看不上国内媒体对这类事件的报道，那么多记者放着北方大城市紧张的种族关系不顾，却跑到南方来搅浑水、凑热闹，实在令人不齿。1958年，他在芝加哥一次媒体座谈会上表示："国内在处理种族事务上之所以那么不理智，其根本问题在于，美国媒体在

---

* 沙利文当时是蒙哥马利市主管警政、消防、墓葬事务的市政专员（City Commissioner），客观上也行使着警察局长的职权，这里为方便国内读者理解，将其职务译为警察局长。

** 自由乘车运动：1961年5月4日，七位黑人、六位白人为抗议公共汽车及候车室内的黑白隔离措施，从华盛顿乘灰狗长途车赶往密西西比州首府杰克逊市。汽车行进到阿拉巴马州伯明翰市、蒙哥马利市等地时，当地白人向车上的人发动袭击，导致多人受伤。四个月后，州际公共汽车及候车室内的种族隔离措施被取消。马丁·路德·金由于拒绝支持上述示威行动，受到黑人民权运动内部一些激进人士的批评。

报道北方的种族问题时，根本不像对待南方事务时那样热衷和投入。"

《纽约时报》的广告触动了霍尔的敏感神经。4月7日，他在《广告报》上发表了一篇气势汹汹的社论："世上有两类说谎者，一类主动撒谎，一类被动为之，这两类说谎者在3月29日《纽约时报》的整版广告中，粗鲁地诽谤了蒙哥马利市。"社论引述了广告的第三段，也即学生被校方困在食堂外那段内容。"谎言，谎言，谎言，"霍尔写道，"这就是些一心想募款的三流小说家捏造出来的故事，好欺骗那些偏听偏信、自以为是、以讹传讹的北方佬。"

接着，霍尔援引一百年前的南北战争、废奴运动为例，评价道："共和国已因为这些歇斯底里、撒谎成性的废奴煽动者们，付出了沉痛代价。这则广告的作者，绝对是废奴主义者们的孝子贤孙。"

蒙哥马利市警察局长沙利文，也正认真研究这篇社论。第二天，他寄了封挂号信给《纽约时报》（那天是4月8日，他把发信日期误写为3月8日）。沙利文提出，广告指控他"严重失职"，指责"蒙哥马利市警方处置不当、玩忽职守"，因此，《纽约时报》应尽快"发布声明，撤回之前那荒谬不经的诽谤性言论"。

当天，沙利文还将同样内容的信寄给四位黑人牧师，他们的姓名也在那则广告的二十人名单上。四位黑人牧师都住在阿拉巴马州，他们是：蒙哥马利市的拉尔夫·阿伯内西和S.S.西伊，伯明翰市的弗雷德·沙特尔沃思，与莫比尔市的J.E.洛厄里。他们后来作证说，在收到沙利文的来信前，根本没听说过这则广告。显然是有人未经许可，擅自使用了他们的姓名。

《纽约时报》的法律事务，当时由洛德、戴&洛德律师事务所代理。4月15日，这家律所回复沙利文说："我们颇有些迷惑……您凭什么推断广告上的声明是在影射您呢？"毕竟，广告压根儿没提到

"沙利文"几个字。不过，回函仍然表示，《纽约时报》已着手"调查此事"。调查开始后，《纽约时报》在蒙哥马利的特约记者唐·麦基迅速提交了调查报告。调查结果表明，除了警察封锁学校食堂，"试图用饥饿迫使学生就范"之说无法查证，广告其他说法"完全属实"。回函指出，由于"我们的客户《纽约时报》向来注重真相，有错必纠"，相关调查将继续进行，"也烦请沙利文先生告诉我们，究竟这则广告什么地方冒犯了您？"

沙利文没有答复，至少未书面回函。4月19日，他在蒙哥马利市巡回法院（属于阿拉巴马州属法院）提起诉讼，控告《纽约时报》及在广告上署名的四名黑人牧师涉嫌诽谤。沙利文诉称，广告第三段提到蒙哥马利市的部分，以及第六段提到对付金博士的"南方违宪者"部分，是对他本人的诽谤，他要求索赔50万美元。

5月9日，阿拉巴马州州长约翰·帕特森致信《纽约时报》，提出与沙利文同样的要求。他说，广告指控他"作为阿拉巴马州州长及前教育厅厅长……严重失职"。与沙利文一样，他也认为广告第三段与第六段存在问题。其实，此信无非是起诉的前奏，因为根据阿拉巴马州法律，政府官员若想提起诽谤之诉，必先申请更正，否则，就不能索要惩罚性赔偿金。

一周后，《纽约时报》刊文向帕特森州长致歉，题为"时报撤回广告声明"。文章除了转述帕特森的抗议内容，还附加了报社一段声明：

> 《纽约时报》此则广告，系合法广告代理商依正常流程
> 办理，且由知名人士付费刊载。广告并非《纽约时报》的新
> 闻报道，也未承载本报编辑任何意见或观点。广告刊出后，

《纽约时报》已展开调查，并秉承本报撤销并更正不实报道或虚假消息之原则。据此，本报撤销阿拉巴马州州长提出异议的两段文字。《纽约时报》从未打算借广告中伤尊敬的约翰·帕特森先生，也未质疑他作为州长及前教育厅厅长的领导能力，更未指控他"严重失职、处置不当或玩忽职守"。为避免读者从广告声明中推断出不当结论，《纽约时报》谨向尊敬的约翰·帕特森州长致以诚挚歉意。

这一天，也即 5 月 16 日，《纽约时报》总裁奥维尔·德赖富斯致信帕特森州长。他附上报纸刊登的致歉声明，并再次道歉："为避免读者从广告声明中推断出不当结论，《纽约时报》谨向阁下致歉。"可是，两周后，帕特森州长还是告上法庭，要求 100 万美元的赔偿。与沙利文一样，他也把《纽约时报》与四位黑人牧师列为共同被告。不过，他在被告名单上又加了一个人：金博士。除了沙利文与帕特森，又有三人陆续加入原告阵营，他们是：蒙哥马利市市长厄尔·詹姆斯、市政专员弗兰克·帕克斯、前市政专员克莱德·塞勒斯，他们每人要求《纽约时报》和四位黑人牧师赔偿 50 万美元。

四位牧师之所以与《纽约时报》一起惹上官司，完全是原告方的诉讼策略。原告律师这么做，是为避免《纽约时报》申请将本案从州法院移至联邦法院管辖。因为按照美国宪法，诉讼双方当事人来自不同州时，类似诽谤官司这样的普通民事案件，可由联邦法院审理。这么规定的目的，是为防止 A 州公民在 B 州受到不公正待遇。案件移送至联邦法院，可保证法官公正、中立地审理案件。但是，如果 A 州公民控告 B 州公民，但被告中也有 A 州公民时，案件可以不必移至联邦法院审理。阿拉巴马州的官员们正是借助这一策略，争取到本州法院对这起诽谤案的管辖权。

仅仅因为刊登"关注他们的呐喊"这则广告，《纽约时报》就将面临总计 300 万美元的诽谤赔偿。在那个年代，这笔钱实在是个天文数字。《纽约时报》管理层与代理律师们，根本无法说服原告方撤诉。更可怕的是，阿拉巴马州法院的法官与陪审团们，也正对这份介入种族问题的北方报纸虎视眈眈。

第 三 章

南方的忧伤

南部生活，顾名思义，总能让人联想到白色柱廊的净雅庄园、友善和蔼的白人家庭、满脸堆笑的黑人仆役。然而，种族隔离的现实，绝非田园牧歌一般惬意悠闲。马丁·路德·金博士曾以亲身经历，说明现实状况的残酷。一次，他与一群号称同情黑人遭遇的白人同行，这些人竟要求金博士放慢脚步，走在他们身后。1963 年，金博士因在阿拉巴马州伯明翰市领导抗议游行而入狱，当地八名白人牧师痛批游行"不合时宜"。他为此写信给他们，这就是后来著名的"伯明翰狱中信札"。

"那些从未感受过种族隔离之苦的人，很容易轻言'等待'，"金博士写道，"但是，当你目睹暴徒对你的父母滥用私刑……当你试图向六岁的女儿解释，为什么她不能像电视广告里那样在公园嬉戏玩耍，却怆然词穷……当你驾车远行，却发现没有一家旅店愿意让你留宿，而你不得不蜷在车上夜复一夜……当你日复一日被'白人'和'有色人种'这样的标签字眼所羞辱……你就会了解，'等待'为什

小马丁·路德·金在演讲："为什么我们不能轻言等待？"

么对我们那么艰难。"[6]

种族歧视现象在美国比比皆是。但南方的情况却更为恶劣，因为在那里，种族歧视受法律认可与保障。根据南方各州州法，黑人由生至死，都被打入社会底层。从医院呱呱落地，到墓地入土为安，法律对他们设置了重重隔离屏障。黑人小孩只能在教学质量低劣的公立学校就读。警察虎视眈眈，不许黑人进入绝大多数旅馆、餐厅，就连搭乘公车，他们也只能屈居车厢后座。而且，由于多数南方地区的黑人被剥夺了投票权，他们的诉求根本无法在立法中体现。

政府借公权力实施种族隔离的情形，绝非只在南方偏远地带发生。直到 20 世纪中叶，华盛顿特区各大餐厅仍禁止黑人入内进餐，更不许他们在影院观影。在南方十七州，以及哥伦比亚特区，多数公立学校仍执行种族隔离政策，只有 40% 的学校招收黑人学生。"二战"期间，尽管黑人可以应征入伍，却被单独列编。联邦政府推行的种族隔离政策，直到 1948 年才由哈里·杜鲁门总统终结。

美国的立国之基，明明是"人人生而平等"，为什么种族隔离之法却能公然存在，而且根深蒂固呢？答案只能从历史深处探寻。*1619 年，第一艘载满非洲奴隶的商船在北美弗吉尼亚靠岸，到 1776年南方各州独立后，奴隶制已成为南方殖民地种植产业发展的关键因素。现代历史研究的成果，进一步揭示了奴隶制经济的丑陋真相：贩卖奴隶，在当时简直是一本万利的行当。1787 年，制宪会议召开时，南部地区为维护奴隶制度，积极游说各州代表，试图保留蓄奴条款。宪法第一条要求，众议院在计算各州人口时，应以"自由民人口之和"加上"其他人口数的五分之三"。也就是说，一个奴隶，只能

---

* 关于美国黑人民权运动的历史，参见〔美〕埃里克·方纳：《给我自由！一部美国的历史》，王希译，商务印书馆 2010 年版。

算作 3/5 个人。1808 年之前，尽管宪法回避使用"奴隶"字眼，而以"现存于各州，有望获得承认的移民或外来人口"指代这一人群，却不许国会立法禁止国际奴隶贸易。最后，宪法要求废奴州必须应原主要求，将逃亡过来的奴隶直接遣回。1857 年，最高法院首席大法官罗杰·坦尼在"德雷德·斯科特案"* 中，援引宪法条文，直斥非洲后裔是"卑贱、劣等人种"，不能算美国公民。[7]

南北战争改变了历史，或者说，使社会向新的趋势发展。起初，南方各州宣布脱离联邦。1861 年 2 月 4 日，南部各州代表齐聚阿拉巴马州蒙哥马利市，决议加入美国邦联。战争随即爆发，诱发战事的原因不仅在于南北经济差异，还涉及双方对奴隶制的不同认知。北方最终决定彻底抛弃奴隶制。1863 年，林肯总统发布《解放宣言》，宣布解放南部邦联的奴隶。战争结束后，国会于 1865 年通过宪法第十三修正案，明令禁止奴隶制。**

南方虽然战败，却并未放弃压迫黑人的想法。南部各州很快通过所谓"黑人法典"，继续钳制脱离奴隶身份者的自由。例如，某些地方规定，黑人只有获得特别许可，方可务农耕种，甚至禁止他们拥有土地。1866 年，国会为推翻"黑人法典"，通过了第一部"民权法案"。法案规定，黑人与白人一样，有权"订约、履约、兴讼、结社、作证、继承、购物、租赁、出售、持有或转让不动产及其他私人财产……一旦违法，亦应接受刑罚、罚金，并受法律、条例、训令、规

---

* 最高法院在该案中判称，被贩卖到美国的非洲奴隶后裔，不论其是否已解放成为自由人，均不能算作美国公民，不能享有美国公民的权利，也不受美国宪法保护，除非政府授予其权利或特权。亚伯拉罕·林肯总统曾多次抨击该判决，他曾说："房屋分成两半就会倒塌。我相信，在半是奴隶半是自由民的国家里，政府也长久不了。"

** 美国宪法第十三修正案规定："一、除非是对已通过正当程序判刑的罪犯的处罚，无论奴隶制还是非自愿劳役，都不得存在于联邦境内及其管辖的任何地方。二、联邦议会有权通过适当立法贯彻此条。"

章与习惯法之约束"。

1868 年，美国宪法增补了第十四修正案。修正案规定联邦政府有权保护公民个人免受各州歧视或侵害。修正案宣布，凡出生或归化联邦，遵守联邦法律之人，就是联邦公民，也是他们所居住州之公民，这无疑推翻了坦尼首席大法官在"德雷德·斯科特案"中的判词。修正案明确指出："任何一州……未经正当法律程序，不得剥夺任何人的生命、自由和财产，在该州司法辖区内，不得否认任何人受法律平等保护的权利。"

那么，上述语意宽泛的条文，对权利仍处南方法律钳制下的黑人们，究竟意义何在？1880 年，最高法院通过"斯特劳德诉西弗吉尼亚州案"的判决，给出了决定性的答案，或者说，是一个近乎决定性的答案。根据西弗吉尼亚州法令，黑人不得被遴选为陪审员。最高法院宣布这部法律违宪，威廉·斯壮大法官援引宪法第十四修正案称："既然已宣布黑人白人在法律面前一律平等，为什么还要维持这样的法令？……仅仅因为肤色不同，就禁止有资格的美国公民出任陪审员，这是对他们的侮辱，是把他们视为劣等种族，这是鼓励种族偏见。"[8]

但是，"斯特劳德案"判决很快被政治风潮裹挟，正义再次蒙受羞辱。三 K 党和其他南方种族势力转而诉诸暴力。北方的政客们也意识到，除非强力干涉，黑白同权根本无法实现。他们试图甩开种族包袱，将政治重心转移到振兴北方工业上。主导北方的共和党人不再执著于解放奴隶的宏大理想，逐步默认了白人与黑人间的阶层关系，不少人甚至向往起"旧式南方"的生活。1876 年大选中，民主党人塞缪尔·蒂尔登与共和党人拉瑟福德·海斯竞选总统，选举结果因计票纠纷而"难产"。最后，还是靠共和党人组成的特别委员会大力支持，海斯才以一张选举人票之差当选总统。这一结果，其实是政治妥协的产物。作为获胜的回报，共和党允许南方自行处理种族事务。*

1880 年代末，南方各州议会再次推出压制黑人权利的法令，新法不像"黑人法典"那么高调，桎梏力度却更胜一筹。这类被称为"吉姆·克劳法"的法律，将种族隔离范围从火车延伸到所有公共场所。**国会这次偃旗息鼓，并未推出平权法案应对。面对当时的政治气氛与主流舆论，最高法院也开始见风使舵。

1896 年，最高法院在"普莱西诉弗格森案"中，宣布路易斯安那州采取的种族隔离措施，并未侵犯宪法第十四修正案规定的"受法律平等保护的权利"。[9]案件当事人霍默·普莱西是位拥有八分之一黑人血统的美国公民，因在路易斯安那州踏入白人专用火车车厢而被捕。他上诉辩称，相关法律违反了宪法平等保护条款，但最高法院却以 7 票对 1 票宣布州法合宪。亨利·布朗大法官代表多数方撰写了判决意见，指责普莱西的诉求是无稽之谈，认为他这么做，是把"种族隔离措施看作为有色人种贴上了低劣阶层的标签"。其实，正如"斯特劳

---

　　* 拉瑟福德·海斯 1865 当选为国会议员，1868 年当选俄亥俄州州长，以"为人正直和办事有效率"著称。1876 年被共和党提名为总统候选人。该次大选导致美国历史上最大的一次计票纠纷，最后，由国会议员和最高法院大法官组成的特别委员会裁定海斯获胜。由于共和党最终答应了民主党提出的部分先决条件，海斯在总统就职日前两天，才被宣布为合法总统。海斯上任后，撤回了北方在南部各州的驻军，南方黑人的权益再次失去保障。

　　** 吉姆·克劳法：泛指美国南部各州自 1870 年代开始制定的，对黑人实行种族隔离或种族歧视的法律。吉姆·克劳原是 19 世纪上半叶黑人歌舞剧中一首歌曲的名称，剧中扮演反叛者的黑人在歌词中曾用吉姆·克劳的名字，以后就成为对黑人的蔑称。这种法律实质上是美国内战结束后南部各州白人种族主义政府所制定的"黑人法典"的继续，主要内容是通过征收人头税、选举登记、文化测验、仅容许白人参加预选、"祖父条款"（即法律规定本人或其祖辈在 1867 年参加投票者才享有选举权）等手段，剥夺黑人选举权；并在学校、住区、公共交通、公共场所（包括旅馆、剧场、公园、教堂、医院、娱乐体育场所等）以及就业、司法、军役、婚姻等各方面，实行种族隔离和种族歧视。

德案"判决所言，立法隔离黑人，"就是在他们身上打下烙印"。宪法第十四修正案的字面含义与社会现实之间，仍有十分漫长的距离。

约翰·马歇尔·哈伦大法官忧心忡忡地在异议意见中写道："这样的法律一旦通过，必将播下种族仇恨的种子。州政府不但支持隔离之法，还把试图在公共场所与白人同坐一张长凳的黑人送进监狱，还有什么会比这么做更能煽起种族仇恨？还有什么比这么做更容易加剧种族间的不信任？大家都很明白，路易斯安那州通过这样的法律，无非是想制造"平等"假象。但这又骗得了谁呢？这简直是弥天大错。"

一切正如哈伦大法官所料，在最高法院纵容下，种族隔离愈演愈烈，甚至有法可依。之后数十年间，南方各州将黑人完全逐出白人惯常出入的公共场所。"黑白同权"成了自欺欺人的说法。黑人默默死去，仅仅因为白人医院将他们挡在门外。至于投票权与其他基本民权，黑人更是不敢奢望。州政府为黑人选民登记设置了五花八门的障碍，如识字测验、解释州宪含义，而负责选民登记的官员，多是些有强烈种族偏见的白人。南方各州的民主党人在各项重要选举之前，也会将黑人排除在选民阵营之外。

20世纪已过去数十年，种族主义对人类社会的危害，几乎成为普世公论。纳粹暴行带给世界的冲击，更是触目惊心。尽管有"普莱西诉弗格森案"判决撑腰，但谁若直接说南方的种族歧视做法符合宪法，肯定要受人耻笑。可笑的是，南方的白人政客硬是把"普莱西案"确立的规则视为"尚方宝剑"。结果，直到20世纪中叶，国会仍对南方的政治体制网开一面。但凡国会想就民权问题出台立法，如以联邦法律禁止私刑，南方议员们都会以"阻挠议事"（Filibuster）的方法来阻击，使相关法律无法进入表决环节。*

1954 年，种族隔离的法理基础被击垮了。最高法院九位大法官在"布朗诉教育委员会案"中一致裁定，公立学校的种族隔离措施违宪。首席大法官厄尔·沃伦并未明说 1896 年的"普莱西诉弗格森案"是应被推翻的不当判决，对此他说，最高法院无法令时光倒流，但他在判决意见中明确写道，"在教育机构推行种族隔离原本就是不公正的"。[10]

"布朗案"判决犹如一阵惊雷，震撼了社会各界，并激起了南方白人的强烈反弹。旧南部邦联在参众两院的十一名议员联合发布"南方宣言"，声称"最高法院在没有任何法律依据的情况下，滥用司法权力，将个人政治理念与社会立场凌驾于国家法度之上"。**

判决同样激起南方黑人的愤怒。他们认为，最高法院既已发声，"权利平等"理当落到实处，黑人被奴役的不公局面必须被打破。

黑人觉醒后的第一波示威浪潮，发生在南部邦联的起源地：阿拉巴马州的蒙哥马利市。1955 年 12 月 1 日晚上，黑人女裁缝罗莎·帕克斯下班后搭公车回家，她非常疲惫，就近坐在车厢前部。司机令她给一个白人让座，并坐到车后去。帕克斯女士拒绝这么做，警察赶来逮捕了她，并指控她违反种族隔离法。

---

* 阻挠议事：也被称为"冗长演说"，是美国国会一种特殊的运作方式，目的在于通过不停地发表演说，阻止将正在审议的议案或人事提名交付表决，一般由少数派议员使用。阻挠议事法来源于参议院的议事规则，即参议院只有在所有参议员发言完毕后才能进行表决。只要有人要求发言，主席就必须同意，如此一来，议员通过不停地发言，就可以阻止投票。根据相关规则，进行"冗长演说"的议员可以吃饭，可以喝水，但不能坐下，也不能离开会议大厅，一旦交回发言权，就不能索回。如果违反上述规则，其他议员就可以提出表决或其他要求，主席即可采纳，"冗长演说"即告失败。

** 南部邦联：美国南方的十一州曾于 1861 年组成南部邦联，以维护奴隶制与州权。邦联后来发动了南北战争，战败后，南部邦联于 1865 年解散。

帕克斯女士被捕后，蒙哥马利市的黑人民众发起抵制公车运动。在一年多的时间里，大家宁愿步行数英里上下班，或者选乘教会专车，也不搭乘本市公车。领导这场运动的，正是金博士。当时他只有二十七岁，只是蒙哥马利市右街浸信教会的一位名不见经传的牧师。而这场运动却让他名声大振，甚至成为全球知名人士。他呼吁黑人同胞们效仿印度"圣雄"甘地，用非暴力方式对抗压迫。"即使我们每天都有人被捕，"他告诉大家，"即使我们每天都被剥削被践踏，也别让任何人逼着你放低身段去仇恨他们。我们用'爱'做武器。我们必须对仇视我们者抱以同情、包容之心。我们必须认识到，那些仇视我们者，并非天生如此，而是被教导仇恨我们。我们在黑夜屹立，我们必将迎来黎明。"[11]

金博士的话并未消解种族主义者的敌意。他因涉嫌非法煽动抵制公车而被定罪。抵制公车引起的官司一直打到最高法院，大法官们的判决结果表明，"布朗案"的裁判思路并不局限于教育领域，蒙哥马利市公车上的种族隔离措施被判定违宪。1956 年 12 月 21 日，公车上的"黑白同乘"终于成为现实。

"布朗案"对北方民众也产生了很深的政治影响。人们首次关注到南方泛滥的种族主义。许多全国性的报纸、杂志和广播节目，开始大篇幅报道南方的种族冲突情况。1957 年，国会通过 1875 年以来的第一部"民权法案"。尽管相关条文力度有限，但它推动创立了民权委员会，允许司法部对侵犯选举权的案件启动调查。立法推进至此，显示整个国家的政治气候正发生变化。

然而，南方黑人的命运并未很快得到改善。白人对平权措施的抵制愈演愈烈。许多社区成立了"白人公民委员会"，他们通过群体集会、政治呼吁和经济施压，希望政客与利益集团维持种族隔离现状。

面对重重暴力与威胁，黑人希望各级法院尽早兑现他们的权利。"布朗案"判决六年后，在阿拉巴马、密西西比、佐治亚、路易斯安那和南加利福尼亚诸州，没有一位黑人被准许进入公立学校或大学就读。在南方腹地各州，意欲投票的黑人，很可能被殴打或刺杀。1960年代末，密西西比州适龄黑人选民中，只有4%被纳入选举名册，阿拉巴马州也只有14%。

阿拉巴马与密西西比两州对种族平权的抵制最为强烈。1956年，阿拉巴马州屈从于联邦压力，不得不在高等教育领域取消了种族隔离措施。黑人女性奥瑟琳·露西在联邦法院指令的护佑下，得以进入阿拉巴马州立学院就读。但是，由于其他学生骚动抗议，校方不得不将她逐出校园。* 露西再次向联邦法院求助，希望能重返校园。校方被她以诉讼维权的做法激怒，干脆以"道德败坏"为由开除了她。艾森豪威尔政府始终无所作为，这起案件亦无果而终。

即便是由联邦掌控的州际交通，也未能逃脱种族隔离措施的侵扰。1961年春天，部分民权运动人士搭乘公车，赶赴阿拉巴马州抗议种族隔离措施。这些被称作"自由乘客"的人刚刚来到伯明翰与安妮斯顿，就遭遇白人暴徒的袭击。肯尼迪政府担心赶往蒙哥马利市的另一组"自由乘客"再度受袭，调遣了五百名联邦法警沿路护卫。此举激怒了阿拉巴马州州长约翰·帕特森，认为联邦法警的出现，是"对州权的粗暴蹂躏和侵犯"。[12] "自由乘客"来到蒙哥马利市时，金博士

---

* 除了学生闹事，当地暴徒亦以露西入学为借口，在当地发动骚乱，如焚烧十字架，挥舞南部邦联旗帜，攻击黑人驾驶的汽车。1957年，阿肯色州州长奥瓦尔·福布斯为阻止黑人学生到小石城中心高中就读，动用州国民警卫队封锁街区、校园。为维护联邦法律的尊严，艾森豪威尔总统派出101空降师进驻小石城，解除了国民警卫队的武装，并护送九名黑人学生入校。但是，直到艾森豪威尔离职，旧南部邦联各州内，也只有不到2%的黑人学生在废除了种族隔离的学校就读。

美国联邦执法官护送黑人女童上学场景（〔美〕诺曼·洛克威尔）

恰好回乡省亲。白人暴徒包围教堂时，他正大谈"非暴力抵抗"之道。若非联邦法警及时出手，他与听众很可能已死于棍棒之下。

1960 年 4 月 12 日，也即"关注他们的呐喊"广告发布两周后，《纽约时报》又在头版刊出一则题为"恐惧与仇恨在伯明翰蔓延"的报道。这则由哈里森·索尔兹伯里撰写的文章开篇即说：

> 没有纽约人能把握伯明翰当前的形势。白人与黑人漫步于同样的街道，可在这些街道上，惟有供水系统与排污系统算得上人们共享的公用设施。从球场、出租车，到图书馆，到处都有种族隔离措施。"白人"电台禁放"黑人音乐"。任何交流渠道，哪怕是合理接触，都可能被种族过激情绪破坏，那些铁鞭、刺刀、手枪、炸弹、燃烧瓶、棍棒、匕首、暴徒、警察和州政府的种种作为，更激化了这样的情绪。

哈里森·索尔兹伯里的报道惹来更多诽谤官司，原告共向《纽约时报》索偿 315 万美元，索尔兹伯里也被要求赔偿 150 万美元。伯明翰当地许多报纸肆意攻击《纽约时报》，说它"充满偏见、恶意调唆和散布仇恨"，就像蒙哥马利市《广告报》极力抨击那则广告一样。

这就是阿拉巴马州当时的气氛。此时，《纽约时报》正着手应对警察局长沙利文提起的首场诽谤诉讼，第一场较量将在蒙哥马利市的法院展开。

第 四 章

初 审 失 利

　　类似诽谤索偿这样的民事案件，必先经过文书送达程序：原告拟好诉状，送交被告或其代理人，书面告知本人的诉讼行为及要求。这一程序看似简单，其实隐藏着复杂的诉讼考量。比如，究竟谁是被告的"代理人"？如何令送达的文书对被告有法定约束力？如何令远在异州的当事人乖乖到本州应诉？

　　沙利文通过将诉状送达《纽约时报》驻蒙哥马利市特约记者唐·麦基，启动了对报社的诽谤诉讼。麦基是《广告报》专职记者，平时很少为《纽约时报》跑新闻。1960 年，麦基只从《纽约时报》那里拿到 90 美元薪水。但沙利文的律师认为，这就足以将他视为时报在阿拉巴马州的代理人了。此外，根据阿拉巴马州法律，如果被告公司在本州没有办事处或代理人，原告将诉状提交本州州务卿，也可视为送达。

　　诽谤官司对《纽约时报》本来算不上难缠之事。报社很少被陪审团判定诽谤，也从未支付过巨额赔偿。但报社法律顾问路易斯·洛布已经意识到，"沙利文案"可没那么好对付，背后隐含极大威胁。洛布是华尔街洛德、戴＆洛德律师事务所的合伙人，但他大部分时间、精力都耗在《纽约时报》这一个客户身上。他经常在工作日来到时报总部，与高级编辑或管理层聊天，与发行人阿瑟·海斯·苏兹贝格私交也非常不错。洛德乍看起来，有点儿像一个举止夸张的英国上校，身材高大，性格彪悍。生活中，他却是一位儒雅之士，酷爱藏书读书。洛德的妻子珍妮特是一位雕塑家，夫妻俩经常远赴英伦，在亨利·摩尔家中畅谈艺术人生。*

洛德的第一项工作，是尽快物色一位阿拉巴马州律师，代表《纽约时报》应对"沙利文案"。这件事远比他预期的要艰难。他致电蒙哥马利市一家与洛德、戴＆洛德有过颇多合作的律所，合伙人婉拒了他。随后，他又联系伯明翰市最大的一家律所，对方再次说不，以可能"存在利益冲突"为由，含糊其辞予以拒绝。最后，他终于找到伯明翰市一家行事风格特立独行的律所，贝多斯、恩布里＆贝多事务所，这家律所经常为黑人被告提供辩护。合伙人T.埃里克·恩布里同意代表《纽约时报》打这场官司。

在阿拉巴马州，连找一位合作律师都如此困难，显然是种族因素在作祟。《纽约时报》那则广告，彻底激怒了地方政客，他们指责时报是粗暴干涉南方内部事务的北方煽动者。哈里森·索尔兹伯里关于伯明翰形势的报道，更令《纽约时报》成为众矢之的。在这种情势下，没人乐意与《纽约时报》扯上关系，哪怕是经常为罪大恶极的被告辩护的律师们，也惟恐避之不及，不敢蹚这摊浑水。恩布里在蒙哥马利踏破铁鞋，也没找到一个律师协助他处理"沙利文案"。甚至当路易斯·洛德南下赶来与他会晤时，恩布里不但将他安置在远离市区

---

* 亨利·摩尔（1898—1986），英国雕塑家，以大型铸铜雕塑和大理石雕塑而闻名，备受英国艺术界推崇。

的一家汽车旅馆，连住宿登记用的都是假名。

恩布里与律所另一个合伙人罗德里克·贝多飞赴纽约研讨案情，与会的除了诸位律师，还包括报社高层。"我们在那里待了好几天。"多年后，恩布里回忆道，"我们与所有高管和高级编辑交谈，他们详细介绍了报纸的审编流程，比如如何组版，如何投放广告。他们告诉我，报社愿不计代价打赢这场官司，绝不轻易言败。"[13]

洛布与恩布里思虑再三，认为击败沙利文的最好策略，是挑战阿拉巴马州法院的"属人管辖权"。那帮人正是利用这一权力，将《纽约时报》逼至阿拉巴马受审。在美国，五十个州都有专属立法及法院，一州法院可以在另一方当事人的业务、财产或身份与本州有关联时，通知对方从其他州赶至本州应诉。一个佛蒙特州人如果与亚利桑那州没有任何瓜葛，你就没办法在亚利桑那州告他。但是，如果仅仅因为路途遥远，就忽略对方的异地起诉，那就大错特错了。假设前面提到的佛蒙特州人恰好与亚利桑那州有所关联，他又没把别人的起诉当回事，亚利桑那州法院很可能以"缺席审判"形式，判他赔偿10万美元。随后，亚利桑那州的原告会持判决赶到佛蒙特州，要求当地法院强制执行。当然，佛蒙特州人可以质疑亚利桑那州的管辖权。不过，如果佛蒙特州法院发现被告与亚利桑那州确有关联，对方管辖权确实成立，就将秉持宪法要求的"充分信任和尊重"（Full Faith and Credit）原则，主动执行亚利桑那州的判决。* 此时，即使佛蒙特州人没有出庭应诉，也将被迫支付10万美元。因此，对被告而言，审判伊始就提出管辖异议，是一种相对稳妥的策略。

---

* 美国宪法第四条第一款规定："每个州对于他州的公法、诉状和司法程序，应给予充分信任和尊重。国会得以一般法律规定如何证明这类法律、诉状和司法程序的有效性及其实际效力。"

恩布里正是这么做的。他首先提出动议，要求撤销之前的送达程序。理由是，《纽约时报》与阿拉巴马州没有足够的业务往来，当地法院对其没有司法管辖权。恩布里提出，《纽约时报》的日发行量为六十五万份，而每日发送到阿拉巴马州的报纸，只有区区三百九十四份，根本不足以令报社业务与阿拉巴马州建立起有力关联。即使《纽约时报》特约记者偶尔会在阿拉巴马采访，又或本地公司偶尔会在《纽约时报》投放广告，与报社每年 3750 万美元的销售额相比，阿拉巴马州那区区 1.8 万美元的年营业额，实在是微不足道。

在挑战阿拉巴马州法院对《纽约时报》的属人管辖权过程中，为确保万无一失，恩布里认真研读了沃尔特·琼斯撰写的《阿拉巴马州诉讼与法律执业须知》一书，后者是蒙哥马利地区巡回法院法官，"沙利文案"很可能由他主审。然而，在种族议题上，一切荒谬皆有可能。

琼斯法官是南部邦联与南方生活方式的忠实拥趸。其父托马斯·琼斯内战时是南军一员，曾受南军统帅罗伯特·李将军之托，将休战旗交至北军统帅格兰特将军手中。战后，老琼斯还出任过阿拉巴马州州长。琼斯法官著有《论南部邦联纲领》一书，他曾在书中感慨："我看到邦联的荣耀旗帜迎风招展，它是自由的象征，洋溢着我们对宪法的热忱，和对光荣与尊严的无限向往。"1961 年，南部邦联成立一百周年之际，蒙哥马利市曾举行仪式，再现了邦联"总统"杰弗逊·戴维斯当年宣誓就职的场景。扮演监誓人的，正是琼斯法官。其他出演者后来都曾在琼斯主持的庭审中担任过陪审员，琼斯允许他们身着南部邦联时代的制服坐在陪审席上。

1960 年至 1961 年期间，琼斯法官为对抗民权运动与联邦政府，曾发布过一系列指令。他禁止"全国有色人种协进会"在阿拉巴马州开展任何活动，不许"自由乘客"为抗议公车上的种族隔离措施举行示威，甚至设置障碍，阻止司法部调查阿拉巴马州的选民登记记录。更过分的是，琼斯连法庭也不放过，在那里一样推行种族隔离措施。沙利文提起诽谤诉讼后，詹姆斯市长又把《纽约时报》告上法庭，这起案件庭审期间，部分黑人群众赶来旁听，并与白人坐在一块儿。第二天，琼斯法官硬说黑人们都是"暴民和种族主义煽动者"，让法警在法庭内强制执行黑白隔离。"沙利文案"开庭前，琼斯甚至扬言，本案的审判依据是"阿拉巴马州法律，而不是宪法第十四修正案"。[14]

多年之后，埃里克·恩布里仍然坚信，琼斯法官在当时几起诽谤诉讼中，刻意偏向沙利文等原告。"格罗夫·霍尔这些人整天往琼斯的办公室跑，商量着怎么对付我们。"不过，就算真有这样的密室商议，如今也已无证可查。

1960 年 7 月 25 日，赶在琼斯法官开庭前，恩布里提交了对本案管辖权的异议。之后许多天里，双方律师为《纽约时报》与阿拉巴马州是否有足够的业务关联争论不休。报纸在该州的发行量、特约记者的薪水、接受本州客户委托的广告数量，都成为争议焦点。8 月 5 日，琼斯法官裁定，《纽约时报》与阿拉巴马州有充分的业务往来，该州法院有权管辖此案。

路易斯·洛布认为，管辖权异议被驳回，对报社绝对是致命一击。现在，《纽约时报》必须因"关注他们的呐喊"一文被诉诽谤，被迫走进阿拉巴马州法院，接受陪审团的裁决。讽刺的是，广告事件的起因，本是因为金博士被控申报税款时作伪证，如今，这项指控却不了了之。五月的最后一周，金博士在蒙哥马利受审时，声称自己接受的捐款都已转赠给教会和民权组织，阿拉巴马当局亦无法证明金博士有挪用捐款之举，他被当庭无罪开释。

琼斯对"沙利文案"的审理用了三天，即 11 月 1 日至 3 日。光是出庭律师的数量，就可以看出这绝不是一次普通的诽谤诉讼。沙利文一方的代理律师依次是罗兰·纳奇曼、罗伯特·斯坦纳和加尔文·怀特塞尔，他们都是蒙哥马利本地人。埃里克·恩布里找到四位帮手，协助他为《纽约时报》申辩。另外，因在广告内署名，而被沙利文一并起诉的四名阿拉巴马黑人牧师也委托律师出庭。这几名律师分别是弗雷德·格雷、弗农·克劳福德和小 S.S. 西伊*，他们都是黑人，并因此导致一个诡异的场景。最高法院存档的本案一审庭审笔录显示：庭审现场，白人律师都被冠以"先生"头衔，如"纳奇曼先生"、"恩布里先生"。黑人们却被称作"格雷律师"、"克劳福德律师"、"西伊律师"。仅仅因为肤色不同，他们居然连"先生"这样的敬语都享受不到。

审判的第一步是挑选陪审团。陪审员候选人共三十六人，其中有两名黑人。沙利文的律师将他们从候选名单内剔除，从中选出十二名白人组成了陪审团。《阿拉巴马纪闻》在头版刊登了陪审团名单，还附上他们出庭时的照片。《纽约时报》的律师以陪审员可能受当地舆论压力所迫，转而支持沙利文为由，向法庭提出异议。琼斯法官驳回了他们的异议。

纳奇曼代表沙利文进行了开场陈述。他说，原告方之所以提起损害赔偿，是"为防止被告屡教不改，更是要防止其他人犯同样的错误"。代表《纽约时报》的恩布里回应说，广告根本没有提到沙利文的名字，"即使从最广泛的范围推论，也不可能让人联想到沙利文本人"。代表牧师出庭的格雷提出，委员会没有征求过任何一位牧师的

---

* 这位律师与他所代理的 S.S. 西伊牧师并非同一人。

意见，就把他们的名字登在了广告上。"他们根本就没答应过。"他说，"发生在他们身上的事，可能发生在你们任何人身上"。

庭审伊始，沙利文的律师之一，怀特塞尔向陪审团宣读了广告全文。当他读到"黑人"（Nergo）一词时，牧师的律师之一，克劳福德提出反对，因为，怀特塞尔故意把这个词读成"黑鬼"（Nigger）。琼斯法官问怀特塞尔是不是故意念错。怀特塞尔说，他"这辈子"都是这么念这个词的。《阿拉巴马纪闻》的记者朱迪斯·罗辛后来写道："记者们没听到他说'黑鬼'，他只发了'nigra'或'nigro'等类似'黑人'的音。"

一般来说，若想证明对方诽谤成立，原告方通常要列举如下证据：(1)被告有出版行为；(2)被告有诽谤陈述；(3)原告是诽谤对象（诽谤损害了原告名誉）。沙利文的律师团的举证重点，正是第(3)项。尽管《纽约时报》上的广告没有提到沙利文的大名，但律师们倾尽全力，试图证明广告确有暗指沙利文之嫌，或者套用法律术语，是"指涉且关系到"（of and concerning）沙利文。沙利文本人也提供了主要证言。作为蒙哥马利三名市政专员之一，他主管警政、消防、墓葬、测绘等事务。他并非每日操持警务，因为另有一位警察总监替他主持警局日常工作。但沙利文还是认为，广告第三段关于"警察"行为的描写，针对的就是他本人。这段内容是：

在阿拉巴马州蒙哥马利市的州议会厅前，当学生唱完"我的国家，也是你的"这首歌后，学生领袖随即被校方开除，而且，一大批荷枪实弹、携带催泪弹的武装警察，严阵以待，并包围了阿拉巴马州立学院。当所有学生以罢课方式抗议州政府滥用公权时，警察封锁了学校食堂，试图用饥饿迫使他们就范。

沙利文同时对第六段部分内容提出异议：

> 对于金博士的和平抗争，南方违宪者却一而再、再而三地用暴力、威胁回应。他们炸毁了金博士的家，差点儿杀死他的妻儿；他们抹黑他的名声；甚至用"超速"、"侮辱"、"游荡"等不同罪名先后逮捕他七次。现在，他们又用"伪证罪"起诉他，这可是一项能使他入狱十年的重罪。

沙利文指出，广告把错误归咎于"南方违宪者"，就是针对蒙哥马利警方的所作所为，文章多次提到"逮捕"一词，而执行逮捕正是警队的主要职能之一。当牧师的代表律师之一，克劳福德对沙利文进行交叉询问时，两人进行了一番颇有些讽刺意味，却可能被旁观者忽略的对话。

> 问："沙利文先生，你认为你的警员们是南方违宪者吗？"
> 答："当然不是。"
> 问："那么，沙利文先生，作为警察局长，你认为自己是南方违宪者吗？"
> 答："我认为自己根本没有违宪，不管在南方还是其他什么地方。"

接着，纳奇曼问他的客户："你认为广告中的陈述直接提到了你，或者与你有关联么?"沙利文答道:"我可以肯定,广告的确提到了警员和他们的逮捕措施。我认为这些与本人息息相关。"

不过,原告必须证明,广告中的陈述就是诽谤行为。沙利文说,这则广告辱及自己的"能力与正直"。他"感受"到,广告针对的不仅是他个人,还"中伤了市政专员们与整个警队"。在交叉询问中,恩布里一再暗示,沙利文的社会声望没有受到任何影响。

> 问:"你被人嘲笑了吗?当你走在蒙哥马利街头,有没有感到很不自在?"
> 答:"没人因为那则广告当面对我进行过人身侮辱。"
> 问:"你曾在公共场合、朋友家或餐厅里刻意避开过任何人么?"
> 答:"印象中没有过。"

沙利文的律师传召了六位证人,试图证明广告"指涉且关系到"沙利文,并损害了他的名誉。第一个证人是蒙哥马利《广告报》编辑格罗夫·霍尔,他曾在《纽约时报》刊出那则广告后,撰写了一则措辞强烈的社论。霍尔说,广告第三段与阿拉巴马州立学院相关的那部分内容,很容易让人联想到本地市政专员,因为"他们负责维持社区秩序",而且"会自然而然地联想到警察局长"。尤其令他恼火的,是"学生挨饿那段内容",这根本就是无稽之谈。当律师问到他与沙利文的私交时,霍尔承认,俩人之前为《广告报》的照片事件弄得并不愉快,但关系目前已有所改善。

原告方的其他五位证人,分别是商业兼水务委员会成员阿诺德·布莱克韦尔;沙利文的密友、服装店老板哈里·卡明斯基;餐饮设备公司老板 H. M. 普瑞斯；沙利文的好友、加油站老板小威廉·帕克尔；怀特货运公司老板霍瑞斯·怀特，沙利文曾是这家公司的保安主任。这五人一致声明，广告使他们联想到了蒙哥马利市警方与沙利文本人。他们认为，如果广告所述属实，必会伤及沙利文的形象。比如，怀特就说，要是他知道沙利文会"纵容警察们做报纸上说的那些事"，当初就不会聘他当保安主任。然而，在交叉询问环节，五个人又拍着胸脯保证，说他们绝不相信广告内容，更不会因为区区一则广告，就把沙利文视作恶人。其实，这些证人中，只有霍尔真正读过《纽约时报》那则广告，怀特说不确定自己有没有看到过。另外几人还是在沙利文的律师邀请他们作证时，才首次读到广告内容。

真相是回应诽谤指控的最好武器。沙利文的律师竭力证明广告陈述不实。所谓不实，就是诬陷别人做了本来没有做的事。他们认为，广告指控警方和沙利文炸毁金博士的住宅，那么，只要证明沙利文没这么做，诽谤就是成立的。《纽约时报》当然想证明广告压根与沙利文无关，但庭审给人的感觉，却是沙利文被罗织了一堆莫须有的罪名。比如，应当对开除学生领袖或校园餐厅事件负责的，本来应当是阿拉巴马州政府，至少是主管州立学院的教育委员会。但沙利文的律师向他提问时，却故意把问题往诬陷上引，仿佛此君被人指控从事了上述行为。而沙利文也郑重否认了这些指控，尽管根本没人把账算到他身上。

  纳奇曼："你曾经刻意陷害过金博士么？"

  沙利文："从来没有。"

  纳奇曼："我问你，警方是否在你任职期间，或其他任何时候，参与或纵容炸毁金博士的住宅？"

恩布里听到上述问答，实在按捺不住，嚷道："法官阁下，我反对。没人读到任何关于警察炸毁他人住宅的文字，也无法从广告文字里推断出上述内容。这完全是他们的臆测空想。法官阁下！"琼斯法官打断了他的发言，并宣布反对无效。

在关于虚假陈述的指控中，原告律师还提供了其他证据。他们指出，广告第三段关于阿拉巴马州立学院事件的描述是不准确的。律师引述了《纽约时报》驻南方地区记者克劳德·西顿在 1960 年 3 月 2 日的一则报道，以及驻蒙哥马利特约记者唐·麦基的一篇报道。原告律师试图证明，广告第三段存在多处不实描写。比如，学生们在州议会厅前唱的明明是国歌"星条旗永不落"，而不是那首"我的国家，也是你的"。部分学生被开除也与此无关，而是因为他们进入实行种族隔离措施的餐厅，要求在那里就餐。警方确实在校园周围部署了大量警力，但肯定称不上"包围"学校。更严重的失误发生在与校园餐厅事件相关的那段描述。《纽约时报》的律师后来向最高法院提交的诉状中，并未隐讳这一失误："关于警察封锁学校食堂，试图用饥饿迫使学生就范的报道，确实缺乏事实依据，也正是这部分内容，引起蒙哥马利方面的强烈不满。"此外，广告第六段也有一处错误，金博士曾被逮捕过"四次"，而不是广告提到的七次。

以上是原告方的主要立场。

被告阵营这方，恩布里传召了《纽约时报》几位员工。业务员格申·阿伦森出庭陈述了这则广告的受理过程。广告审查部主管文森特·瑞丁也表示，他之所以签字同意刊出这则广告，是因为"相关文案由知名人士联署，其动机亦无可置疑"。《纽约时报》行政主管哈丁·班克罗夫特也出庭作证，表示报社"广告内容根本没有指涉沙利文先生"。当对方问他，为什么《纽约时报》在帕特森州长提出抗议后才撤销广告，而没有理会沙利文的抗议时，班克罗夫特表示："我们这么做，是不希望我们刊载在报纸上的任何内容，被理解为对阿拉巴马州政府的评论，众所周知，州长本人即可代表阿拉巴马州政府……"

最后，四位牧师也当庭进行了答辩。像这类诽谤案件，原告必须证明被告公开出版了诽谤言论，但谁都清楚，刊登报道的是第一被告《纽约时报》公司。但是，牧师们照样无法推脱责任。虽然四人都有证人证明他们与此事完全无关，更未授权广告援引本人姓名。他们的律师传召约翰·默里作证，默里是"声援马丁·路德·金委员会"的志愿者，广告接洽事宜正是由他经办。默里承认，他将广告初稿送至报社时，广告中确实没有这二十位南方支持者的名单。这个名单是后来应委员会执行主任贝亚德·拉斯廷的要求加上去的，因为他对初稿并不满意。默里说，俩人讨论一番后，拉斯廷"打开抽屉，从里面取出一份名单，那其实是加入'南方基督教领袖会议'的牧师名单"。默里说他曾问拉斯廷，委员会是如何做到让这么多人署名的，但拉斯廷回答，不需要经过他们同意，他们本来就是这场运动的一部分。

弗雷德·格雷要求撤销对牧师们的指控，因为没有任何证据显示他们与广告刊出相关。琼斯法官驳回了他的动议。在对陪审团的结辩陈词中，格雷质疑道："如果这些被告压根没有发表什么声明，你又怎么指望他们能撤回声明呢？"他认为牧师们是"被遗忘的被告"，"与这个案子没有任何关系"。但沙利文一方的律师斯坦纳提出，四名牧师中，有两人来自蒙哥马利市（即拉尔夫·阿伯内西和 S.S. 西伊），这"恰好证明广告指涉到沙利文"。他说，报纸"当然是好东西，但报纸必须忠于事实。要想引起报纸注意，……无非是拿钱去砸"。恩布里认为，广告犯的唯一错误，是关于警察封锁学校食堂那段报道，但这个错误"怎么也不可能让人们联想到沙利文局长"。事实上，广告根本没有提到沙利文，他也不可能为此受到伤害。"有任何证据显示沙利文先生为此受到伤害吗？"恩布里问陪审团，"这则广告究竟是给沙利文先生带来不幸，还是反而提高了他的社会声望呢？"

琼斯法官指示陪审团如何裁判时，请他们重点关注广告是否构成诽谤这一问题。他介绍道，广告中被质疑的陈述，已经构成"直接诽谤"*，也就是说，它确定无疑地中伤到了被指涉者，而且损害了这个人的名誉、事业与社会地位。琼斯法官还说，陪审团无需考虑"不实陈述"的认定问题，因为按照阿拉巴马州法律，只要"直接诽谤"成立，相关言论即可推定为"不实陈述"，除非被告能够举证证明自己所言属实，才可推翻上述推定。由于《纽约时报》已承认"封锁食堂"等内容有误，他们在举证上已失去主动权。至于对被告造成的损害，也完全建立在推定基础上，沙利文更无需为此举证。总之，案件推进至此，法官已对陪审团作出下列指示：广告构成诽谤，不实陈述成立，原告深受其害。而留给陪审团裁定的，则是下列三个问题：被告是否出版了广告？广告内的陈述是否"指涉且关系到"沙利文？如果陪审团认为前面两个问题的答案都是肯定的，那么沙利文应得到多少钱的赔偿？

陪审团只用了两小时二十分钟就得出了结论。他们判定被告败诉，《纽约时报》与四位牧师必须按沙利文的诉讼要求进行赔偿，金额是：50 万美元。

---

* 直接诽谤（libelous per se）：又称当然诽谤，是指文字明显具有诽谤性，原告可以据此直接起诉，不必证明自己已遭受特定损害。与之相对的是间接诽谤（libelous per quod），即词句或言论不具有诽谤性，表面上不能起诉，但经过举证，结合具体情境，可认定为诽谤。

第 五 章

媒 体 噤 声

陪审团裁定《纽约时报》赔偿警察局长沙利文50万美元的第二天，《阿拉巴马纪闻》评论道："这一判决足以教训那些不择手段的北方报纸……让他们好好检讨一下自己对南方人民乱泼脏水的恶习。"这篇社论还说，南方"每天都在被人诽谤"，所受的造谣中伤，远甚于"新英格兰狂热废奴主义者炒作《汤姆叔叔的小屋》的时代"。北方媒体向来"心存侥幸，以为南方人鞭长莫及，无法追究刑责，臆想就算被告上法庭，也只是在家门口的法院受审"。社论明言，"沙利文案"现在已推翻了这一幻想，还气势汹汹地警告说："《纽约时报》被传召到千里之外的蒙哥马利市应诉，其他报纸、杂志今后也将面临同样前景。若想避免千里迢迢到异地受审，唯一的选择是如实报道。"

"如实报道"？说起来容易。但在"沙利文案"之后，就完全不是那么回事了。琼斯法官的判决，使报道南方种族主义真相的行为，在20世纪60年代变得险象环生，报纸必须背负支付巨额诽谤赔偿的风险。哪怕相隔千里，只要你在阿拉巴马州派驻了记者，发行了几份报纸，或者承接了一些广告义务，都可能被强制到该州法院受审。一个在报道或广告中连姓名都没出现过的政府官员，可以轻易说服陪审团相信，报纸关于当地情况的报道是在影射他。如果上述文字令他感觉名誉受损，将被推定为不实言论。报纸若想逃避这一指控，必须举证证明报道所有细节都准确无误。至于原告受到多大损害，根本没有衡量标准，即使没有证据表明原告因不实报道受到伤害，当地陪审团一样可以随意确定赔偿金额。

或许是有意为之，蒙哥马利《广告报》关于此案报道的标题一语道破玄机："州法院成功追责州外媒体"。这就是本案的效果，也是沙利文与帕特森州长的真实目的。他们将传统上用来挽回个人名誉的诽谤诉讼，成功转化为挟制媒体的政治利器。这些人哪里是想打击什么不实报道，其根本目的，就是阻止媒体对白人至上社会丑陋现实的揭露：争取投票权利者遭遇私刑惩处；无良法官利用州法压制宪法权利；警察局长纵容警犬攻击商场内的黑人男女。他们认为，通过威慑吓阻，就能令全国媒体——报纸、杂志和电视——对民权事务的报道敬而远之。

上述策略的确高明，它成功令《纽约时报》陷入严重财务危机。判给沙利文的那 50 万美元，是阿拉巴马州有史以来最大一笔诽谤赔偿金。相对于当时全国任何一地的赔偿标准，也绝对算得上天文数字。而且，这还是广告引发的五场官司之一。紧随其后的，是市长詹姆斯提起的诽谤之诉，案件在二月开庭，陪审团再次判詹姆斯胜诉，赔偿金额仍为 50 万美元。此时，《纽约时报》必须做好五场官司全输的准备，并提前预备好 300 万美元赔偿金。[15] 事实上，伯明翰市这时还有三起因索尔兹伯里的文章引发的官司，等待报社应诉。《纽约时报》的财务状况已腹背受敌。后来出任该报法律总监的詹姆斯·古德尔谈起 1960 年代这些诽谤官司时曾说："《纽约时报》当时正被内部罢工和业务亏损折腾得焦头烂额，要是输了这些官司，报纸肯定会完蛋。"*

数年后才公之于众的伯明翰市档案，揭示了当地官员借诽谤诉讼打压民权运动的真实意图。1963年，一个名为"内部公民委员会"的组织散发了一份6页纸的传单。这一委员会由J. L. 韦尔牧师主持，C. H. 奥利弗牧师任秘书长。传单揭露了一起骇人听闻的事件。1960年3月19日夜，二十六岁的黑人西奥提斯·克赖姆斯驾车回家，路上被一辆警车截下。克赖姆斯事后说，警察让他双手抱头，背朝他们，然后对他开了一枪。他追问原因，警察吼道："闭嘴，黑鬼！"枪伤使克赖姆斯腰部以下失去知觉，终身瘫痪在床。联邦调查局随即介入此案，对阿拉巴马州海伦娜郡警长罗伊·达姆龙展开调查。达姆龙被联邦大陪审团起诉后，却被全部由白人组成的陪审团裁定无罪。传单将此事归咎于伯明翰的司法机构。1963年10月14日，当地助理检察官威廉·汤姆森居然向上司提议，希望以涉嫌对达姆龙进行刑事诽谤为由，将传单作者们逐一法办。

通过民事诽谤诉讼打压媒体的策略，很快被各地复制。哥伦比亚广播公司（CBS）仅仅因为报道黑人在蒙哥马利市获得选举权之难，就被人要求索赔150万美元。南方其他各州官员也开始效仿阿拉巴马州的做法。截至联邦最高法院1964年对"沙利文案"宣判之前，南方各州官员对媒体提起的诽谤诉讼总额，已高达3亿美元。

若上述策略的确奏效，且一切都由南方法官与陪审团说了算，媒体在现行司法体制内，将找不到更高的救济途径。如果南方官员们成

---

* 《纽约时报》在1960年代的效益并不太好，利润率约为5%～7%，1962年冬天又遭遇该报历史上严重的一次排字工人罢工，时间长达114天，损失700万美元，元气大伤，出现亏损危机。

功从媒体身上榨取上百万美元，乃至更多赔偿，报纸们除了四平八稳的报道，可能再不敢轻易就种族议题发声。果真如此，将对民权运动造成多大影响？是否会迟滞南方的政治改革步伐，导致推动黑人参政的行动变得进展缓慢？历史是否会因此改变？金博士选择的策略，意味着上述问题的答案将是：Yes。

金博士向来推崇"甘地模式"。甘地通过"非暴力不合作运动"，结束了英国在印度的殖民统治。他成功的关键，是拥有一个庞大的听众群体：英国人民，他们被甘地的执著信念深深打动，更对英国政府的暴行愤怒不已。然而，甘地的策略，对某些更加铁石心肠的殖民势力，却未必奏效。更何况，某些殖民者根本不想让公众知道自己的丑行。金博士面临的情形就是如此。他进行非暴力抵抗的前提，是假定美国人民都能知悉南方种族主义者的暴行，然而，如果没有媒体的深入揭批报道，多数人仍被蒙在鼓里。

1954 年，"布朗诉教育委员会案"宣判时，多数国民对南方现实仍抱着浪漫主义的想象，以为那里与电影《乱世佳人》里描述的一样，处处田园风光，没有警察牵着恶犬在街头虎视眈眈。之后几年间，主流大报和杂志开始逐步投入资源，扩大版面，报道南方的种族主义现实。美国当时的新闻报道虽严谨不足，但足够全面，把握了时代的脉动。许多杰出记者致力于报道南方发生的各类事件，以人性化的笔法，向读者揭示了种族隔离地区的人权真相。他们中的杰出者之一，就是《纽约时报》驻南方地区记者：克劳德·西顿。

西顿本人也是一位南方人。他操一口温润的南方口音，年轻时也受过种族主义蛊惑，直到成为一名新闻工作者。进入新闻界后，他以坚定无畏的精神，忠实记录南方黑人们受侮辱与受胁迫的境况，这也正是当权者们极力否认的事实。他最有力的作品，是 1962 年 7 月 26

日对佐治亚州泰瑞尔郡的一则报道。内容摘录如下：

　　"我们希望有色人种继续过着与一百年前一样的生活。"泰瑞尔郡的警长 Z. T. 马修斯说道。随后，他转过身，轻蔑地扫了一眼身后站着的三十八名黑人与两名白人。这些人聚集在奥利弗山浸信会教堂，正为争取选民登记资格而抗议。马修斯气愤地说："我告诉你，我们已经受够选民登记这档子事了。"

　　这位七十岁的治安官说话时，他的侄儿，副警长 M. E. 马修斯正在旁边踱来踱去，手里把玩着一把点三八左轮手枪和黑皮子弹带。另一位副警长 R. M. 达纳韦则用左手反复摁着旁边的闪光灯。三个警察轮流警告示威群众，集会将"骚扰到白人市民"。

　　齐克·马修斯警长"当了二十年警察，没遇到过什么反抗"，这其实很好理解。泰瑞尔郡有 8209 位黑人居民，白人居民只有 4533 人。但是，根据州务卿办公室的统计，登记在册的选民中，白人有 2894 人，黑人仅有 51 人。

　　教堂内的听众个个神色惊恐。十三个警察和几名衣着随意的白人守在门前各个要道，其中一人指着站在前面的三位记者说："就是他们。"

　　"如果上帝站在我们这边，又怎会随意弃我们而去。"谢罗德先生说道，"我们现在就像待宰的羊群。"

　　马修斯警长带着副警长达纳韦冲入教堂，径直走到记者们面前，眼睛却死瞅着其他听众，他说："我对任何宗教组织都抱有最大限度的尊重，但是，你们的秘密集会，已经侵扰到我们的人民。"

马修斯随即转向在场的黑人民众，声称没有人对现在的生活不满。他请住在泰瑞尔郡的人全部起立。

"你们有谁被骚扰了吗？"

有人压低了嗓音，回答说："是。"

"如果有人够资格，你们会去投票吗？"

"会。"

"你们需要别人告诉你，你们该怎么做吗？"

"需要。"

"这一百年来，有人觉得过得不好吗？"

"有。"

警长说，他不会控制当地白人，但会制止暴力行为。"泰瑞尔郡已经太出名了，我们不希望这里再有暴行出现。"

副警长马修斯接着阐述了他的看法："在泰瑞尔郡，没有一个黑鬼主动申请什么投票权，都是那些来自马萨诸塞、俄亥俄或者纽约州的别有用心者在背后兴风作浪。"

随后，大家就一些问题发生了激烈争执。马修斯回头对其他人说道："从现在到十二月，不再进行选民登记。"

马修斯警长接着让达纳韦副警长记下所有在场者的姓名，并解释这么做的原因："只是想看看，到底有多少泰瑞尔居民对现实不满。"

他随即转向当地一位黑人居民，并指着艾伦先生说（拉尔夫·艾伦，来自马萨诸塞的一位二十二岁的白人大学生，协助黑人进行选民登记）："他过两周就走了，但你可是一直在这儿呢。"

警长还对记者们说："这些黑鬼一旦获得投票权，会很快把票投给卡斯特罗和赫鲁晓夫那样的人物。"

十点钟后，黑人们手握手站成一圈，唱起"我们一定会胜利"，并跟着节奏摇摆。……之后，他们昂首挺胸，迈出教堂大门，完全无视门口成群结队的警察们。"我认得你，"一个警察对一名黑人说，"我们肯定会抓到你。"[16]

除了上述内容，西顿还报道过南方泛滥的私刑。1959 年 4 月 25 日，被控强奸一名白人女子的黑人青年麦克·查尔斯·帕克被人从密西西比州一座监狱中劫走，劫狱者杀害帕克之后，弃尸荒野。1960 年 1 月 4 日，西顿在当地采访后，发表了一篇特稿，重构了这起谋杀案发生时的种种细节。他说，关于此案的种种传闻，流传于当地街头巷尾。[17]联邦调查局彻查这起私刑案件后，将一份 378 页的调查报告提交给密西西比州当局。然而，地区法院法官塞贝·戴尔召集大陪审团审查此案时，却没有调取联邦调查局的报告，还拒绝了联邦探员出庭作证的请求。西顿写道："戴尔法官向大陪审团作指示时宣称，最高法院新近几起判决才是导致这场私刑的诱因。最高法院的大法官们虽然披着法袍，却在华盛顿肆意扮演着社会政策制定者的角色。"三天后，大陪审团没有就"帕克案"采取任何措施，就宣布解散。更可怕的是，当地居民普遍赞赏大陪审团的做法，认为没有必要追究谋杀帕克者的刑事责任。他们承认："审判只会让社区陷入尴尬。"当地一位官员甚至说："就算你用摄像机全程记录了私刑经过，照样没办法给嫌犯定罪。"

阿拉巴马州伯明翰市的白人们，也没有轻易善罢甘休。1963 年春天，黑人们群起抗争，要求取消商场餐饮区的种族隔离措施，允许黑人女性担任餐饮区服务人员。黑人们的静坐与抗议，遭到绰号"公牛"的警察局长尤金·康纳的残酷镇压，一些人被警犬咬伤，大批抗议者锒铛入狱。在包括肯尼迪总统在内的诸多联邦官员的奔走呼吁下，当地商界领袖被迫签订了"取消种族隔离协议"。但是，仅仅两天后，就有人向黑人社区投掷炸弹泄愤。金博士的弟弟 A. D. 金的住宅也在袭击中被毁。5 月 13 日，西顿会见了市长阿瑟·黑尼斯，后者与警察局长康纳在最近一次选举中刚被选民们投票罢免，但在市政交接前，他仍握有实权。黑尼斯认为："马丁·路德·金就是一个乱党。司法部长早就该调查这个黑鬼。如今，司法部长和白宫反而为他撑起腰来了。"西顿写道，黑尼斯还攻击司法部长罗伯特·肯尼迪说："我希望他吞下去的每滴血都溢出来，把这小子活活噎死。"[18]

与此同时，废除校园种族隔离措施也在多个城市引发暴力冲突。1960 年 11 月，四个黑人小女孩进入新奥尔良一家白人小学的一年级就读，这是路易斯安那州首家废止种族隔离的学校。西顿报道说，各州立法机关陆续出台的反制措施，彻底架空了联邦法院的判决，由此引发的暴力抵制连绵不绝。许多白人家长主动让子女退学，宁愿绕道经过黑帮横行的街区，也要送他们去全是白人的学校就读。

克劳德·西顿与其他驻南方记者的报道，使早先对相关问题漠不关心或全不知情的北方民众，逐步了解了南方泛滥的种族主义暴行。此时，电视机已深入美国人的生活，这类纪实节目也开始增多。1962

年，耶鲁法学院教授亚历山大·比克尔*撰文分析了新奥尔良、阿肯色州小石城等地抵制废除校园种族隔离运动的变化。结论是，电视传播已经极大改变了公众舆论。他写道："过去，对多数持中立态度的人民而言，强制种族隔离与'州权至上'和'南方生活'一样，尚是抽象概念，如今，此起彼伏的各类暴行，却给了美国人民最及时、最直观的印象。原来，有这么多成年男女，正如此恶劣地对待他的同类，仅仅因为他们是有色人种。这充分说明，所谓南方道德，已经完全破产。"[19]

被各类媒体唤醒的，除了广大民众，还有北方的政治家们。当反抗种族主义成为举国共识，部分南方政客在种族事务上抵制联邦干预的行为，犹如螳臂当车。1963年，伯明翰暴力事件发生后，肯尼迪总统终于坐不住了，他在半推半就之下，着手推进民权措施，并通过全国电视网发表了倡导种族平等的演说，这也是白宫首次就此议题发声：

> 这是一个由多种族、多背景的人建立的国家，我们的建国之基，正是人人生而平等，个人行使权利不得危及他人权利……因此，任何肤色的学生都有权进入公立学校读书，而不是靠军队护送入校。任何肤色的顾客，都有权在公共场所，比如酒店、餐厅、剧院、便利店享受同等服务，无需靠

---

* 亚历山大·比克尔（1924—1974），美国著名宪法学家，耶鲁大学教授。毕业于哈佛法学院，担任过费利克斯·法兰克福特大法官的助理。他反对司法激进主义，赞成司法自我克制，经常在《新共和》、《纽约时报》上发表文章，其司法理念影响到最高法院许多判决。代表作为《最小危险部门：政治法庭上的最高法院》（1963）、《联邦最高法院与政治观念》（1970）。其中，《最小危险部门》中译本已于2007年由北京大学出版社出版。

街头抗争争取这些权利。任何肤色的美国公民，都有权在免受威胁与报复的前提下，依法进行选民登记，并自由投下神圣一票。总之，每个美国人都有权享受他希望得到的待遇，包括他希望自己子女得到的待遇。然而，事实并非如此……我们的国家正面临一场道德危机。单靠警察弹压、街头示威或口头保证，已无法平息这场危机。是时候让我们的国会有所作为了，是时候让各州立法机关尽快采取行动了……

肯尼迪总统呼吁联邦政府尽快推出民权立法。然而，相关法案还未通过，他就遇刺身亡。1964年，部分参议员以"阻挠议事"的方式阻止了民权法案交付审议。之后不久，约翰逊总统签署了一项法案，规定在公共场所、公职机构及公立学校的种族歧视措施均属违法，这一法案成功通过国会表决。第二年，国会通过了《选举权法》，南方黑人终于拥有了投票权。此后数年，许多黑人当选为市长或州议员，各地严峻的政治形势渐趋松动。南方的参议员为争取选民支持，也开始拥护民权立法。黑人迈克·埃斯皮两度当选为密西西比州议员，黑人道格拉斯·怀尔德则被选为弗吉尼亚州州长。沙利文诽谤案结束三十年后，阿拉巴马州旅游观光局发行的旅游宣传册，已将蒙哥马利市的黑人历史纪念碑列为当地主要景点之一。

尽管姗姗来迟，美国宪政体制的作用终于逐步显现。1787年制宪会议以来，美国人民即享有知悉执政者所作所为的自由，并可自由批评或更换当权者。1791年增补的宪法第一修正案，禁止国会立法侵犯公民的言论自由和出版自由，成为表达自由（freedom of expression）的重要保障。制宪会议的灵魂人物，也即第一修正案的起草者詹姆

1965年3月7日，小马丁·路德·金博士领导的抗议政府种族歧视的"自由大游行"

斯·麦迪逊，洞悉政治民主和表达自由的密切关系。* 麦迪逊说，如果英王乔治三世 1776 年前就严格管控美洲大陆上的媒体言论，恐怕我们现在仍是"悲惨的殖民地，在外部枷锁下苦苦呻吟"。[20] 沙利文局长的真正目标，正是新闻界在民主社会转型中扮演的代言人角色。他和其他南方官员之所以指控《纽约时报》诽谤，就是为了阻止报界揭露种族主义真相，以免影响到公众在此议题上的政治态度。因此，从最宽泛意义上讲，诽谤诉讼是对第一修正案的现实挑战。若想从法律角度应对这一挑战，将面临纷繁芜杂的障碍。在美国，诽谤言论一直被排除在第一修正案的保护范围之外，被视为"言论自由"的例外。最高法院亦多次强调，诽谤类出版物不受宪法保护。1952 年，最高法院在"博哈纳斯诉伊利诺斯州案"中，支持了伊利诺斯州的一部法律。这部法律规定，出版任何载有"蔑视、嘲讽或侮辱"某种族或宗教团体内容的行为，都是犯罪。最高法院声称，诽谤不属于"宪法保护的言论范畴"。[21]

陪审团裁定沙利文胜诉后，《纽约时报》的员工内部月刊《时报漫谈》刊登了一篇文章，系统分析了报社在阿拉巴马州遭遇的诽谤官司。这篇文章的作者，是洛德、戴 & 洛德事务所的年轻律师罗纳德·戴安纳。他在文中列举了本案的上诉要点：即"《纽约时报》在阿拉巴马州应诉是不合法的"；广告并未"指涉且关系到"沙利文，损害被"过分夸大"。但是，文章并没有提到宪法第一修正案。

尽管不受先例支持，《纽约时报》的律师仍打算拿第一修正案说事。之前，恩布里也曾向琼斯法官提出，如果支持沙利文就一则没有

---

* 詹姆斯·麦迪逊（1751—1836），美国"宪法之父"，曾与亚历山大·汉密尔顿、约翰·杰伊合著《联邦党人文集》，曾任美国国务卿（1801—1809）、总统（1809—1817）。

提到他的广告提起损害赔偿，将侵犯到出版自由，但琼斯对此根本不予理睬。现在，律师们打算继续坚持这一立场，争取能够撤销原判。

当务之急，是争取重审此案。《纽约时报》和四位牧师很快提出重审申请，琼斯法官将听证会安排在 1961 年 2 月初进行。后因《纽约时报》申请延期，听证时间又顺延了一个月。但是，琼斯法官以牧师们的律师未单独申请延期为由，宣布他们已丧失申请重审的权利，案件可直接进入执行环节。法警随即查封了牧师们的财产，并公开拍卖部分动产，用以支付 50 万美元的赔偿。这些消息见报后，《纽约时报》发行人阿瑟·海斯·苏兹贝格怒不可遏，在写给路易斯·洛布的一封短信中，他问道："我们怎样才能帮到他们？"洛布回复说，"如果他们和我们的情况差不多，或许还可以拿司法管辖权说事，不幸的是，他们无法就此提出异议，要想推翻原判，只能靠这个了。"（按照洛布的建议，《纽约时报》在之后一年多的时间里，再未在阿拉巴马州聘请特约记者，这样至少可以避免再次被纳入阿拉巴马州法院的司法管辖范围。）

洛布在信中对阿瑟·海斯·苏兹贝格说："恐怕我现在能想到的办法，就是在未来的诉讼程序中与牧师们通力合作，争取能够撤销原判。我相信我们能做到这一点。只有这样，我们才能帮助他们追回被那群无耻混蛋夺走的财产。"

琼斯法官最终否决了《纽约时报》的重审动议。报社只好转而向阿拉巴马州最高法院提起上诉。对报社与牧师们来说，胜诉希望变得更加渺茫。这一时期的阿拉巴马州最高法院，旗帜鲜明地支持种族隔离政策。它曾大玩法律文字游戏，将"全国有色人种协进会"挡在该州境外达八年之久。1956 年，琼斯法官应州政府要求，连一场听证会都没进行，就发布临时禁令，禁止有色人种协进会成员入境。更过分的是，由于有色人种协进会拒绝提交会员名单，琼斯居然以藐视法庭罪追究该会刑责。联邦最高法院宣布撤销藐视法庭罪裁定后，阿拉巴马州最高法院干脆拒绝执行，理由居然是上级法院"裁判前提有误"。随后，联邦最高法院再度作出裁决，支持有色人种协进会一方。阿拉巴马州最高法院却仍然驳回有色人种协进会的诉讼请求。当最高法院第三次就此问题下裁定时，向来以耐心、谦和著称的约翰·马歇尔·哈伦二世大法官*再也看不下去了，他在判决意见中说："如果阿拉巴马州最高法院不从速履行我们的裁决，那就让有色人种协进会到我们这里讨个说法吧。"阿拉巴马州法院只好选择服从，对有色人种协进会的禁令也随之撤销。[22]（后来，阿拉巴马州的种族歧视现象逐渐缓和，包括法院在内的政治生态也发生很大变化。1975 年，《纽约时报》的代理律师之一，埃里克·恩布里成功当选为阿拉巴马州最高法院大法官。）

1962 年 8 月 30 日，阿拉巴马州最高法院宣布维持原判，驳回了《纽约时报》与牧师们的上诉。州最高法院支持了琼斯法官的立场，对构成诽谤的条件进行了最宽泛的解释，由此对媒体报道种族议题造成更大威胁。此外，州最高法院赞同琼斯法官关于广告构成"直接诽谤"的观点，并据此认为广告内容为不实陈述，导致他人名誉受损。针对陪审团关于广告"指涉且关系到"沙利文的判断，州最高法院指出："众所周知，诸如警察、消防之类的部门，均受政府控制、调遣，有时直接听命于一位市政专员。因此，对相关团队的赞美或批评，直

---

    * 约翰·马歇尔·哈伦二世（1899—1971），来自纽约州，1955 年被德怀特·艾森豪威尔总统任命为最高法院大法官，1971 年离任并去世。他同时也是前面提到的约翰·马歇尔·哈伦大法官的孙子。关于哈伦二世的生平，参见〔美〕廷斯莱·亚布洛：《约翰·马歇尔·哈伦：沃伦法院伟大的异议者》，徐爱国等译，法律出版社 2004 年版。

接影响到人们对掌控团队者的评价。"上述关于"指涉且关系到"的认定标准，显然对新闻界乃至任何试图评点政府作为的个人、团体，都非常不利。如果按照这个标准，任何对阿拉巴马州公共事务的评论，如对"警察"的议论，都会被认定为对警察局长或相关官员的个人攻击，并因涉嫌诽谤而被处以巨额赔偿。

阿拉巴马州最高法院并不觉得琼斯法官判给沙利文 50 万美元有多么过分。他们认为，《纽约时报》未经核实，就"在广告中刊出不实言论"的行为，实在是"不负责任"。既然这家报纸无法证明自己所言属实，被判巨额赔偿亦是理所应当。

最后，对《纽约时报》根据宪法第一修正案提出的抗辩，阿拉巴马州最高法院用一句话直接驳回："美国宪法第一修正案不保护诽谤言论。"只要每家法院都认同上述论点，《纽约时报》将永远无法胜诉。

第 六 章

自由的含义

1787年，费城制宪会议讨论美国宪法草案时，还没有今天所谓"宪法权利"之说。诸如宗教自由、正当程序之类我们今天耳熟能详的人权保障条款，宪法也全未涉及。其实，这部宪法只是一份框架性文件，目的是为促成彼此独立的北美十三州，能够统一在新联邦政府麾下。当时，十三州各自为政，冲突不断。州际贸易税目繁多，叠床架屋。各州均有货币流通，全国没有统一币制，更无中央政府宏观调控。为建立一个统一的中央政府，亚历山大·汉密尔顿与詹姆斯·麦迪逊挖空心思，筹备召开制宪会议。然而，直到最后一刻，华盛顿将军才决定赴会。即便如此，会议临召开前，组织者们对能否凑足代表参会，内心仍全无底气。为统一意见，代表们就如何组建中央政府，拟定了共同章程。但是，所有人内心深处都持有疑虑，也即对绝对权力的畏惧。当年，他们为反抗英王，发起革命，争得独立，自然不希望任何极权政制借助伪装卷土重来。另一方面，他们又非常期盼拥有一个能够有所作为的中央政府。

制宪会议的目的，是建立一个人民高度自治的共和国。人民有权通过法案，选举领导人，也有权更换执政者。但是，大家并没有想出一个万无一失的方案，确保政府权力不被滥用。后来，会议采纳了麦迪逊提出的所谓"辅助性预防措施"，即分权制约策略。首先，各州保有主权，联邦政府仅享有特定权限，如管理外交事务、处理州际贸易。其次，联邦政府分为三个独立分支：立法、行政与司法。某一分支权力过分扩张时，另两个分支可施以反制，这种彼此制衡的权力设计，足以防止出现独裁政治。制宪先贤深信，三权分立能够防范暴政，从对权力架构的设想而言，他们当然有理由骄傲，然而，这些人却低估了当时的社情民意。

今天，我们都对宪法心存敬畏，甚至想当然地以为 18 世纪的美国人民也是如此。事实却远非我们想象。宪法草案交付十三州审议批准时，遭遇社会各界强烈抵制。一些著名的自由派人士，如弗吉尼亚的帕特里克·亨利和乔治·梅森，都反对建立新的中央政府，认为这样难免导致专制。反对呼声最强烈的三个州分别是马萨诸塞、纽约和弗吉尼亚。最后，还是马萨诸塞州的约翰·汉考克想出一个制衡联邦权力的折中之计。他提出，各州在批准宪法的同时，第一届国会必须增补部分宪法条款，对联邦政府的权力加以限制。这一策略果然奏效，马萨诸塞州随即以 187 票对 168 票同意批准宪法。纽约紧随其后，30 票对 27 票，接着是弗吉尼亚，89 票对 79 票。这些州都要求，国会应通过宪法修正案限制联邦权力。

第一届国会顺应各州呼声，增列了十条宪法修正案，并于 1791 年获得通过，这也就是今天众所周知的"权利法案"。第一修正案的内容如下：

国会不得立法：确立国教或禁止信教自由；侵犯言论自由或出版自由；剥夺人民和平集会或向政府陈情请愿申冤之权利。

宪法第一修正案中的表达自由条款究竟是何含义？从字面上看，这些文字貌似简洁，实则包罗万象。既然它说"不得立法……侵犯言论自由或出版自由"。是否可以更加直白地理解为，美国人可以畅所欲言，自由决定言说、出版的内容，而无须顾忌法律惩罚呢？当然，这样的情景，从未成为现实。果真如此，写勒索信就不会入罪，因为勒索者的行为只是说说写写。此外，循此逻辑，在法庭作伪证，当然也不会被判有罪。

那么，言论与出版自由条款的含义究竟如何确定？或者，我们可以先讨论另一个问题：究竟应由谁来确定？这个问题若放在今天，答案当然不言而喻：解释宪法当然是法院，尤其是最高法院的职责所在。然而，当时的情形可没这么一目了然，不少人认为，政府的每个分支都有权判定宪法含义。比如，国会通过一部法律前，会考虑是否存在宪法障碍。总统签署通过一部法律前，也会有同样的考量。按照这个逻辑，任何法律一旦签署通过，即被确认合宪，任何个人都不得再以违宪为由诉诸法院，请求法院予以撤销。如果这种观点占据上风，宪法条款将只具引导或调控功能，没有任何法律强制力。幸运的是，上述观点很快被现实淘汰。1803 年，在"马伯里诉麦迪逊案"中，首席大法官约翰·马歇尔宣布，宪法含义应由最高法院确定，他写道："必须强调的是，决定法律是什么，是司法部门的职权与责任。"杰弗逊总统猛烈抨击了马歇尔的判决意见。他说，如果最高法院越俎代庖，代替其他政府分支确定宪法含义，首席大法官必将使司法分支沦为专制独裁的机构。* 制宪会议举行期间，杰弗逊正作为驻法公使出使海外，当时，他曾写信规劝麦迪逊增补"权利法案"，因为"司法部门同样需要法律制约"。无论如何，"马伯里诉麦迪逊案"之后，宪法究竟是何含义，最终变成司法系统说了算。[23]

最高法院与其他法院，一般通过普通法解释宪法，即根据过去法官裁判的先例，决定每起案件如何判决。自中世纪起，英国法官就常以先例为判决依据。假若之前有这么一起案件，某人纵容家畜窜至邻人农田，法官判令此人赔偿邻人损失。而在新的案件中，可能是一只恶犬跑到邻人田间……随着先例逐步累计叠加，就会形成一套系统的法律规则，这就是普通法。普通法由法官逐案创制，完全来源于司法实践。因此，霍姆斯大法官才在名著《普通法》中写道，在盎格鲁-美利坚社会，"法律的生命并非逻辑，而是经验"。当然，这种裁判方式，只被英语系国家沿用，大陆法系国家法官仍是按条分缕析的成文法典判案。（当然，如今的英国、美国，已出现了不少成文法律，甚至取代了普通法的效力。）

为延续普通法传统，法院不会对宪法条文做抽象解释，除非特定案件中的某一问题，要求法官必须以这种方式回应。其实，法律的含义，正是在不断回应实践过程中越辩越明。比如，宪法中的言论自由，是否包括不说的自由？抽象地看，这个问题好像宽泛到难以回答。但是，如果具体到个案，问题就不言自明：一州是否有权要求在公立学校就读的学生必须向国旗敬礼？如果学生拒绝这么做，学校有

---

* 关于此案详情，和美国开国先驱的政治理念之争，可参见〔美〕詹姆斯·西蒙：《打造美国：杰弗逊总统与马歇尔大法官的角逐》，徐爽、王剑英译，法律出版社2009年版；〔美〕约瑟芬·埃利斯：《那一代：可敬的开国元勋》，邓海平等译，中国社会科学出版社2003年版。

权开除他吗？这些事实，确实反映了不同价值之间的紧张关系。
(1942年，最高法院审理了学生因拒绝向国旗敬礼而被开除的案件，
这些学生多是耶和华见证会教徒，他们认为向国旗敬礼是一种偶像崇
拜行为，所以拒绝这么做。最高法院最终裁定，强制学生向国旗敬
礼，侵犯了他们的言论自由。)

　　早在1793年，最高法院就曾拒绝向政府出具咨询性意见。* 当华
盛顿总统希望大法官们就出版法方面的问题给出建议时，他们回复
道，法院不提供"司法职权之外"的意见，也就是说，只要意见与进
入诉讼程序的具体案件无关，最高法院就不予回应。[24] 自那以后，除
非遇有特定案件，大法官们不会专门解释宪法。

　　法官在日常审案过程中，会解释各类书面文件的含义：商业合
同、遗嘱、法律。部分基于这个原因，由法院行使释宪权力，也成为
顺理成章之事。但是，解释宪法毕竟不同于解释其他各类文献。宪法
及其修正案的起草者遣词造句极为笼统，好用"言论自由"、"法律的
平等保护"这样的大词，但对具体问题却未予说明。比如，宪法第十
四修正案的起草者，并未直接指明宪法是否允许种族隔离，只含糊说
了句"平等保护"，让后人根据当时的社情民意确定这句话的含义。
制宪先贤们选择原则表述，而非精确界定，自有其良苦用心。他们这
么做，是为避免后人受制于过于精确的条文。因为条文愈是细致，时

---

　　* 1793年7月18日，乔治·华盛顿总统就1778年法美条约涉及的29个法律问题，
征求联邦最高法院的咨询意见。当时，各州法院经常答复州政府的法律咨询。首席大法
官约翰·杰伊与其他大法官商议后，于1793年8月8日正式复函，大法官们以分权原
则（separation of powers）为依据，拒绝提供咨询意见。杰伊在复函中解释，大法官们是
"终审法院的法官"，除非经由实际的诉讼，他们不得决定任何问题。这一事件，强化
了司法部长作为总统法律顾问的地位，确认司法分支相对于行政分支的独立。尽管后
来的大法官曾试图就巡回税制、内部改良等问题提供咨询意见，但他们最终抑制了这种
冲动。不过，美国部分州的宪法，仍允许州最高法院向政府提供法律咨询。

代气息愈是浓厚，一旦时过境迁，反会成为阻碍后人与时俱进的枷锁。一部巨细靡遗的宪法，显然无法垂范久远。因此，制宪者只能用简略语言，给出权利保护的价值指向："不得立法……侵犯言论自由或出版自由。"他们刻意令词义宽泛，正是为便于后人顺应时势，灵活解释。1819 年，马歇尔首席大法官就说过，宪法"注定流芳百世，并将不断回应解决人民面临的各种危机"。正是因为许多伟大法官能够准确把握宪法精神，适时解释宪法含义，这部宪法才至今仍被我们作为基本法遵守。[25]

法官若想弄清"言论自由条款"这类宪法条文的具体含义，当然会探究制宪者们的最初意图。他们在探寻宪法条文含义时，会像研究其他立法那样，首先检索立法文献，比如起草说明、国会相关委员会的报告、辩论记录，等等。但是，关于第一修正案的立法文献却寥若晨星。詹姆斯·麦迪逊，曾在第一届国会任弗吉尼亚州众议员，他一直致力推动"权利法案"入宪，有时甚至是孤军奋战。1789 年 6 月 8 日，麦迪逊首次就此议题发表演说："不得剥夺或侵犯人民言说、写作或者出版本人观点的自由；出版自由是自由的堡垒，神圣不可侵犯。"众议院一个委员会未经解释，将这段话修改为："言论与出版自由，以及人民为共同利益而举行和平集会、协商的权利，神圣不可侵犯。"当众议院讨论"言论与出版自由"的含义时，人们对如何理解这段话的含义众说纷纭。后来，参议院将言论、出版与宗教、集会请愿权利保障事宜合并为一条，也即现在的宪法第一修正案。如今，我们仍然不知道这些修正案的确切含义，因为参议院并未保留当时的辩论记录，也没有人像麦迪逊那样，悉心记录制宪会议的内容。* 1789

---

* 关于詹姆斯·麦迪逊就制宪经过所做的详细记录，参见〔美〕麦迪逊：《辩论：美国制宪会议记录》，尹宣译，辽宁教育出版社 2003 年版。

年 9 月 25 日，参众两院同意将十二条宪法修正案交付审议，不过，原本作为第一、第二修正案的两条被否决（分别规定了各州代表人数与议员薪水），于是，之前的第三修正案递补为第一修正案。1791 年 12 月 15 日，被保留下来的十条修正案，正式成为宪法的组成部分。

如果立法文献未能提供有价值的线索，探求宪法含义者只能求诸那一时代的演讲、行政公文、报纸和诉讼记录。这些浩如烟海的材料，许多与宪法第一修正案的出版自由条款有关。其实，这一条款载入联邦宪法前，北美十三州中，已经有九个州在本州宪法或基本文件中使用过"出版自由"字样。最早倡导出版自由的文献，是弗吉尼亚州 1776 年发布的《权利宣言》，宣言指出："出版自由是自由的重要屏障之一，只有独裁政府，才会压制这一自由。"（只有宾夕法尼亚州在其《权利宣言》中提到了"言论自由"。）总之，在 18 世纪末的美国，提及"出版自由"的文献比比皆是，但使用这一术语的政治家、编辑、法官们，对其却有着两种迥然不同的理解。

关于出版自由的传统认识，是指人民有权不经官方许可，出版任何言论。这里的"官方许可"，用法律术语概括，就是对出版的事前限制（prior restraint）。但是，如果这么界定出版自由，在作品出版后，作者或出版者的权益就得不到保护。如果一个人可能因为批评政府而被事后追究刑责，这样的"自由"肯定不符合今人标准。关于这项自由的另一种理解，含义要更为广泛：既包括出版前不受审查，也包括出版后不受政治打压。关于 1791 年的美国人到底如何理解"出版自由"，曾激起许多争议。1960 年，伦纳德·利维教授在轰动一时的《压制之传承》一书中指出，早在宪法通过前，各州和殖民地法院对出版自由采取的都是狭义解释。戴维·安德森则针锋相对地援引独立战争前的《加图信札》进行反击，这本书是歌颂言论自由和出版自由的一本文集，在政治思想界流传很广，影响甚巨。安德森教授补充道，如果在殖民地时期美利坚人民处于被压制状态，那么，在革命时期，媒体"事实上是完全自由的，他们可以用煽动性话语，甚至更为放肆的言论批评政府"。1985 年，利维教授在本人著作的修订版中做了让步，他坦承，如果不看当时法院的判决，媒体在言论上确实颇为自由。[26]

美国人之所以特别在意对出版物的事前限制，源自英国历史上一项令人印象深刻的制度：出版许可制（the practice of licensing the press）。1538 年，英王亨利八世下令，要求任何出版物付印之前，都必须取得皇家审查官的许可。这一政策隐含着双重目的：首先，政府可以从经济上控制印刷业这一新兴产业；其次，从政治上防范不利言论传播。皇家出版许可制度一直沿用至克伦威尔革命推翻专制政权。1643 年，议会仍然通过了新的出版许可条例。出版许可给人民造成了沉重的负担。任何人想出版一本书、一份小册子甚至印刷一张传单，都得接受审查。审查官态度专横，一旦做出不予许可决定，当事人没有任何法律救济途径。约翰·弥尔顿 1644 年创作的《论出版自由》一书，对出版许可制度进行了猛烈抨击。1694 年，由于议会拒绝延长其有效期，这项制度终于寿终正寝。*

弥尔顿主张，任何出版物在出版前都不应接受官方审查，但是，一旦出版物冒犯到教会、政府或官员，则应接受处罚。弥尔顿认为："出版物如果中伤或诽谤他人，执法者可以及时进行行之有效的补救，对之处以刑罚。"也就是说，言词不当一样属于犯罪。这类犯罪即为"煽动诽谤政府罪"（seditious libel）。这是一种普通法罪行，而且定罪

---

* 关于英国的出版许可制和表达自由思想的形成，可参见吴小坤：《自由的轨迹：近代英国表达自由思想的形成》，广西师范大学出版社 2011 年版。

标准极为宽松。任何出版物，只要内容对政府或官员不敬，都可能被法院判处"煽动诽谤政府罪"。比如，你写了一篇文章，揭露皇室成员或政府官员有腐败行径，就将面临"煽动诽谤政府罪"的指控，即使你拿出证据，证明确有腐败行为存在，一样可能被定罪。在此过程中，据以自辩的事实，反会成为败坏他人名誉的罪证。事实越是有力，诽谤罪行越是严重，因为一个言之有据的批评，比不实之词更能损害官员威信。陪审团审理这类案件时，只负责认定被告是否出版冒犯性文字，并伤害到政府部门或官员。法官只要认定被告存在主观"恶意"或有"不良企图"，便可裁定"煽动诽谤政府罪"成立。这种认定方式由英国首席大法官约翰·霍尔特1704年提出，他认为："对所有政府而言，人民善意的批评都是必须的。但是，没有政府能够容忍刻意挑起不满与仇恨的批评，这样的行为必须作为犯罪打击。不惩罚这类行为，政府安全将得不到保障。"[27]

"煽动诽谤政府罪"一词现在听起来仿佛过时。但对20世纪的人们来说，仍然并不陌生。许多专制政权用残酷刑罚令自己与异议绝缘。苏联解体前，刑法中即有"煽动颠覆苏联罪"，与"煽动诽谤政府罪"并无二致。著名言论自由与出版自由研究者，芝加哥大学法学院的小哈里·卡尔文教授曾指出，设置"煽动诽谤政府罪"，是"全世界封闭社会的共同特征，在这样的社会里，批评政府就是诽谤，并构成严重罪行。如果政府以强力逼迫批评者噤声，政治自由将荡然无存。在我看来，一个社会如果保留煽动诽谤政府罪，这个社会就算不上自由社会"。*

既然今人如此批判"煽动诽谤政府罪"，17、18世纪那些"热爱

---

* 小哈里·卡尔文教授关于言论自由的著作已有中译本，参见〔美〕小哈里·卡尔文：《美国的言论自由》，李忠、韩君译，生活·读书·新知三联书店2009年版。

自由的英国人"，又怎么能容忍这类罪名的存在？* 答案很简单，那个时代的英国，关于舆论自由的观念，只是哲学界和政治评论界内部的纸上谈兵。不仅指控官员腐败或渎职会被判刑，就连一些正常言论，也会被视为危言耸听。弥尔顿固然是维护出版自由的先驱，但由于他本人就是新教徒，所以在宗教方面可一点儿也不宽容，甚至主张查禁罗马天主教或任何非基督教宗教读物。1859 年，约翰·斯图亚特·密尔的《论自由》出版后，言论自由思想才开始深入人心。在这本书中，密尔列举了言论自由的可贵之处：

> 首先，那些被迫噤声者，言说的可能是真理。否认这一点，意味着我们假设自己永远正确。其次，就算那些噤声之语存在错谬，但也可能，而且通常是，包含部分真理。任何普遍意见，又或主流观点，都不可能囊括全部真理，只有让各种观点彼此辩驳印证，真理才会越辩越明。第三，就算我们相信眼前的意见都是真理，若不容它接受对立意见的挑战和检验，人们对待这一意见的态度，将如同保留偏见，对它的理性依据将缺少领会与感知。

英美律师公认的普通法权威，威廉·布莱克斯通爵士在其 1765 年至 1769 年出版的巨著《英国法律评论集》中写道：

> 根据英国法律，亵渎神灵、邪恶放荡、叛国不忠、扰乱

治安和恶意诽谤的言论，都应受到处罚……严格地说，出版自由不应受到侵犯或剥夺，因为它是自由国家的根基。不过，这项自由仅指出版不应受到事前限制，并不包括出版之后，因言论触犯刑法而免处刑罚的自由。毋庸置疑，每个自由公民都有公开发表意见的权利，但是，如果他发言的内容不当，甚至违反法律时，就应当对自己的鲁莽行为负责……根据现行法律，对任何已出版的危险、冒犯性言论，可以基于维护和谐及良好秩序之目的，对其进行公正与不偏不倚之审判。

需要补充的是，布莱克斯通说的"公正与不偏不倚之审判"，包括不得将事实作为抗辩理由，而且，法官个人即可判定"煽动诽谤政府罪"是否成立。

布莱克斯通的《英国法律评论集》，对1776年后的美国仍有很大影响力。美国独立后，各州法院沿用英国普通法，《英国法律评论集》成为许多法官常用的判例参考。法院在审理涉及"煽动诽谤政府罪"的案件时，常援引布莱克斯通的观点。时至1803年，纽约哈德逊地区的报社编辑哈里·克罗斯韦尔，仍被当地法官按照布莱克斯通著作中的判例，判处煽动诽谤政府罪。当时，克罗斯韦尔所在的《黄蜂报》刊登了一则报道，声称约翰·亚当斯总统执政期间，时任副总统的托马斯·杰弗逊曾买通记者詹姆斯·卡伦德，让他恶意诋毁亚当斯和前总统华盛顿。（卡伦德称华盛顿是"卖国贼、窃国大盗和诈骗犯"。）此案审理期间，克罗斯韦尔申请延期开庭，以传召卡伦德出庭作证，证明杰弗逊确有买通行为。但是，法官驳回了他的申请，理由是：就算卡伦德能够证明杰弗逊买通记者，这些事实也与本案无关，不能成为抗辩理由。最终，法官认定报道内容构成诽谤，裁判克罗斯韦尔罪名成立。（一年后，纽约州议会通过一项法令，规定事实可以作为煽动诽谤政府案件中的抗辩理由，克罗斯韦尔随即获释。出狱后，他离开新闻界，改行做了牧师。）[28]

利维教授在1960年那本《压制之传承》中曾指出，即使在第一修正案生效后，布莱克斯通关于煽动诽谤政府罪的观点，仍然非常流行。"出版自由"的含义，仍局限于不受事前限制的自由。但是，到了1985年，他在该书修订版中承认，自己不该只注重法学理论和先例研究，忽略当时的司法实践。18世纪末，司法现实已与理论发展相去甚远。当时，媒体品位日趋低俗，肆意嘲弄政治人物。政府因为担心被告人成为公众同情的对象，很少动用煽动诽谤政府罪捕人入罪。"出版自由在实践中的发展，和法律威慑毫无关系，新闻界根本无视相关法律的存在。"利维总结道。"在美国，英国普通法对诽谤的定义已不合时宜，即使是自由主义理论，也落后于社会发展。"在实践中，出版自由的含义，已演变为"对公共议题进行刻薄批评和激烈讨论的权利"。

早期的美国报纸，充满各种污蔑中伤之词。今天，那些认为自己受到媒体不公正对待的政治人物，若能回头看看两百年前的情形，可能觉得自己的遭遇不过是小儿科。放眼美国历史，还有谁比华盛顿功绩更大，更能傲然无愧于各类批评？1797年，华盛顿即将卸去总统之位时，费城《曙光报》写道："此人是我国一切不幸的源头，今天，他终于可以滚回老家，再不能专断擅权，为害美国了。如果有一个时刻值得举国欢庆，显然就是此刻。政治邪恶与合法腐败，将伴随华盛顿的黯然离去而退出历史舞台。"[29]政治漫画家对华盛顿也毫不手软，有人甚至把他的头像安在一头驴身上。

宪法第一修正案通过后，各州法院仍秉持过去对煽动诽谤政府罪的认定模式，媒体则无视威胁，我行我素。这时，一个意外的插曲，使第一修正案与煽动诽谤政府罪的冲突，成为迫在眉睫的政治议题：1798 年，国会通过《防治煽动法》，宣布批评联邦政府的行为构成犯罪。

第 七 章

言 者 有 罪

"或许存在这么一条普遍规律：国家之所以压制某种自由，就是为了应对某种实际存在或者假想中的外部威胁。"1798 年 5 月 13 日，詹姆斯·麦迪逊在致副总统杰弗逊的信中，提出了上述论断。[30] 多年来，这条规律在美国历史上被反复印证，因为政客们压制公民自由的借口，多是对外部意识形态的畏惧。麦迪逊写这封信时，美国正弥漫着对法国革命思潮的恐惧。

美国在独立战争中，曾得到法国大力支持。1789 年，法国发生大革命后，美国人对法国最初的感恩之情，逐步被对革命恐怖和断头台的警惕之心代替。多数美国人，尤其是保守派人士，认为法国人正打算将他们的异端邪说，输送到大西洋彼岸的美洲大陆。英法战争爆发后，美国随即宣布中立。1794 年，美国与英国签署《杰伊条约》，并应英国人要求，扣押为法国运送物资的中立国船只。受此影响，法国军舰从 1796 年起，开始频繁袭击与英国有业务往来的美国商船。

1798 年 4 月，美国国内酝酿多时的反法情绪，终于借"XYZ 事件"达到沸点。这起事件的起因是，美国为缓解两国关系，向巴黎派出特别外交使团，但法国外交部长塔列朗拒绝接见使团成员。随后，法国派遣三名谈判代表出面交涉，要求美国支付大笔款项，作为谈判条件。美国人当场拒绝，愤然返国，并以特快信函向亚当斯总统通报此事。亚当斯向国会报告这起事件时，以 X、Y 和 Z 代替法方三个无礼代表的姓名。亚当斯援引 Y 的话说，法国根本不在意谈判破裂，因为"在美亲法集团"会设法修补两国关系。

被法国人称为"在美亲法集团"的代表人物，是亚当斯总统的政敌：副总统杰弗逊。当时，美国政党制度刚见雏形。制宪者没有预见到政党出现，未设计全民普选制度，总统靠选举人团选举产生。第一次总统大选，华盛顿自然无人匹敌，当选总统算得上众望所归。华盛顿执政期间，时任副总统亚当斯与国务卿杰弗逊身边分别形成两大政治势力。1796 年，华盛顿两届任期届满前，新总统大选拉开序幕，亚当斯最终以 71 张选举人票对 66 张选举人票战胜杰弗逊，当选为美国第三任总统，杰弗逊成为副总统。（美国现行的总统、副总统选举制，由 1804 年通过的宪法第十二修正案确立。）

亚当斯的支持者多为联邦党人（Federalist），杰弗逊一方自称共和党人（Republicans）或民主共和党人（Democratic Republicans），也即现代民主党的前身。两百年后，我们已很难弄清楚，两派人苦苦相争，到底所为何事。就连《独立宣言》起草者和制宪会议代表们都卷入党争。《联邦党人文集》的作者之一，亚历山大·汉密尔顿和另一作者麦迪逊虽然同为共和党人，政见却有很大分歧。联邦党人倾向于有产阶级，更注重维护社会秩序，渴望建立一个强有力的联邦政府，外交上与英国保持亲近。共和党平民化色彩较重，成员多为农民或中下阶层人士，对联邦权力心存疑虑。当然，有时候屁股也会决定脑袋。杰弗逊当选总统后，就很少再提收缩联邦权力之事。但是，在那一时期，各方政治力量都竭力渲染、夸大己方立场。共和党人批评联邦党人偏好中央集权和英国政体，骨子里渴望着皇权专制。联邦党人则认为，共和党人就是一群雅各宾派，一旦得势，必会推行法国式的恐怖政治。1798 年，当时的第一夫人，阿比盖尔·亚当斯在给友人的一封信中写道，亲法集团，也就是共和党人，正孜孜不倦地在全国"播下邪恶、无神论、腐败和造谣惑众的种子"。[31]

1798 年，《防治煽动法》就在这种充满猜忌、对立的政治气氛中出台。联邦党人把持着行政大权，控制了国会众议院，也目睹着共和党势力不断蔓延。他们深信，只要及时打压批评政府之声，尤其是共和党旗下媒体的言论，就足以遏制敌对势力。这一时期的美国，政府对舆论的压制，完全受政党利益驱动。1798 年 6 月，参议院将相关法律草案交付审议，在联邦党议员的一致推动下，草案于 7 月 4 日正式通过。联邦党人刻意选择这个日子，旨在强化这部法律的爱国色彩。7 月 10 日，众议院审议通过此法。共和党议员特意增补一条，规定《防治煽动法》的有效期截至 1801 年 3 月 3 日，也即现任总统任期届满时。7 月 14 日，亚当斯总统签署通过这部法律。

《防治煽动法》规定："撰写、印刷、发表或出版……任何针对联邦政府、国会……或者总统的不实、诽谤和污蔑之词，意图损害政府、国会、总统声誉，煽动良民仇视、对抗政府者"，最高将被判处两年徒刑，并处 2000 美元罚金。有意思的是，这部法律只惩处诋毁国会、总统者，却把副总统杰弗逊排除在保护范围之外。

从字面上看，《防治煽动法》的惩罚对象，是以损害声誉为目的，以"不实、诽谤和污蔑之词"批评政府的人。联邦党人解释说，之所以作此限定，是为改造普通法中的"煽动诽谤政府罪"。尽管他们言之凿凿，但相关规定在执法实践中却如同虚设。当时，联邦法院的法官多由联邦党人任命，他们审理相关案件时，要求被告必须举证，证明自己发表的言论属实。即便是预测性言论，法官也会提出这一苛刻要求。比如，一个编辑编发一篇文章，声称政府一项错误决策将引发灾难，如果灾难还没发生，他怎么可能证明预测属实？这部法律的随意性，还体现在陪审程序中。本来，事实是否成立，应由陪审团认定，但由于他们在许多问题上必须听从法官指示，基本上已无所作为。更过分的是，现代历史研究者们发现，当年凡是涉及《防治煽动法》的案件，联邦法官和执法官都会在陪审团中安插许多联邦党人。[32]

1798 年的联邦党，可不是唯一大搞"恐怖政治"的政党。按照理查德·霍夫施塔特的研究，美国历史上，已有不少堪称"美国式政治妄想症"的样本。* 时至 20 世纪，国会仍借助立法，对疑似亲共的公民或外国人滥贴标签，给予种种歧视性待遇。四十多年来，政客们都靠指控政敌对共产党过分软弱赢取选票。《防治煽动法》就是这种狂热风气和政治考量下的产物。许多联邦党人坚信，他们的政敌都是危险的狂热分子，所作所为对国家有百害而无一利。这群人骨子里都有专制思维，认为"一朝权在手，永把令来行"。

众议院讨论《防治煽动法》期间，康涅狄格州代表约翰·艾伦发言说："大家都来看看费城的报纸是怎么说的，这些编辑们编发一些不知羞耻的言论，试图颠覆和毁灭我们的政府。"其实，报纸只是说"政府应被取而代之，人民应团结起来，与之对抗"。艾伦很轻易地将对政府的批评与煽动叛乱联系起来，事实上，报纸只是呼吁人民用选票来更换执政党，而不是煽动颠覆政府。讨论即将结束时，共和党人提出，国会通过这样的法律，将是违宪行为。理由是：第一，宪法并

---

* 参见〔美〕理查德·霍夫施塔特：《美国政治传统及其缔造者》，崔永禄、王忠和译，商务印书馆 2010 年版。

未授权联邦政府管制出版。（部分制宪者认为，"权利法案"根本没必要保护什么出版自由。）第二，宪法第一修正案中的言论和出版自由条款禁止国会通过这类法律。联邦党人回应道，任何政府都有必要制止他人的煽动性攻击行为，宪法授权政府以"必要且适当"的手段，维护自身权威。有人甚至援引布莱克斯通的说法，试图证明第一修正案中的"出版自由"，仅指免受事前限制的自由。

1799 年初，众议院的共和党人提议撤销《防治煽动法》，结果被居于多数的联邦党人成功否决。来自弗吉尼亚州的共和党众议员约翰·尼古拉斯代表少数派议员撰写了一份报告，深入阐述了言论自由的含义。他说，《防治煽动法》的思想根源，来自政体与美国迥然相异的大英帝国。"在英国，君主世袭，被视为不会犯错的神灵，政府官员都是国王的代表，部分分享了他的神圣与不可侵犯。但是，我国官员都是人民公仆，对人民负责，接受人民定期选举，和他们当然不一样。"

在对《防治煽动法》的一片抗议声中，数麦迪逊的声音最为强劲。此法一经国会通过，他与杰弗逊立即决定在各州立法机构发起阻击。不过，一切行动都是秘密进行，以免授人以柄，反被检控——可悲啊，这两个人，一个是堂堂的宪法之父，一个是美国副总统，居然还得偷偷摸摸行事！杰弗逊为肯塔基州议会草拟了一份决议，并于这年十一月通过审议。这份决议重申了联邦主义的立场：宪法授权各州自行立法确定出版自由。弗吉尼亚议会紧随其后，通过了麦迪逊起草的一份决议。决议声明，言论自由和出版自由是共和政体的基本保障。"弗吉尼亚决议"反对《防治煽动法》对宪法权利进行"毫不掩饰、令人震惊的侵犯"。决议指出，这部法律"行使了宪法未曾授权的权力，而且，恰恰是宪法修正案明确禁止的权力。与其他权力相比，这一权力更应引起公众警惕，因为它不仅约束了人民自由检视公众人物和公共事务的权利，还限制了人民自由沟通的权利。更重要的是，这些权利正是维系其他权利的唯一有效保障"。

麦迪逊所说的"自由检视公众人物和公共事务的权利"，引起各方广泛回应，并在未来数十年里，逐步成为美国政治体制的前提，并被后人称为"麦迪逊前提"。1799 年底，麦迪逊在关于"弗吉尼亚决议"的报告中，进一步阐述了自己的观点，他说，根据美国宪法，"是人民，而不是政府，拥有绝对主权"，和英国的政治制度有着"本质区别"。这与尼古拉斯之前的说法不谋而合。"在如此截然不同的情况下，赋予媒体更多出版自由，难道不是顺理成章，也非常必要的吗？"麦迪逊追问道。"媒体臧否政治人物和公务事务的自由，连严苛的普通法都未曾限制。出版自由，可谓一切自由之基础。在美国，我们却连自由的地基都还未打好。"

"弗吉尼亚决议"和麦迪逊报告，在美国的言论自由和出版自由历史上，起到了里程碑式的作用。这一时期，弗吉尼亚议会下院亦有人发表"少数派声明"，公然支持《防治煽动法》。这些人声称：

> 《防治煽动法》要是无权惩治诽谤政府的言论，就意味着我们的国家无力维持和平，无力保护自身免受"邪恶公民"的不断侵扰。政府的存在，就是为了维护人民的福祉与安全。既然政府与人民的利益息息相关，为确保政府的安全，人民应允许政府立法惩治造谣惑众、恶意诽谤的行为，因为这些行为将导致民心背离，降低人民对政府的信任。

根据首席大法官约翰·马歇尔权威传记的作者阿尔伯特·贝弗里奇的研究，"少数派声明"的起草者应当是马歇尔。（1799 年 4 月，马歇尔刚刚以联邦党人身份当选为国会议员。）但是，更多研究者认为，另一位来自弗吉尼亚的联邦党人亨利·李，才是这份文件的作者。不管真实作者是谁，"少数派声明"的确完美阐释了《防治煽动法》的政治前提。作者认为政府弱不禁风，需要时刻防范"邪恶公民"的侵扰。这一观点与杰弗逊和麦迪逊的看法完全背道而驰。杰弗逊认为，民主政府足以经得起社会风险与变革的考验。麦迪逊坚持人民才是国家的主人，有权选择暂时执政者。然而，对"少数派声明"的支持者而言，政府权力至高无上，有权以各种方式自保。这完全是典型的英式论调。

检察官大举兴讼后，人们都见识到《防治煽动法》的威力。詹姆斯·莫顿·史密斯的《自由之镣铐》一书，对该法出台后的司法状况，进行了极为翔实的记载。从 1798 年 7 月到 1801 年 3 月，短短三年内，有十四人因违反《防治煽动法》下狱。这些人多数是亲共和党的主要报纸的老总或编辑，如费城《曙光报》、波士顿《独立纪事报》、纽约的《百眼巨人报》、巴尔的摩的《美国人报》、里士满的《检查者报》。纽约州有两家报社，因受到《防治煽动法》指控而关门大吉。1800 年 4 月至 8 月，康涅狄格州新伦敦的《蜜蜂报》因编辑查尔斯·霍尔特入狱，停刊了四个月。绝大多数这类案件的审判，都发生在 1800 年，这可绝非巧合。因为 1800 年正好是大选年，亚当斯与杰弗逊再次角逐总统之位，亚当斯的国务卿蒂莫西·皮克林大兴文字狱，正是为了逼迫杰弗逊阵营的报纸在大选时保持沉默。

《防治煽动法》第一案的打击对象并非报纸编辑，而是佛蒙特州众议院共和党议员马修·里昂。政府指控他曾致信《佛蒙特纪闻》的编辑，信上说，他支持一个为人民谋幸福的政府，但坚决反对一个"追逐权力、无耻浮夸、曲意逢迎、贪得无厌"的政府。检察官认为，上述评价已构成对亚当斯总统的刑事诽谤。主持庭审的法官，是联邦最高法院大法官威廉·帕特森。（当时的大法官需要承担许多额外工作，长年乘马车巡回在各个司法区，偶尔还要赴基层法院办案，充当初审法官。）帕特森大法官指示陪审团说，他们必须确定里昂是否意图损害总统和政府的声誉，若确有其事，可直接判定被告有罪。陪审团随即对里昂作出有罪裁定。他被判处四个月监禁，并处罚金 1000 元，还要承担 60.96 美元的诉讼费用。里昂服刑期间，仍成功连任州众议院议员。1799 年 2 月 9 日，里昂刑期届满，却因无钱支付罚金和诉讼费用，面临延长刑期的惩罚。最终，还是靠全国共和党人群起募捐，才由弗吉尼亚参议员斯蒂文斯·梅森用钱把他从佛蒙特监狱捞出。里昂出狱后，受到盛大欢迎。他重返议会时，议员们全体起立鼓掌，像欢迎一个凯旋的英雄，这对官方的指控，无疑是莫大的讽刺。

更为极端的例子，发生在巡回演讲家戴维·布朗身上。此人酷爱四处游历，1796 年至 1798 年在马萨诸塞州逗留期间，布朗发表演说，谴责政府参与土地投机买卖的行为，顺带攻击了《防治煽动法》和《外国侨民法》。1798 年，他在戴当郡的演说结束后，兴奋的市民打起标语，上书："反对印花税法，反对防治煽动法，反对外国侨民法，反对土地税，终结美国暴政，总统和平下台，副总统和在野党万岁，愿美德成为人民政府的基石。"布朗因为这则言语过激的标语，被按《防治煽动法》起诉。负责审理这起案件的，是司法界最狂热的联邦党徒，最高法院的塞缪尔·蔡斯大法官。* 当时，他正好在马萨诸塞州巡回审案，随即以"恶意散布扰乱社会秩序的思想，并企图以无耻、骇人、危险的方式煽动不明真相的群众"为由，判处布朗入狱十八个月，并处罚金 480 元。1800 年 12 月，布朗服刑期满，也因交不起罚金而继续坐牢。直到 1801 年 3 月 4 日，杰弗逊总统上台后，赦免所有因《防治煽动法》入狱者，布朗才重获自由。

政治评论家詹姆斯·卡伦德因为发表激怒联邦党人的言论，在弗吉尼亚州被起诉。政府指控他在 1800 年大选中非法出版了一本小册子，诬称亚当斯是"白发煽动犯"，并告诉选民，"在亚当斯与杰弗逊之间做选择，就是在战争、贫困与和平、富足之间做选择"。（前章提到，1803 年纽约联邦党人哈里·克罗斯韦尔被以普通法中的煽动诽谤政府罪定罪，理由就是他污蔑杰弗逊买通卡伦德，发表上述言论。）这次庭审仍由蔡斯大法官主持，他百般刁难辩方律师，甚至极为傲慢地驳回律师提交的辩护意见，导致对方愤然离席。庭审结果毫无悬念，全部由联邦党人组成的陪审团，毫不犹豫地判卡伦德有罪。蔡斯大法官判他入狱九个月，并处罚金 200 元。卡伦德在牢里一直蹲到《防治煽动法》失效，但他并未就此沉默。服刑期间，正碰上总统大选，他给弗吉尼亚各大报纸撰写了大量文章，指责蔡斯身为大法官，却扮演起检察官角色。"卡伦德案"是《防治煽动法》通过后最为臭名昭著的一起判例，对联邦党人造成极大的负面效果。共和党人后来

---

* 塞缪尔·蔡斯（1741—1811），来自马里兰州，是《独立宣言》签署人之一，1796 年被任命为联邦最高法院大法官。因过分介入政治，被人指责审判不公，于 1804 年受到国会弹劾，1805 年被宣布无罪后，留任大法官之位，直至去世。1992 年，前首席大法官威廉·伦奎斯特曾就此话题，著有《大审判：历史性弹劾中的塞缪尔·蔡斯大法官和安德鲁·约翰逊总统》（*Grand Inquests: The Historic Impeachments of Justice Samuel Chase and President Andrew Johnson*）一书。

将本案的庭审记录结集出版，成为证明联邦党人专制倾向的最好证据。*

最高法院还未来得及审查《防治煽动法》是否违宪，这部法律即已失效。当然，即使案件到了最高法院，结果也可想而知。因为在1800年，最高法院六位大法官中，蔡斯、帕特森和巴夏德·华盛顿三人都在巡回审案时审理过相关案件，他们从未质疑过《防治煽动法》的合宪性。

如果说出台《防治煽动法》是一项政治策略，这个策略可谓彻头彻尾的失败。1800年大选期间，正是这部法律激起众怒，导致亚当斯败于杰弗逊之手。联邦党人同时失去了对国会的控制权，不久，这个政治集团也分崩离析。虽是无心插柳之举，《防治煽动法》最终对美国政制起到重大作用。它令绝大多数美国人意识到言论自由和出版自由在民主社会中的重要性，也即麦迪逊前提的重要性。无论宪法第一修正案的起草者是否反对设置煽动诽谤政府罪，在"权利法案"通过十年后，广大民众与主流观点已经认为，这类罪名是与美国宪政体制相悖的。

杰弗逊上任后，赦免了所有因《防治煽动法》入狱的人。1804年，他在写给前第一夫人阿比盖尔·亚当斯的信中，解释了自己这么做的原因。(尽管杰弗逊与亚当斯因政见交恶，但他与亚当斯夫妇一直有信件往来，并最终达成谅解，重新成为至交。仿佛冥冥中早有安

---

* 其实，杰弗逊本人也很讨厌卡伦德动辄进行人身攻击的粗鄙文风。杰弗逊担任总统后，宣布释放卡伦德，并退还了罚金，但卡伦德以功臣自居，要求出任里士满市邮政局长，被杰弗逊拒绝。随后，卡伦德在自己主编的《里士满纪闻》上大肆攻击杰弗逊，甚至说他有一个外号为"非洲维纳斯"的黑人情妇。受卡伦德所作所为的影响，杰弗逊对媒体的态度也发生了微妙变化。参见〔美〕乔伊斯·亚普雷拜：《美国民主的先驱：托马斯·杰弗逊传》，彭小娟译，安徽教育出版社2005年版，第75—77页。

排，两人于同一天逝世，这天正好是 1826 年 7 月 4 日，《独立宣言》发布五十周年纪念日。)³³ 杰弗逊在信中写道：

> 我释放了所有因《防治煽动法》而被关押、起诉的人，因为我始终认为，而且现在也持此观点，这部法律根本是无效之法，它就好比国会命令我们匍匐在地，对着一个金质偶像顶礼膜拜，并且让我们时刻监视，揪出那些拒不从命者。而我现在做的，就是把那些拒绝搞偶像崇拜，而被丢进火坑的人，迅速抢救出来。

当时，一直有国会要将相关罚没收入退还被起诉者们的说法，却始终未见兑现。许多年后，1840 年，国会最终投票决定，将 1000 元罚金、60.96 美元诉讼费，附上利息，一并退还给马修·里昂议员的后人。1850 年，国会又通过一项议案，退还宾夕法尼亚州作家托马斯·库珀 400 美元罚金。库珀已于 1839 年去世，临终前曾特别叮嘱妻子，请她务必追回这笔款项。

1801 年 3 月 4 日，杰弗逊宣誓就职时，《防治煽动法》埋下的积怨，正逐步被一种更为理性、健康的传统所替代。杰弗逊在就职演说中说道："我们都是共和党人，我们也都是联邦党人。如果我们当中有任何人试图令联邦解体，或者改变共和政体，就让他们不受任何干扰地畅所欲言吧。容忍错误意见的存在，让不同观点辩驳交锋，正是我们得享安全的基石所在。"至此，美国人因发表政见而被追究刑责的时代已经结束，或者说，看上去仿佛如此。

第八章

"人生就是一场实验"

宪法第一修正案问世后的一个多世纪，最高法院几乎从未就言论自由和出版自由保护问题作出过判决。第一次世界大战爆发前，涉及表达自由的案件寥寥可数。战争开始后，形势突转，言论自由案件一下成为最高法院的"重头戏"，并激起各界争议。从 1919 年起，大法官在之后数十年间，审理了上百起相关案件，言论和出版自由条款的含义亦越辩越明。许多律师、学者参与到这一伟大进程中来。而警察局长沙利文提起的诽谤诉讼案，更是其中浓墨重彩的一笔。

1919 年前，到达最高法院的言论自由类案件数量稀少，这一现象表面令人疑惑，实则别有内情。因为宪法修正案最初只约束联邦政府，对各州无效。如第一修正案开篇即称"国会不得立法……"事实上，麦迪逊最初起草，并经众议院审议通过的修正案条文，包含了保护言论、出版、宗教自由，及审判应由陪审团定案而非各州政府。这些被麦迪逊视为"最具价值"的意见，却被偏向各州利益的参议院否决。（杰弗逊并未与这位老战友并肩作战，合力维护出版自由。在1804 年写给阿比盖尔·亚当斯夫人的信中，杰弗逊写道："就算认定

《防治煽动法》违宪，也未必能遏制混淆是非的诽谤洪流，因为限制言论自由的权力，已落入各州立法机构之手。"）1833 年，最高法院首席大法官约翰·马歇尔主笔的一则判决意见指出："权利法案"各项条款仅适用于联邦政府。[34] 实际上，当时已不存在限制言论、出版自由的联邦法律。要在 1798 年《防治煽动法》出台一百一十九年之后，也即 1917 年，国会才会在这个问题上重蹈覆辙。

19 世纪末、20 世纪初，最高法院致力于维护商业经济利益。按照宪法第十四修正案的规定，未经"正当法律程序"，不得"剥夺任何人的自由或财产"。最高法院认为，"契约自由"亦是"自由"之一种，并据此裁定政府限定最高工时或限制使用童工的法律违宪。[35] 但是，一旦涉及"权利法案"保障的基本人权，最高法院却倾向于狭义解释。在 1897 年的一则判决意见中，最高法院声称："宪法前十条修正案，也即人们通常所说的'权利法案'，不是为了标新立异，创制新的政府原则，它不过沿袭了我们英国先辈的优良传统和诉讼先例，并对这些关于保障和豁免的条款进行了系统归纳。"

最高法院对待言论自由和出版自由的基本态度，也是勉为其难。在许多案件中，大法官们会刻意回避言论自由议题。如果回避不了，他们会遵循布莱克斯通关于"煽动诽谤政府罪"的逻辑，即某种言论只要有"不良倾向"（bad tendency），就可以为维护社会利益追究言者责任。（在法律术语中，"不良倾向"言论是指日后可能引发不当社会影响的言论。至于什么是"不当社会影响"，却是一个不确定的概念，完全由法官根据思维正常者是否认为自己受到道德或政治上的冒犯来认定。）1907 年的"帕特森诉科罗拉多州案"中，一位编辑因批评法官，而被以藐视法庭罪起诉。编辑辩称，自己的批评都是实话实说，相关指控违反了宪法正当法律程序条款。小奥利弗·温德尔·霍姆斯大法官审理此案时，仍然依循布莱克斯通的观点，称保护言论自由的"主要目的"，在于防范"事前限制"，宪法"并不禁止对那些危害社会安全的言论进行事后惩戒"。霍姆斯认为，就算编辑辩称自己句句属实，但越这么说，越具有社会危害性，因为这样"极大妨害了司法权威"。参照上述标准，只要被扣上"危害社会安全"的大帽子，言论自由简直就形同虚设。[36] 从事这一阶段司法历史研究的戴维·拉布恩教授后来写道："第一次世界大战前，最高法院的一系列判决，反映了大法官们普遍对言论自由价值存在敌意。"[37]

然而，在其他领域，美国的言论自由传统却有了截然不同的发展。一些受人尊重的法律学者，纷纷在 20 世纪初著书立说，证明言论自由在美国的含义，远比在英国宽泛。1914 年，亨利·斯科菲尔德在"美国的出版自由"一文中指出，美国独立前，社会上流传着许多小册子，要是按照布莱克斯通的定义，这些小册子作者都会被捕，但事实却并非如此。斯科菲尔德认为，"独立革命的目的之一，就是革除英国普通法对言论、出版自由的压制"，第一修正案则使出版"人民关注的公共事务的真相"彻底合法化。斯科菲尔德进而按言论内容作出区分，对公共事务或政治的评论应当受到保障，但是，涉及个人隐私或利益的评论，并不属于保障范围。斯科菲尔德批评最高法院和其他各级法院把宪法第一修正案视为"布莱克斯通时代反对共和的英国普通法论调"，他说，法官们好像忘了，制宪先贤的伟大成就，不在于他们"借鉴吸收了英国普通法"，而是提升了民主水准，使人们进入"普遍自由和公平正义的新时代"。

1917 年，美国加入第一次世界大战。国内民意沸腾，爱国热情泛滥，根本容不下任何反战声音。许多与德国相关的名称或销声匿迹，或改弦易辙。连"德国泡菜"也被改称为"自由泡菜"。* 在这种政治气氛下，国会通过了《防治间谍法》，这部法律规定，当美国处于战时状态，"凡诱使或试图诱使海、陆军官兵抗命、不忠、叛变或拒不服从"，以及"蓄意妨碍政府征兵"的行为，将被视为犯罪，最高可判处二十年监禁。随后，数以百计的人因发表所谓"反战言论"而被追诉，即使是对政府政策无伤大雅的批评，或者关于和平主义的讨论，也难逃《防治间谍法》的法网。法官会指示陪审团，只要他们认定被告有"不忠"之语，就可直接定罪。《防治煽动法》死灰复燃了。

《防治间谍法》出台一个月后，邮政总局局长阿尔伯特·波尔森下令将《群众》杂志列入禁止邮递名单。《群众》向来以"革命性月刊"自居。波尔森指出，《群众》杂志1917年8月号刊载的四篇文章和四则漫画，肆意攻击政府的参战决定与募兵制度，违反了《防治间谍法》。《群众》杂志请求法院发布禁令，制止邮政总局将其列入禁邮名单。本案主审法官为勒尼德·汉德，他当时还是一位年轻的联邦地区法院法官，后被擢升至联邦第二巡回上诉法院，成为美国历史上最杰出的法官之一。** 在这起案件中，汉德法官判《群众》杂志胜诉，要求纽约邮局恢复邮递。但是，一审判决很快被第二巡回上诉法院推翻，随即悄无声息，没入无数被《防治间谍法》打压的案件洪流

---

* "一战"期间，受国内反战情绪影响，大量与德国有关的食品被改名，如"法兰克福香肠"从此改称"热狗"，"汉堡包"被称为"自由三明治"。德国音乐家贝多芬的作品被禁止演奏，席勒、歌德的作品也被禁止出售。

** 勒尼德·汉德（1872—1961），先后担任纽约州南部地区联邦地区法院法官（1909—1924），以及联邦第二巡回上诉法院法官（1924—1961），他学识渊博，睿智机敏，在推动言论自由、侵权法、专利法、海事法与反垄断法的发展方面，作出了卓越贡献，与马歇尔、霍姆斯、卡多佐被并称为美国历史上最伟大的四名法官。关于汉德法官的生平，可参见杰拉尔德·冈瑟教授为其撰写的传记，即 Gerald Gunther, *Learned Hand: The Man and the Judge*, Oxford University Press, USA; 2 edition（2010）。该书版权已由北京大学出版社购得，亦将由本书译者翻译。

中。[38]1970 年，若不是汉德的传记作者杰拉尔德·冈瑟旧事重提，此案早已被人们遗忘。汉德在这起案件中的判决意见，具有里程碑式的意义，这是美国法官首次在判决书中阐释言论自由和出版自由的意义。

汉德法官说，《群众》杂志刊载的文章和漫画，"虽对战争充满敌意"，"令人不快"，试图激起反战情绪，但是，"不管这些作品是适度的政治推论，还是过激、不当的谩骂，在美国这个以言论自由为权力最终根源的国家里，人人皆享有批评政府的自由……钳制这些可能动摇人民意志的言论，无异于镇压所有对立评论和意见……言论只有在直接煽动叛乱、反抗等行为时，才构成犯罪，如果把合法的政治言论当作调唆煽动，就是驱逐了民主政治的守护神，是最大的不宽容。"在和平言论被普遍打压的年代里，作出这样的判决，需要很大的勇气。同时，这也是一个具有开创性的判决。汉德抛弃了布莱克斯通关于言论自由只是免受"事前限制"的自由的说法，为《防治间谍法》倡导的事后追惩，确立了新的标准。他反对言论只要有"不良倾向"即可治罪的传统立场，认为只有在言论直接引发违法行为时，才应予以制裁。如果按照这一标准，多数根据《防治间谍法》起诉的罪名，根本无法成立。根据文森特·伯雷西教授的说法，汉德最大的创举，是将有敌意的批评也列入言论自由范畴，并将之视为民主社会中的"权力最终根源"。过去，法官仅把言论自由看作个人免受政府控制的诉求之一，这些诉求还必须服从社会利益需要，如今，汉德却把言论自由当作最大的社会利益。那些被政府官员们深恶痛绝的批评意见，反而是赋予政府合法性的权力之源。[39]换言之，言论自由是政府自治的基本条件。在人民自治的国度里，还没有人因为批评暂时受命治国理政者而被治罪。汉德法官没有援引麦迪逊的观点，人们也不确定他是否读过麦迪逊关于"弗吉尼亚决议"的报告，但是，汉德的意见，

勒尼德·汉德法官

却让我们再度回想起麦迪逊当年那些至理名言："是人民，而不是政府，拥有绝对主权"，以及人民享有"自由检视公众人物和公共事务的权利"。

1919年3月，最高法院受理了第一批涉及《防治间谍法》的案件。三起案件的判决都以9票对0票一致通过。霍姆斯大法官主笔的判决意见内容，距离汉德在"《群众》杂志案"中彰显的自由主义精神，实在相去甚远。霍姆斯在处理第一起案件，也即"申克诉美国案"时，援引了宪法第一修正案。与1907年在"帕特森诉科罗拉多州案"中根据布莱克斯通的观点，对第一修正案里的"言论自由"作狭义解释时相比，霍姆斯的立场已出现些许转变。尽管这种转变，看上去有些不太情愿。"现在看来，"他说，"禁止立法侵犯言论自由，并非仅限于禁止事前限制那么简单。"尽管禁止事前限制，可能是第一修正案言论和出版自由条款的"主要目的"。但是，即便第一修正案保障言者不受事后追惩，也帮不了这些被告。他们在应召服役的人群中散发传单，将征兵比喻为奴隶制，号召人们拒服兵役。霍姆斯写道："我们承认，在许多场合和通常情形下，被告在传单内宣扬的内容，属于他们的宪法权利。但是，人们所作所为的性质，有时取决于当时的客观环境。即使我们对言论自由施以最周延的保护，也不保护一个在剧院内谎称火警，并引起恐慌的人。"（这个关于在剧院谎报火警的比喻非常著名，但用来形容对政府政策的批评却未必恰当。）霍姆斯认为："当国家处于战争状态，许多在和平时期可以畅所欲言的事务，反会对战事不利，因此，只要战事仍在持续，这样的言论就不容出现。"[40]

霍姆斯的观点，逐步偏离了最高法院轻视言论自由价值的传统。尽管在他的意见中，我们无法读到汉德法官那样的真知灼见，如"言论自由不仅是个人的奢侈品，还是民主社会的必需品"。但是，"申克案"判决意见中，还是有两句话，对言论自由学说的发展起到了至关重要的作用。霍姆斯写道："每起案件的关键，在于当事人的言词是否在特定情形下，有可能带来一种明显而即刻的危险（a clear and present danger），使得国会有权阻止实质危害的发生。这是一个关于限度和程度的问题。"

"一种明显而即刻的危险"，霍姆斯这句意义含糊的说法，让后世几代法学院的莘莘学子，甚至法官们都大伤脑筋。如果一种言论因为存在可能引起"实质危害"的"明显而即刻的危险"，就必须予以追惩，言论本身还能得到多少保障？什么样的"危害"才是应当防范的？霍姆斯最初使用上述说法时，并未打算将它们作为保护言论的规则。几年后，当被人问及这些说法的出处，霍姆斯搬出他在1881年出版的那本《普通法》，并翻到与"犯罪未遂"有关的章节。在这一章中，霍姆斯写道，只要未遂行为会产生"实质且可能的影响"，就可以作为犯罪处理。拉布恩教授后来评价道，霍姆斯当时认为，如果申克的传单确实产生效果，必会对战事造成不利影响。既然潜在危害如此严重，必须先发制人，而不是基于平时对相关行为危害性的判断——事实上，在一般情况下，这类行为根本不可能对战事产生什么破坏性影响。

1919年3月裁判的《防治间谍法》第三案，让人们进一步见识到法院对言论的惩治范围有多么宽泛。这起案件的被告名叫尤金·德布斯，曾作为美国社会党领袖，五次参加总统竞选。1918年6月，德布斯因在俄亥俄州坎登郡发表演说而被起诉。按照霍姆斯在案情摘要中的描述，"演讲主题是社会主义运动的发展历程，并预言社会主义终将取得胜利。德布斯说，他最近刚刚走访了附近一家囚犯工厂，里面关押着三位忠诚的革命同志，三人都为工人阶级作出了卓越贡献，并因此入狱。他们之所以被定罪，是因为帮助他人逃避兵役。德布斯称，自己虽不便明说，但听众应能理解他的心声。不过，他还是直言不讳地说，三位战友是为全人类追求更美好的生活而被捕入狱的……审判过程中，德布斯向陪审团坦陈：'我因反战而被起诉。先生们，我承认这一点，我痛恨战争。只要我活一天，我就反战到底。'"

因为在俄亥俄州的这场演说，德布斯被以妨碍征兵为由，根据《防治间谍法》判处十年监禁。他最终只服了三年刑。（五十年后，越南战争爆发，当时的反战言论比德布斯的演说更加激进、刺耳，却无人因言获罪。）

德布斯的官司打到最高法院后，代理律师是来自芝加哥的西摩·斯戴曼，他将《防治间谍法》比作 1798 年的《防治煽动法》。他说："时间证明，当年横行一时，动辄令言者入罪的《防治煽动法》，早已被时代所淘汰。"为加强说服力，他还援引了学者们关于第一修正案言论和出版自由条款的新近研究成果。

纽约著名民权律师吉尔伯特·罗伊也提交了一份"法庭之友"意见书，希望最高法院推翻对德布斯的有罪判决。罗伊着重梳理了《防治煽动法》的历史。他谈到国会已退还当年因这部法律入罪者的罚金，还援引了"弗吉尼亚决议"和麦迪逊报告。罗伊甚至引述了杰弗逊致阿比盖尔·亚当斯的信，杰弗逊在这封信中，解释了自己为什么会赦免所有因言获罪者。罗伊说："关于这一点，还有一事必须强调。杰弗逊当年之所以能在大选中完胜，麦迪逊报告绝对居功至伟，这也充分说明，认为《防治煽动法》违反宪法的观点，正是当时的民心所向。"

有意思的是，为回应罗伊的观点，当时的司法部一反常态，向最高法院提交了一份特别诉状。诉状由约翰·洛德·奥布莱恩和阿尔弗雷德·贝特曼共同执笔完成。两人指出，当年那些抨击《防治煽动法》的文献，如"弗吉尼亚决议"、麦迪逊报告等，大都完成于"1798 年至 1799 年的选战期间，当时，社会上弥漫着反对联邦党人的热潮，相关决议和报告都带有强烈的党派色彩"。随后，他们又援引弗吉尼亚众议院当年的"少数派声明"，证明许多人对第一修正案采取狭义解释。最后，他们引述最高法院 1897 年的判决意见，试图说明，宪法前十条修正案保护的不过是沿袭自英国法中的权利。罗伊的意见书，正好与他们的观点针锋相对。罗伊认为，第一修正案与其他宪法条款一样，"是为了摧毁专制暴政，而非适用至今"。（罗伊甚至嘲弄了布莱克斯通对出版自由的狭隘界定。他说，布莱克斯通迷信巫术，"今天，如果我们全盘接受他关于自由限度的学说，是不是也得跟着接受他对巫术的信仰呢？"）

对德布斯阵营提出的宪法意见，霍姆斯大法官完全无动于衷。他不仅维持有罪判决，还只字未提本案涉及的宪法争议，理由是，这些问题在"申克案"意见中已经"解决"了。霍姆斯指出，根据当时的主流观点，政府可以惩治有"不良倾向"的言论，已有确凿证据"向陪审团证明，被告演讲的目的……不是概括地反对战争行为，而是反对正在进行的这场战争，说明他意图而且实质上已妨碍到政府的征兵行为。"[41]

虽然霍姆斯声誉卓著，但是，上述三起《防治间谍法》案的判决，使他受到各方批评，尤以"德布斯案"为甚。* 对许多自由派人士来说，霍姆斯绝对是位英雄人物，他擅长以语气尖锐、铿锵有力的

---

* 战争结束后，威尔逊总统仍拒绝给德布斯减刑。1920 年，德布斯在狱中参加总统大选，得到 90 万张选票。1921 年，沃伦·哈丁总统上任后，特赦了德布斯。

异议意见，嘲讽最高法院那些阻碍经济改革的判决。* 当年，国会立法禁止跨州运输童工制作的产品时，最高法院多数大法官宣布这部法律侵犯了各州主权。霍姆斯在异议意见中指出，最高法院曾支持国会限制酒类贸易，他说："这不该是最高法院的做法，你们宁愿管制烈酒，也不愿管制那些靠残害童工身体生产出来的物资。"

在霍姆斯心目中，无论多数意见是否明智，他都会尊重多数大法官的判断。对几起《防治间谍法》案件，他也持此立场。但是，批评者们认为，压制言论自由和禁止使用童工根本不能相提并论。"德布斯案"判决发布两个月后，最早提倡对言论自由进行广义解释的厄恩斯特·弗罗因德教授，在《新共和》杂志发表文章，公开批评该案判决。他认为，霍姆斯将在剧场谎称失火与政治言论类比，"明显是不妥当的"。如果某种不受欢迎的观点受到压制，指望陪审团肯定无济于事。而且，如果一种言论是否合法，完全取决于陪审团"对动机、倾向、可能影响的随机臆测"，言论自由只会是"随时可能被收回的礼物"。

汉德法官私下也曾委婉表达过自己的看法。1918 年 6 月 19 日，

---

* 联邦最高法院的工作基本上通过判决意见呈现。庭审结束后，大法官们会开会讨论，并初步投票，如果首席大法官在多数方（≥5 票），就由他亲自或指定一位大法官起草法院意见；如果他在少数方（≤4 票），就由多数方中最资深的大法官亲自或指定一位大法官起草法院意见。判决意见起草完毕后，会首先在大法官们之间传阅，由他们评论或修改。如果判决意见说理充分，论证有力，会促使一些原本投反对票的大法官改变立场，因此，为了争取尽可能多的大法官加入，一份法院意见经常会被修改十几次。全体法官一致同意形成或多数大法官同意形成的判决意见，统一称为法院意见（opinion of the court），如果该意见并非全体大法官一致同意，也可称为多数意见（majority opinion），法院意见与多数意见都可以形成先例，对以后的案件具有约束力。多数方的大法官同意判决结论，但可能不同意论证的理由与逻辑，或者想就具体论据发表个人观点时，可以撰写协同意见（concurring opinion）。少数意见方的大法官，可以撰写自己的异议意见（dissenting opinion），异议意见由于不具备约束力，大法官在撰写时可以有更大的发挥空间。

他与霍姆斯大法官在火车上偶遇，两人随即有了书信来往。（这些通信 1975 年被冈瑟教授发现，并将之整理出版。）会面后的第三天，汉德致信霍姆斯，并主动提到言论自由话题。他说："过去的我，可能会轻易否定现在的我对宽容的看法，……这就是我的想法。许多意见最初只是暂时性的假设，未曾接受检验。有时，你越是检验，检验越是周延细致，你就越能对之前的假设形成确信。当然，万事无绝对。我们必须容忍各种反对意见……"霍姆斯的回信虽然语气温和，却直接表达了不同看法。他说："言论自由和不接受接种疫苗的自由没什么不同。"（1905 年，包括霍姆斯在内的多数最高法院大法官，不顾宗教人士的反对，支持了马萨诸塞州一部要求公民必须接种疫苗的强制性立法。）1919 年，"德布斯案"宣判之后不久，汉德再次致信霍姆斯。在这封信里，汉德延续了自己在"《群众》杂志案"中的观点，认为只有"直接煽动"不法行为的言论方可追惩。他提出，"既然案件发生时，正赶上民意沸腾，这种情况下，让陪审团来判定某种言论的'倾向'，恐怕效果不佳，因此，陪审团的意见在这类案件中是靠不住的。据我所知，1918 年的社会气氛就是如此。"霍姆斯回复道："我恐怕不太理解你的观点。"[42]

首批《防治间谍法》案件宣判后，法学界最有分量的评论，来自哈佛法学院泽卡赖亚·查菲教授的"战时的言论自由"一文，此文发表在 1919 年 6 月的《哈佛法律评论》上。[43] 查菲是言论自由的忠实拥趸，他从历史文献中搜罗各种证据，证明第一修正案对言论自由提供了最广泛意义上的保护，即使对战时的煽动性言论也是如此。* 查菲说，第一修正案起草者们的目的，就是要"彻底清除普通法中的煽动诽谤政府罪，使那些只是批评政府，并未煽动违法行为的言论在美国永远不受追诉"。他把第一修正案比喻为"支持公开讨论所有公共事务的国家政策宣言"。查菲指出，刑事定罪的标准十分严格，如果言论仅仅因为有某种"倾向"就被认定有害，言论自由绝对无法成立。他写道："所有关于言论自由的争议中，最为关键的，是国家是否有权惩治任何具有某种倾向的言论，哪怕这种倾向有多么不明显。在我看来，只有直接煽动违法的言论，才应受到处罚。"他的观点，与汉德法官不谋而合。**

单看查菲在言论自由问题上的立场和逻辑，人们会想当然地以为，他会抨击霍姆斯在前述三起案件中的判决意见。恰恰相反，查菲高度评价了霍姆斯在"申克案"中提出的"明显而即刻的危险"标准。查菲认为，对保护言论自由而言，这是一个精确、审慎的界定。如此一来，政府就"无法追诉有不良倾向的言论"。查菲认为，上述标准的理论渊源，来自刑法中的"犯罪未遂"理论，但是，在霍姆斯眼中，即便是未遂行为，也必须达到足以令"危险转化为现实"的地步，才可以追诉。查菲的确批评了"德布斯案"判决，理由却是此案判决没有严格依循"明显而即刻的危险"标准。陪审团是以相关言论"有妨害征兵之倾向"为由，对德布斯定罪的。但是，如果按照"申

---

* 泽卡赖亚·查菲（1885—1957），哈佛法学院教授、著名律师，因其在言论自由方面的精深造诣，被誉为"美国现代言论自由法之父"。他的学术观点，受勒尼德·汉德法官影响较大，并影响到霍姆斯、布兰代斯等大法官的司法立场。代表作为《言论自由》（1920）、《自由的恩赐》（1956）。

** 查菲教授后来在给汉德法官的信中承认，自己的学术观点，受到了汉德"《群众》杂志案"判决意见很大启发。

克案"的判决，陪审团只有在德布斯的言论可能导致"明显而即刻的危险"时，才能确定他有罪。总之，在查菲心目中，霍姆斯在言论自由上的见解，与他和汉德法官没有本质区别。

1919 年 10 月，最高法院开庭审理新一起《防治间谍法》案件："艾布拉姆斯诉美国案"。艾布拉姆斯触犯了《防治间谍法》附带的一条修正案。这条修正案完全是迎合战时整个社会歇斯底里气氛的产物，可谓新时代的《防治煽动法》。修正案规定，"散布、印刷、书写或发行任何对宪法、武装力量或国旗的不忠、亵渎、下流或侮辱性言论者，或者煽动消极怠工，减少军用物资供应者"，最高刑罚为二十年监禁，并处罚金 10000 元。

"艾布拉姆斯案"的被告，是四名流亡美国的沙俄难民，其中，三人是无政府主义者，一人是社会主义者。他们对威尔逊总统调兵干预俄国"十月革命"的决策非常不满，遂于 1918 年 8 月 22 日夜间，从纽约市下东区一座大厦顶楼上，抛洒了大量匿名传单。传单一类用英文写成，一类用意第绪语写成。英文版谴责威尔逊的武装干涉决定，意第绪版传单上赫然写着："工人们——觉醒吧！"并且说："俄国正救民于专制水火，某些人却横加干涉！威尔逊和他的党羽都是狗杂种！"传单引发了抗议干涉俄国革命的罢工。政府随即以意图破坏对德战事为由，将四人定罪。三人被判二十年监禁，第四被告莫里·斯泰默当时年仅二十岁，被判十五年监禁。（四名被告 1921 年获释，并被遣送至苏联。后来，莫里·斯泰默和雅各布·艾布拉姆斯因厌恶斯大林的新"暴政"，转赴墨西哥生活。海曼·拉丘斯基和塞缪尔·李普曼留在苏联，一人死于"大清洗"，一人死于纳粹之手。）

1919 年 11 月，最高法院就此案作出判决。代表多数大法官主笔判决意见的，是约翰·克拉克大法官。他说，被告们的行为如果只是为了支持俄国革命，并不构成犯罪。但是，传单内容已经干扰到对德作战，因此，被告必须对"其行为产生的实际影响负责"。最高法院维持了下级法院的有罪判决。有三月份的三起案件在前，最高法院的判决并不让人感到意外。[44] 唯一让人们始料未及的是，霍姆斯大法官竟然会同路易斯·布兰代斯大法官，在这起案件中发布了异议意见。

霍姆斯并没有改变之前的观点，至少他自己是这么说的。"我并不怀疑之前判决的正确性。"他在异议意见中写道。"美国有权惩治导致或意图导致明显而迫在眉睫的危险（clear and imminent danger），并可能引发刻不容缓（forthwith）的实质危害……"在重申"明显而即刻的危险"标准的同时，霍姆斯补充了两个新形容词："迫在眉睫"和"刻不容缓"。随后，他对上述标准进行了更加具体的阐释：

> 只有对可能立即引发现实危险，或者意图如此的行为，国会才能在未涉及个人权利的前提下，对言论自由施加限制。国会当然不能禁止人们改变这个国家的努力。如今，没有人会认为，一个无名之辈偷偷摸摸发了几份无聊的传单，就会引发迫在眉睫的危险，甚至妨碍政府军备。……本案中，被告仅仅散发了两种传单，就被判处二十年监禁。我相信，就像政府有权公布美国宪法（虽然被告正求助于宪法，却徒劳无果），被告也有权公布他们的传单。……这些被告之所以遭到指控，完全是基于他们内心的信仰，尽管这些信仰无知、浅陋，但他们却对之坚定不移，我找不到质疑他们的理由。同样，就算下级法院已经进行过审查，我们仍然无权指控或质疑他们的信仰。

如果霍姆斯就此打住，他的异议意见已足以名垂青史。他已充分论证，若以影响战事为由，动辄令人因言获罪，将是一种野蛮行径。但是，霍姆斯决定趁热打铁，把道理彻底阐述清楚。他甚至暗示，就算艾布拉姆斯及其同伴打算将自己的无政府主义和社会主义信仰付诸实践，也不应追究他们的责任。让我完整引述他的异议意见的结尾部分吧：

　　　　我认为，对意见表达的迫害，自有其特定逻辑。如果你对自己的预设前提和个人能力深信不疑，并一心追求一个确定结果，自然会借助法律为所欲为，扫除一切反对意见。如果你允许反对意见发声，或许意味着你觉得这种观点根本不值一驳（比如某个人指鹿为马时），或许因为你根本不在乎这件事，又或许来自你对预设前提和个人能力的内心疑虑。

　　　　但是，当人们意识到，时间已消磨诸多斗志，他们才会更加相信，达至心中至善的最好方式，是不同思想的自由交流。也就是说，如果我们想确定一种思想是否真理，就应让它在思想市场的竞争中接受检验。也仅有真理，才能保证我们梦想成真。

　　　　无论如何，这正是美国宪法的基本理论。这是一场实验，正如人生就是一场实验。即使并非每天如此，但是，我们每年都会将自己的命运托付给某些建立在不完美理论上的预言。当那场实验成为我们制度的一部分时，我们应当对某种做法时刻保持警惕，那就是对那些我们深恶痛绝，甚至认为罪该万死的言论的不当遏制，除非这种言论迫在眉睫地威胁到合法、紧迫的立法目的，惟有及时遏制，方可挽救国家命运。

　　基于"国会不得立法……侵犯言论自由……"之规定，只有出现可能引发急迫危险的紧急状况，才能对言论予以限制。当然，我在这里表达的，只是个人意见和委婉规劝。我很遗憾，自己不能用更具说服力的文字，表达自己对本案被告被假以美国宪法之名治罪的不满。

第 九 章

伟大的异议者

最高法院承认言论自由是美国宪法的基础价值，始自霍姆斯大法官在"艾布拉姆斯诉美国案"中的异议意见。这是一个伟大的开端。在霍姆斯之前，还没有一位法官敢大胆放言：第一修正案彻底清除了普通法中的煽动诽谤政府罪。他向全世界宣布，真理只有在思想市场中，才能得到最好的检验。他把约翰·密尔关于反对意见价值的学说，转化为法律原则。他的语言如诗歌般优美，充满了修辞的力量。"对那些我们深恶痛绝，甚至认为罪该万死的言论的不当遏制"，"这是一场实验，正如人生就是一场实验。"大声朗读这些片段，闻者无不热血沸腾。

问题是，霍姆斯的见解又源自何处？仅仅八个月前，霍姆斯还以冷漠生硬的姿态，维持了对德布斯等人的有罪判决。有人甚至评论说，霍姆斯抛出"明显而即刻的危险"标准，就是为自己压制言论自由的行为辩护。如今，他却摇身一变，挺身捍卫起言论自由。这股炽热情怀，很难让人相信他会支持因言定罪。究竟发生了什么事，让霍姆斯的立场出现这么大的转变？

"德布斯案"与"艾布拉姆斯案"相距数月，其间，确有一些因素对霍姆斯产生影响。霍姆斯留意到，三月份的几起《防治间谍法》案件宣判后，一些敬仰者明显对他大失所望，这恰好是他比较在意的事。他给《新共和》杂志编辑赫伯特·克罗利写了一封信，回应厄恩斯特·弗罗因德之前在这份杂志上对"德布斯案"判决的批评。不过，霍姆斯最终没有将信寄出，只把副本寄给了自己的"忘年交"，年轻的英国社会主义学者哈罗德·拉斯基。他告诉拉斯基，《防治间谍法》的确合乎宪法，但他本人"极不情愿撰写'德布斯案'的判决意见，……我看不出这类案件有什么智慧含量，尤其是在战争已经结束的情况下。如果我是陪审团一员，可能会判定这些人无罪。"他还对拉斯基说，希望威尔逊总统能宽宏大量，赦免这些被告。[45]

尽管霍姆斯表示不太理解汉德的观点，但是，汉德之前来信中表达的立场，却始终在他脑中萦绕。吉尔伯特·罗伊在"德布斯案"提交的"法庭之友"意见书中亦指出，杰弗逊能在 1800 年大选中获胜，是证明《防治煽动法》违宪的明证。可以确定的是，那一时期，对霍姆斯影响最大的，是查菲教授发表在《哈佛法律评论》上的文章。1919 年夏天，霍姆斯认真研读了那篇论文。1922 年，他在给查菲的信中说，查菲对第一修正案历史渊源的梳理，令他"获益匪浅"。[46] 后人考证过霍姆斯那年夏天的阅读书目，发现许多书籍的主题，都与言论自由相关。比如，他阅读了一本关于南北战争的著作，作者在书中批评了林肯总统内战期间压制言论自由和出版自由的措施。此外，他还读完了拉斯基倡导思想"绝对"自由的新著《现代国家的权力》，以及英国 17 世纪自由派哲学家约翰·洛克的《政府论》。可以推断，那年夏天，霍姆斯一直在思考言论自由问题。[47]

霍姆斯在"艾布拉姆斯案"中的异议意见，引起社会巨大反响，也为霍姆斯带来极高声誉。之前，最高法院全体大法官集体加入"申克案"判决意见，已经扩大了"明显而即刻的危险"标准的影响力，并使之成为普遍认同的先例，如今，霍姆斯赋予这一标准更为宽泛的含义。查菲教授后来如此评价这份异议意见："尽管这只是一份异议意见，却因为对第一修正案作出了广义解释，而变得异常重要，全体大法官一致支持'申克案'中的'明显而即刻的危险'标准后，仅有这份异议意见，对上述标准进行了修饰与升华。"[48]多年之后，卡尔文教授回顾这段历史时，也作出了一段客观公允地评价，他说："霍姆斯采取了这样的策略，在撰写'艾布拉姆斯案'异议意见时，他表面仍在重述已被全体大法官认可的'明显而即刻的危险'原则，却在意见结尾处突然爆发，以慷慨激昂的文字，确立起一项更加严谨、有力的原则。"[49]

霍姆斯在"艾布拉姆斯案"中的异议意见能引起巨大反响，也得益于布兰代斯大法官的大力襄助。他俩开始联手，对公众无疑是一个具有特别意义的宣示：霍姆斯和布兰代斯终于联袂向保守迟钝的最高法院发出异议。从此，这两个背景、个性迥异的人交情日深，从并肩作战的同道，逐步发展为至交好友。

小奥利弗·温德尔·霍姆斯风流倜傥，对美酒佳人一向来者不拒。他出生于波士顿一个旧式家庭，父亲是著名诗人和随笔作家。内战期间，他明知战事残酷，却视参战为荣誉，投笔从戎，三度负伤。1902年，他六十一岁时，才被西奥多·罗斯福总统任命为最高法院大法官。审理"艾布拉姆斯案"时，他已七十八岁高龄，虽满头银发，却神采奕奕，风采依旧。他是无神论者，认为社会改革运动难成大

小奥利弗·温德尔·霍姆斯大法官

路易斯·布兰代斯大法官

器，但作为法官，却支持改革者们放手一试。*

1916 年，路易斯·布兰代斯被民主党总统伍德罗·威尔逊任命为最高法院大法官。"艾布拉姆斯案"宣判时，他刚满六十三岁。布兰代斯来自肯塔基州一个德裔家庭，是最高法院第一位犹太人大法官。与霍姆斯一样，他毕业于哈佛大学法学院，是当届最优秀的学生。霍姆斯出任马萨诸塞州最高法院大法官，并创作名著《普通法》时，布兰代斯已成为波士顿著名律师。他致力于推动社会改革，热心解决劳资纠纷，反对金融寡头与工业巨头狼狈为奸。布兰代斯是一名坚定的犹太人复国运动支持者，这也导致他被提名进入最高法院时，激起反犹太主义者一片反对声浪。霍姆斯习惯撰写简短有力，却含义模糊的判决意见。布兰代斯则喜欢长篇大论，分析各种社会问题。他过着清教徒式的生活，向来不近烟酒。据他的法官助理回忆，他经常在办公室通宵达旦地工作，曙光初现时，才返回寓所稍事休息。** 霍姆斯和布兰代斯对言论自由也持不同立场，但在那一时期，两人常不约而同地对多数方意见表示异议。

1920 年至 1921 年，最高法院又维持了三起根据《防治间谍法》作出的有罪判决，霍姆斯和布兰代斯均表示异议。布兰代斯就前两起案件撰写了异议意见，霍姆斯加入；两人就第三起案件分别撰写了异议意见。他们一致认为，最近几起案件的裁判标准，都不符合"明显而即刻的危险"原则，但多数方并未采纳他们的观点。

关于言论自由含义的激烈争议，贯穿了整个 1920 年代，其间，霍

---

* 关于霍姆斯大法官的生平，参见〔美〕爱德华·怀特：《奥利弗·温德尔·霍姆斯：法律与本我》，孟纯才译，法律出版社 2009 年版。

** 关于布兰代斯大法官的生平，参见 Melvin Urofsky, *Louis D. Brandeis*：*A Life*, Pantheon；1st edition（September 22, 2009）。

姆斯和布兰代斯都发表过措辞强硬、观点犀利的异议意见。从某种意义上说，两人这么做，颇有些突破常规，因为在那一时期，为对外显示最高法院是一个团结的整体，大法官们会尽量避免意见分歧。1925年，霍姆斯在"吉特洛诉纽约州案"的异议意见中，解释了自己与布兰代斯的做法。他说，"明显而即刻的危险"原则，是全体大法官在"申克案"中一致同意确立的标准，"尽管我在'艾布拉姆斯诉美国'一案中的观点已调整过这一标准，但我始终认为，即使是之前那条标准，也完全可以适用于最近几起案件中的法律争议。"

"吉特洛案"中，爱德华·桑福德大法官主笔的判决意见，对言论自由的未来发展，起到了至关重要的推动作用。正是在这份意见里，最高法院首次确认，宪法保护言论、出版自由免受各州侵犯。如前所述，过去，"权利法案"仅适用于联邦政府。内战后出台的第十四修正案，禁止各州未经"正当法律程序"，剥夺任何人的"自由"。但最高法院却宣称，这一条款只保护"基本"自由，且仅限于经济权利，不包括言论自由。如今，最高法院突然改了主意。桑福德大法官说道："基于当下社会迫切之需要，第一修正案中国会不得立法侵犯的言论、出版自由，同样属于宪法第十四修正案保护的基本个人权利和'自由'，不得被各州侵犯。"如此一来，言论自由保护事业有了飞跃性进展。[50]1925年后，各州的言论自由案件陆续涌入最高法院，大法官们通过审理这些案件，进一步厘清了言论自由和出版自由的含义。

"吉特洛案"是1919年至1920年"恐共风潮"的产物，这类现象在之后七十多年中，曾反复出现。俄国爆发"十月革命"后，"共产国际"随即成立，开始向全世界"输出革命"。美国亦感受到共产主义和各类激进思想的威胁。司法部长米切尔·帕默借机发动全国性搜捕，抓获大量涉嫌颠覆政府的外国侨民，史称"帕默大搜捕"。*
纽约州议会干脆决定将支持社会主义的议员们全部逐出议会，这些人
最后还是在查尔斯·埃文斯·休斯的帮助下，才得以保住议席。休斯
后来于 1930 年被提名为最高法院首席大法官。哈佛法学院的保守派
毕业生，甚至鼓噪着要将查菲教授逐出校门，要不是校长劳伦斯·洛
厄尔搁置分歧，仗义声援，查菲免不了要受一番折腾。

　　本杰明·吉特洛因协助共产党人印发声明而被指控，这份声明诋
毁民主政体，煽动民众建立"无产阶级专政"。尽管吉特洛没有任何
暴力或革命行为，法官仍以违反纽约州禁止鼓吹"无政府主义思想"
的法律为由，判定他有罪。此案上诉至最高法院后，霍姆斯在异议意
见中指出，"被告势单力薄，根本不具备暴力推翻政府的现实危险"。
他接着论述道：

> 　　据说这个声明不仅宣扬某种理论，更是一种煽动行为。
> 其实，任何思想都有煽动性，总想得到他人的认同，如果他
> 人认同了，就会付诸行动，除非其他想法超越了这一想法的
> 影响，或者因自身缺乏力量使这一想法在诞生伊始即止步不
> 前。不过，表达某种意见和狭义上的煽动行为的区别在于，
> 演说者是不是热衷于实现自己所要表述的思想。慷慨激昂的
> 言词当然会引发争论，但是，我们面前这段拖沓冗长的声
> 明，不可能导致灾难发生。从长远来看，如果无产阶级专政

---

* 帕默大搜捕：1919 年 5 月，第一次世界大战之后不久，美国政界、商界不少名人
陆续接获邮包炸弹，参议员托马斯·哈德威克的秘书亦因此死于非命。政府怀疑此事与
共产党有关，司法部长米切尔·帕默借机展开搜捕，许多与共产党有牵连的人士，尤其
是外籍人士因此被捕。

的理念终究会被社会主流接受，言论自由的唯一含义，就是给予这一理念被传播的机会，使它有自己的发展空间。

卡尔文教授评价说，这份异议意见是"判决书中的华彩乐章"。的确，这正是霍姆斯行文的特点：含义语焉不详，道德立场骑墙。一方面，他说吉特洛的声明"拖沓冗长"，属于可以放纵不管的无害言论。另一方面，他又转入宿命论立场，认为民主政体下的人民应做好准备，因为有朝一日，"社会主流"可能接受无产阶级专政的政体。

布兰代斯可不是一个宿命论者。他相信，人类可以通过理性思考来提升自我，推动社会进步，而理性的实践取决于思想、表达自由。他同样深信，言论自由对个人实践至关重要。这些对言论自由的积极态度，甚至理想主义，都在一份伟大的声明中宣示无遗。这份声明，就是布兰代斯在"惠特尼诉加利福尼亚州案"中的意见。[51]

安妮塔·惠特尼被控违反加州法律，涉嫌"工团主义罪"，这类犯罪指煽动他人以武力或暴力促成"产权易主"或"政权变更"。1917 年，各州针对激进工会组织"国际工人协会"（俗称"摇摆者"[Wobblies]），纷纷出台了包含"工团主义罪"的法律。惠特尼女士出生于上流社会家庭，却投身工人运动，协助创立了加州共产劳动党。该党党纲盛赞"摇摆者"们在阶级斗争中的贡献，号召进行"工人阶级革命运动"。惠特尼最终被以"工团主义罪"定罪，判处十四年监禁。1927 年，最高法院维持了有罪判决。桑福德大法官主笔多数意见时，延续了自己在"吉特洛案"中的立场和逻辑。布兰代斯大法官则撰写了一份单独意见，霍姆斯大法官表示加入。这份单独意见并非异议意见，因为布兰代斯大法官发现，惠特尼的律师在加州法院审理此案期间，并没有提出最为关键的宪法争议：惠特尼的共产劳动党身份，是否足以对国家构成明显而即刻的危险。布兰代斯在这份协同意见中，赞成驳回惠特尼的上诉请求，但确立了一项比霍姆斯之前的论述更全面、周延的界定言论自由的宪法原则。

布兰代斯说，最高法院从未界定过何种危险才算"明显"，"距离多远的危险方被视为'即刻'"，以及实质危害发展到什么地步，"才能对言论自由进行限制"。"如果想就这些问题得出一个合乎情理的结论，我们必须慎重思考，为什么一个国家在通常情况下，无权禁止传播多数国民认为不实、有害的社会、经济、政治学说。"布兰代斯经过缜密论证，在这份影响深远的意见书中，给出了自己的思考结论。他写道：

> 那些为我们争得独立者深信，国家的终极目的，是协助人们自由、全面地发展；在政府内部，民主协商的力量，应超过独裁专断的势力。建国先贤们珍视自由，将之视为目标与手段的统一。他们深信，自由是幸福之本，而勇气则为自由之本。他们也相信，自由思考，畅所欲言，是探索和传播政治真理不可或缺的途径。如果没有言论自由和集会自由，所谓理性商讨就是一句空话。有了言论自由和集会自由，才能保障理性商讨，防止有害学说的蔓延传播。自由的最大威胁，是思维僵化、消极冷漠的民众。参与公共讨论是一项政治义务，更是美国政府的立国之本。建国先贤们承认，有制度存在，自然有违法风险。但他们也清楚，社会秩序不能单靠惩处违法来维持；禁锢思想、希望和想象会招致更多危险；恐惧会滋生更多压迫；压迫会引发更多仇恨；仇恨必将危及政府的稳定。保障安全的万全之策，在于保证人们能够

自由讨论各种困境及解决方案。纠正坏主意的最好办法，就是提出一个好主意。正是因为相信公共讨论中蕴含的理性力量，建国先贤才放弃了钳制言论的立法——借助武力的讨论无疑是最坏的讨论形式。他们也认识到，即使是多数人的统治，也可能滋生暴政，所以才制订了宪法修正案，进一步保障言论自由和集会自由。

对社会危害的恐惧，不能成为打压言论自由和集会自由的正当借口。当年，人们还因为害怕女巫，而烧死女人。言论的一大职能，就是将人们从非理性恐惧的桎梏中解脱出来。要想证明限制言论的正当性，必须存在合理的依据，证明一旦施行言论自由，将导致恶劣后果。同时，还必须合情合理地令人相信，这种危险迫在眉睫……

那些通过革命，为我们争得独立者并非懦夫。他们不畏惧政治变革。他们不会仅为维持秩序，就牺牲人民的自由。勇敢、自信的人们，将自由、理性的力量，注入民治政府的良性运转中，他们有足够的信心，相信多数言论不可能带来明显而即刻的危险，除非危害在大家充分讨论之前，就已迫在眉睫。如果有足够时间，应当让人们借助讨论揭示谬误，通过教育祛除邪念，靠更多言论矫正异议，而非强制他人噤声沉默。只有在特别紧急的情形下，才可对言论施以限制。若权力试图与自由和平共处，就必须遵循上述规则。在我看来，这也是宪法的要求。因此，如果无法证明确实存在紧急状态，美国人不会容忍任何剥夺言论自由和集会自由的立法。

这则令人击节赞叹的意见，主题正是"公民勇气"。伯雷西教授指出，布兰代斯深信勇气是"民主社会的至上美德"。这位大法官一再重申，消除恐惧是政治实践的基础，越是在"男人因为害怕女巫而烧死女人"的黑暗年代，就越应为美国人民点燃希望之火。类似烧死女巫这样的景象，距离"二战"之后的美国现实并不遥远。当时，约瑟夫·麦卡锡参议员大搞"白色恐怖"，诬陷"二战"英雄是叛国者，政客们竞相表态，支持打击异己，推动毫无意义的反共立法。* 这个时候，重温布兰代斯的判词，宛如一股荒漠甘泉，重新唤起了人们对美国传统的向往。

有人曾以霍姆斯在"艾布拉姆斯案"的判决意见为据，质疑布兰代斯在"惠特尼案"中的立论依据。为证明自己的观点，此君还援引了汉德在"《群众》杂志案"的判决意见、查菲教授的"战时的言论自由"一文，以及历史学家查尔斯·比尔德关于美国政治自由传统的专著。不过，根据保罗·弗罗因德教授的研究，布兰代斯立论依据的历史要更为悠长。他认为，布兰代斯判决意见的思想渊源，来自伟大的希腊政治家伯里克利。[52] 菲利帕·斯特鲁姆教授在布兰代斯的传记中表示，这位大法官非常欣赏公元前 5 世纪希腊人的智慧，喜欢阅读阿尔弗雷德·齐默恩所著的《希腊城邦制度》一书。[53] 这本书把伯利

---

* 第二次世界大战后，参议员约瑟夫·麦卡锡发动了旨在清除美国国内共产主义隐患的运动，史称"麦卡锡主义"。麦卡锡极力渲染共产党对政界、舆论界、文化界的渗透力度，推动成立"非美调查委员会"（House Committee on Un-American Activities），在各个领域煽动人们互相检举揭发，包括演员查理·卓别林、原子弹之父罗伯特·奥本海默在内的许多名人，都因涉嫌亲共而受到迫害。1954 年，麦卡锡指控军队和政府官员从事颠覆活动，为此举行了长达三十六天的听证会，并向全国进行电视直播。此举终于引起公愤，国内舆论开始谴责麦卡锡是"蛊惑民心的煽动家"，11 月中期选举，共和党失去参议院多数席位，麦卡锡被免去非美调查委员会主席的职务。12 月 2 日，参议院以 67 票对 22 票通过决议，正式谴责麦卡锡"违反参议院传统"的行为，从而结束了麦卡锡时代。1957 年，麦卡锡因酗酒导致肝炎，在马里兰州逝世。

克里的葬礼演说，视为民主的最高境界。布兰代斯将古代雅典视为心目中的民主范本，因为小国寡民更易施行直接民主，正如他在"惠特尼案"中所言，"参与公共讨论是一项政治义务"。

尽管布兰代斯发表上述意见时，距离惠特尼被捕已有些时日，但他的意见还是帮到了安妮塔·惠特尼。最高法院驳回惠特尼上诉一个月后，加州州长 C. C. 杨赦免了她，并在特赦令中引用了布兰代斯判决意见中的观点。

1920 年代，不止一份异议意见拥有撼动人心的力量。1929 年，最高法院就"美国诉施维默案"作出裁决。罗斯卡·施维默是一位来自匈牙利的和平主义者，申请入籍期间，移民官员问她是否愿意拿起武器，为捍卫美国而战，她表示自己不会这么做。为此，移民官驳回了她的入籍申请。最高法院支持了移民局的决定。"战斗英雄"霍姆斯当然不是一个和平主义者，他把战争称为"不可避免的理性选择"，认为积极参战是对男人品性的最好检验。但是，他还是在"施维默案"中站在了异议者一方，布兰代斯加入了他的异议意见。令人颇为意外的是，"吉特洛案"与"惠特尼案"多数意见的主笔者桑福德大法官，这次也与他们站在同一阵营。此时，霍姆斯已经八十高龄，他在异议意见中写道：

> 这位申请入籍者是位品德高尚、才华横溢的女士，显然是美国公民的理想人选。除了"不愿毫无保留地宣誓效忠美国"，她基本具备了入籍条件。既然她声明不愿以武力捍卫美国宪法，说明她秉持极端和平主义立场。不过，就誓言的适当性而言，我很难看出实质性的影响。她已年过半百，就算她愿持枪上阵，肯定也不会被允许。而且，她所秉承的信

念，也算不上什么令人恐惧的教条，而是包括美国在内的世界各国对和平的深深期许。与许多才华横溢的人一样，她并不认为美国宪法应按她的想法作出修订。她的反战思想，并不会让我联想到她对南北战争的态度，而且这样的想法，与希望我国建立英国那样的内阁制度，推行单一国会制度，总统任期改为七年一任的观点，并无实质不同。说句难听的，只有党同伐异的法官，才会因为申请者反对宪法第十八修正案，就拒绝他的入籍申请*……

她是位乐观主义者，执著地相信战争终将消失，和平共处才是人类的最终命运。对此乐观想法，本人自然不敢苟同，也不认为战争就是荒谬可笑之事。但是，绝大多数人厌恶战争，把它视为万不得已时才选择的最后手段。而且，世人也没有做好世界大同的准备，以迎接世界范围内的持续和平……

当事人的回答，或许会引起众人偏见，但是，如果宪法中存在一条值得我们当前必须关注的原则，自然非思想自由原则莫属。这项自由，不仅属于那些我们所赞同的思想，也包括我们深恶痛绝的思想的自由。我想，我们应当坚持这条已在我国适用，并惠及所有人的原则。今天，我们重新审视这位申请入籍者被拒之门外的理由，我想说，即使是贵格教徒，也是这个国家的一员，更何况许多公民都赞成这位申请者的和平信仰。我们不必为无力驱逐这些人而懊悔，因为他们或许比我们更理解《马太福音·登山宝训》的谆谆教诲。[54]

---

* 美国国会 1919 年批准的第十八修正案提出全面禁酒，好酒的霍姆斯对之深恶痛绝。1933 年，国会批准宪法第二十一修正案，废除了第十八修正案。

如果霍姆斯和布兰代斯只是以华丽辞藻来抗议那个时代的偏执、狭隘、不宽容，除了杰出的文学造诣，他们将不会被人铭记。但是，他们所做的远不止这些。他们的异议意见，最终被人们接纳，成为人们遵循的法律，这在我们的宪法历史上，绝对属于特例。霍姆斯与布兰代斯关于言论自由的观点，最终逐步说服了全国人民，以及最高法院。十七年后，最高法院推翻了"施维默案"的判决。布兰代斯在"惠特尼案"和霍姆斯在"艾布拉姆斯案"中的意见，终于被最高法院认可，那就是："言论自由和出版自由"受宪法第一修正案保障。

最高法院九位大法官中，霍姆斯与布兰代斯只占两票，俩人没有任何政治或司法权力上的优势。他俩最大的力量，蕴藏在他们的雄辩判词当中。这些判词提醒我们，最高法院在美国政治体系中扮演着特殊角色。制宪先贤原本希望最高法院是个弱势机构。就像亚历山大·汉密尔顿说的那样，既无枪杆子，也无钱袋子。最高法院只有说服的权力。这项权力，已成功制约到总统与国会，使最高法院最终可以对美国的多数事情说了算。最高法院有义务向美国公民解释自己的判决，如果他们的解释无法令人民信服，判决将受到质疑。国会经常通过法律，修正最高法院对较早立法的解释——如纳税条款，或者民权方面的法律。有时，最高法院也会推翻自己过去的宪法性判决，如校园种族隔离案。当最高法院发现国会立法或行政法规违宪时，它必须用恒久长远的价值，而非多数人的当下意愿来说服人民，以证明修正法律的正当性。霍姆斯和布兰代斯用谆谆教诲说服人民，并使人民深信，言论自由就是这种垂范久远的价值。

第十章

"三天过去了，共和国安然无恙！"

1919 年以来，最高法院内部一直为如何界定第一修正案保护的"言论自由"争论不休，但是，却没有人提到过与之并列的"出版自由"话题。"吉特洛案"中，多数方大法官赞同将出版自由与言论自由一并纳入基本自由范畴，使之不得受联邦及各州侵犯。然而，时至1930 年，最高法院仍未审理过一起因报纸、杂志或书籍出版受限引起的案件。只有这类案件，才是检验出版自由的试金石。

不过，1931 年，最高法院终于迎来第一起重要的出版自由案件："尼尔诉明尼苏达州案"。十年后，大法官们又就"布里奇斯诉加利福尼亚州案"作出裁判，这也是一起关系到言论自由和出版自由的重要判决。两起案件的结果，均以 5 票对 4 票达成，而且都是维护表达自由一方获胜。[55] 尽管多数方是靠"勉强多数"取胜，但是，两起案件在宪法史上，都起到里程碑式的作用。对于正被警察局长沙利文提起的诽谤诉讼所困扰，并打算寻求宪法第一修正案保护的《纽约时报》来说，这些案件包含的表达自由价值，显得尤为重要。

"尼尔诉明尼苏达州案"的主人公杰伊·尼尔是名个性复杂的新

闻人，热衷揭露各类社会丑闻，俗称"扒粪记者"。弗雷德·弗兰德利在讲述此案的《明尼苏达小报》一书中，将尼尔描述成一个"反天主教，反犹太人，反黑人，反工会"的极端人士。[56]1927年，尼尔在明尼阿波利斯市创办周报《周六新闻》。这是份激进的反犹太报纸，指责腐败的警察局长与"犹太匪帮"沆瀣一气，"暗地操纵着明尼阿波利斯市的一切"。表面上看，尼尔是个不讨人喜欢的角色，但弗兰德利也发现，此人疾恶如仇，常利用媒体的社会批判功能，挑战大小权贵。弗兰德利曾在福特基金会组织的一次餐会上，与朋友提到尼尔其人。邻座的杜邦公司总裁欧文·夏皮罗凑巧听到他们的谈话，主动搭话说："你们讨论的是'尼尔案'么？我认识尼尔先生。"夏皮罗的父亲萨姆·夏皮罗，曾在明尼阿波利斯市经营一家干洗店。当地帮会头目巴内特要求他停止营业，将干洗业务转交他人处理。老夏皮罗拒不从命，巴内特随即派四个地痞闯进店里，在客户衣物上肆意泼洒硫酸。欧文·夏皮罗当时才十一岁，躲在木制隔板后目睹了黑帮暴行。当地报纸报道了这起袭击事件，却绝口不提巴内特和他的无理要求。杰伊·尼尔从萨姆·夏皮罗那里得知此事后，在《周六新闻》上详细披露了此事经过。他不仅如实描述了巴内特的所作所为，还痛斥其他报纸畏首畏尾，不敢点出黑帮头目姓名。不久，巴内特因这次袭击事件被政府起诉，经欧文·夏皮罗出庭指认，最终被送入大牢。

尼尔选择批判对象时，并非总是如此机敏。他最喜欢批评的官员之一，是明尼阿波利斯市海乐平郡检察官弗洛依德·奥尔森。奥尔森其实是位自由派改革者，后来曾三度出任明尼苏达州州长。但是，当尼尔用污秽、下流的文字，接连向他"泼脏水"时，奥尔森选择了令自己日后追悔莫及的回应方式：提起诽谤诉讼。他根据一部名为《防治公共滋扰法》的法律，将《周六新闻》告上法庭。"滋扰"其实是个法律术语，主要指骚扰邻人的行为，如乱丢垃圾、制造噪音等。但是，这部法律格外与众不同，居然将一些特定行为纳入滋扰范畴，即任何经营"恶意诽谤、毁人清誉的报纸者"，均构成"滋扰罪"。法官审理此案后，根据《防治公共滋扰法》相关条款，判令《周六新闻》停止发行，永远歇业。其实，州议会 1925 年制定《防治公共滋扰法》，就是为惩治一份名叫《德卢斯锯报》的"扒粪类报纸"。不过，这部法律当时并未遭到其他报纸反对，因为大家普遍瞧不起那些借揭露丑闻之名，行敲诈勒索之实的小报。1927 年 11 月，弗洛依德·奥尔森向法官提出申请，要求勒令《周六新闻》停止营业，法官立即批准。才发行了九期的《周六新闻》，就此关门大吉。

尼尔上诉至明尼苏达州最高法院。他的律师提出，《防治公共滋扰法》违反了宪法第十四修正案，以及州宪法中的出版自由条款，但是，州最高法院简单、粗暴地驳回了尼尔的上诉。大法官们一致认为："我们的宪法从未打算保护恶意诽谤、蓄意中伤他人的不实之词，或者动机不良、别有用心的出版物。宪法只对诚信、审慎、尽责的报业提供保护。宪法规定出版自由，不是为放纵那些居心险恶者肆意妄为，正如它赋予人民集会权利，却不容许非法集会或骚乱暴动。"这番说辞，难免让人联想起联邦党人当年为《防治煽动法》的辩护。与那部法律一样，即使被告证明自己陈述、报道完全属实，《防治公共滋扰法》一样要求他们必须具有"善良动机、正当目的"。正如霍姆斯在"施维默案"中的异议意见所言，州政府在这里只支持"我们所赞同的思想"的自由。

表面上看，"尼尔案"已尘埃落定，再无回旋余地。杰伊·尼尔已耗尽家财，没有资力上诉至联邦最高法院。然而，两家立场有着天壤之别的机构，却同时向他伸出援手，一家是大名鼎鼎的左翼组织

"美国公民自由联盟"，一家是极右翼报纸《芝加哥论坛报》。该报发行人罗伯特·卢瑟福·麦考密克并不认同"美国公民自由联盟"的所作所为，却狂热信奉新闻自由理念。麦考密克认为，《防治公共滋扰法》已严重威胁到出版自由。他极力游说，最终促成那些起初对尼尔的遭遇漠不关心的报业同行们团结一致，通过了一项谴责《防治公共滋扰法》的决议，将这部法律称作"对人民自由最严重的侵扰"。

1931 年 1 月，最高法院开庭审理"尼尔案"。尼尔的代理律师韦姆斯·柯克兰向大法官们表示，即使报纸刊登针对公众人物的诽谤性文字，也不能成为政府打压报界的正当理由。"只要有人为非作歹，报业自然会有所谓诽谤言论。"柯克兰还举例说，19 世纪，《纽约时报》揭露臭名昭著的政客鲍斯·特维德的腐败恶行时，后者"就援引类似法律对付过媒体"。

代表明尼苏达州政府出庭的，是该州助理司法总长詹姆斯·马卡姆。布兰代斯大法官向他提问时，特地将话题转向腐败议题。布兰代斯详细研读过此案卷宗，连硕果仅存的九期《周六新闻》也曾一一过目。他问马卡姆："在这些文章里，编辑努力证明警匪勾结，操纵赌场捞钱的事实。他们甚至点出了警察局长与不法官员的姓名……我们的确不知道这些指控是真是假，但我们很清楚，如果这种警匪一体的情况确实存在，将是许多城市的耻辱。这些报人孜孜以求的，无非是揭露更多被官方遮蔽的黑幕，这样的言论都不能免责，还有什么样的言论可以免责？如果我们不允许人民讨论这类事务，公共安全如何得以保障？是的，在很多情况下，诽谤确实存在。但是，你总不能一面揭发罪恶，一面掩盖作恶者姓名吧。很难想象，一家没有任何言论免责特权的媒体，能够担当起维护民主社会安危的重任。如果不给他们免责特权，那么，还有什么工作配享这种特权？"

马卡姆采取的诉讼策略，是继续坚持布莱克斯通的古旧观点，即出版自由只保护出版物不受事前限制，而《防治公共滋扰法》并未施加任何事前限制。他的意思是，明尼苏达州的立法没有要求任何人在出版发行前，必须取得官方许可，那才构成弥尔顿当年谴责的英国出版许可制。《防治公共滋扰法》只是规定，报纸发行后，如果确实刊载了诽谤言论，可由一名法官决定对其是否追惩或查封。而且，在出版许可制中，承担举证责任的并非报纸发行人，而是政府。马卡姆指出，根据布莱克斯通对出版自由的阐释，第一修正案中的"出版自由"，只能解释为禁止事前限制。他还援引霍姆斯大法官 1907 年在"帕特森诉科罗拉多州案"的判决意见，霍姆斯在这起案件中声称，第一修正案只禁止"对出版的事前限制"。马卡姆话音未落，已经九十高龄的霍姆斯大法官突然插话："写那些话时，我还很年轻，马卡姆先生，现在，我已经不这么想了。"

首席大法官休斯亲自撰写了"尼尔诉明尼苏达州案"的判决意见。这是最高法院首次讨论媒体在美国政府架构中的功能。休斯援引了麦迪逊驳斥 1798 年《防治煽动法》的那份关于"弗吉尼亚决议"的报告。麦迪逊当时说："任何事务一旦实际运转，总难避免某种程度上的滥用，这类情形在新闻界体现得尤为明显。不过，我始终认为，留存一些芜枝杂叶，任其自由凋敝，会比直接剪除更有利于树木生长。"紧随麦迪逊的话，休斯提出了自己对当代媒体角色的看法：

> 当报界轻率诋毁公众人物，谩骂诽谤恪尽职守的公职人员，并借用公共舆论对他们施加负面影响时，我们不能说媒体权力正被严重滥用，因为与开国先驱们当年遭受的人身攻击相比，这类言论根本算不上什么。如今，我们政府的行政

架构已愈加叠床架屋，渎职、贪腐几率陡增，犯罪率屡创新高。玩忽职守的官员与黑帮分子狼狈为奸、包庇犯罪，将对人民的生命和财产安全构成极大威胁，因此，对勇敢、警觉的媒体之需要，显得尤为迫切，在大都市里更是如此。

不难看出，休斯大法官这段判词，明显受到布兰代斯庭审时与马卡姆那段对话的影响。按理说，这位首席大法官应该顺着布兰代斯的思维进一步论证，只要允许批评官员，就应容忍诽谤存在。而且，他还可以宣布，第一修正案中的出版自由，包含批评官员的权利。但是，休斯没有这么做，他在意见最后总结道，明尼苏达州采取的，是宪法禁止的事前限制措施。他说，第一修正案出版自由条款的"首要目的"，是"阻止对出版的事前限制"。他既引述了布莱克斯通的观点，也援引了霍姆斯在"帕特森诉科罗拉多州案"中的意见。休斯说，明尼苏达州的官员们如果觉得尼尔等人滥用批评权，可以告他们诽谤，至于第一修正案是否保护出版后的言论，仍有继续讨论的余地。

加入休斯意见的多数方大法官包括：霍姆斯、布兰代斯，以及两位新任联席大法官*哈兰·斯通和欧文·罗伯茨。位于异议方的，则是最高法院四位坚定的保守派：皮尔斯·巴特勒、威利斯·范·德凡特、詹姆斯·麦克雷诺兹和乔治·萨瑟兰。** 异议意见由巴特勒主笔，

---

* 联席大法官：在联邦最高法院与各州最高法院，首席大法官以外的大法官都被称为联席大法官。

** 罗斯福"新政"时期，这四位保守派大法官常私下会晤，相互配合，积极反对"新政"措施，被自由派讥讽为"四大黑暗骑士"（Four Horsemen）。四大黑暗骑士典出《圣经·启示录》，指人类四大祸害：战争、饥馑、瘟疫、死亡。《启示录》记载，四大黑暗骑士依次出现时，将为天下带来大灾难，而且一个比一个更具毁灭性。

他列举大量历史文献，试图证明《防治公共滋扰法》并不是布莱克斯通所说的那种强加于民的事前限制。在他看来，事前限制意味着任何出版物若想付印上市，必须先取得政府审查人员的事前许可。

"尼尔诉明尼苏达州案"为美国的出版法确立了一个基本命题：根据宪法第一修正案，事前限制应当受到质疑。注意了，休斯说的是"质疑"，而非绝对禁止，这就意味着在特殊情况下，政府可以进行事前限制。他认为，在战争时期，"无人质疑政府禁止……媒体公布军队开拔时间和兵力部署的权力"。但是，休斯的判决也指出，在通常情况下，无论是行政审查，还是法庭禁令，都不得对出版物进行事前限制。"尼尔案"之后，但凡有人申请对媒体报道进行事前限制，法官们多半会当场驳回。

评论界则在争论，事前限制与事后追惩，到底哪个对出版自由危害更大？如果编辑面临两个选择，一个是在文章发表前，自行清理掉政府介意的涉密内容，一个是曝光政府机密，之后面临1000万美元罚金，两害权其轻，选哪个更合适？严厉追惩的威胁，逼迫编辑、记者们不得不进行自我审查，这对表达自由的威慑程度，要远大于正式的法律限制。但是，多数人仍然认为，事前限制有时比事后追惩更具钳制力。对一个出版物申请事前禁令，法官一人即可作出决定，但若想对出版者进行刑事追诉，必须由陪审团定罪。况且，出版物出炉前，若想阻止其发行，申请人可以向法官渲染夸大出版后可能导致的严重后果。但是，当事人如果在出版后提起诉讼，相关言论是否确实引发严重后果，已是世人皆知之事。

1971年，"尼尔案"四十年后，美国政府试图阻止《纽约时报》和《华盛顿邮报》刊登载有越战内幕的机密文件。这是"尼尔案"之后，美国最重要的一起事前限制案件。但是，《纽约时报》在政府行动三天前，就已开始摘登文件相关内容。所以，一审开庭时，代表《纽约时报》出庭的律师亚历山大·比克尔告诉法官："三天过去了，共和国安然无恙！"纽约法官默里·格法因据此驳回了政府的禁令申请。官司打到最高法院，大法官们以 6 票对 3 票判政府败诉，多数方所依据的先例，正是"尼尔案"。如果政府赶在报纸出刊前，就向法院申请禁令，此时，由于政府宣称的危害尚未发生，法院、公众对此全无感性认识，可能会轻信政府的警告。"五角大楼文件案"显示出，事前限制是比事后追惩更加危险的措施。政府原打算将《纽约时报》的编辑层和管理层全部送进班房，最终反而自取其辱，令自己陷入政治泥潭。申请禁令固然简单，但让所有媒体集体沉默，可没那么容易。

无论争论多么激烈，美国政府仍然很少动用事前限制措施。这与英国倒形成鲜明对比。在英国，法官常常因为一篇文章、一本书涉嫌诽谤，或可能损害政府利益，就直接发布禁令。前英国军情局官员写过一本《抓间谍者》，这本书在英国一直被法官下令查禁，在美国出版时却畅行无阻。1990 年，加拿大法院应以色列政府申请，查禁了一本由前以色列特工撰写的回忆录。但是，纽约地区法院法官批准针对此书的禁令后，却迅速被上诉法院法官撤销。

"尼尔案"之所以意义深远，还在于此案对媒体功能的强调。麦考密克将休斯大法官的那句判词，镌刻在《芝加哥论坛报》总部大厅内的大理石上："对勇敢、警觉的媒体之需要，显得尤为迫切，在大都市里更是如此。"休斯大法官开历史之先河，提出这番洞见，追随效法者中，雨果·布莱克大法官绝对是首屈一指的人物。在"五角大楼文件案"中，他发布了一份意味深长的协同意见，这也是他罹病、退休、去世之前，发布的最后一份意见。* 他说：

> 媒体必须受（宪法第一修正案）保障，如此才能揭发政
> 府隐秘，公示人民知晓。惟有一个自由、不受约束的媒体，
> 才能有效曝光政府蒙蔽人民的内幕。自由媒体肩负的至高责
> 任，是防止政府行骗，用谎言将人民送到异国他乡，死于外
> 邦瘴疠或枪林弹雨。在我看来，《纽约时报》、《华盛顿邮报》
> 及其他报纸的勇敢报道，不仅不应受到任何谴责，还应当被
> 大力褒扬，因为他们确实履践了开国先贤的立国宗旨。揭发
> 越南战争的真相，正是报界恪遵先贤期望与信赖的高贵
> 之举。

杰伊·尼尔，虽然只是一位声名不佳的小报编辑，却无意间成就
了布莱克大法官所说的高贵志业。而民权自由的这次伟大胜利，最终
促成其他不被主流认可的人物争得了胜利。

五年后，最高法院又在一起涉及新闻自由的案件中，一致裁定媒
体胜诉，并援引了"尼尔案"的判决。路易斯安那州专横无道的州长
修伊·朗为打压那些和他过不去的报纸，胁迫平庸无能的议会出台法
律，同意对媒体征收"报纸税"。最高法院宣布，征税行为违反了第
一修正案（根据第十四修正案适用于各州）。萨瑟兰大法官在"尼尔
案"中还是异议方一员，这次却成为多数方意见的主笔者，由他起草
的判决多次援引麦迪逊的观点。他说："人民有权获知政府的日常作
为，无论这些作为是否正当。充分的资讯是遏制恶政的最有效手段。"

---

* 关于雨果·布莱克大法官的生平，参见〔美〕霍华德·鲍：《宪政与自由：铁面
大法官胡果·L. 布莱克》，王保军译，法律出版社 2004 年版。

针对第一修正案只反对事前限制的说法，萨瑟兰说，"绝对不能认同这类说法"，自第一修正案生效以来，"英国人那种审查制度已永久退出历史舞台"。人们可以从这位保守派大法官的立场转变，看出最高法院在对媒体功能的理解，以及看待第一修正案对维系民主的作用方面，已经发生了多么大的变化。

"尼尔诉明尼苏达州案"将美国人的表达权利，彻底从英国式的事前限制中解放出来。1941 年的"布里奇斯诉加利福尼亚州案"，则让媒体不再被藐视法庭罪困扰。长久以来，法官会将下列几种行为视为藐视法庭，并判处监禁或罚金：（1）违反法庭指令；（2）扰乱法庭秩序；（3）发表妨碍司法公正的庭外言论。"布里奇斯案"就是一起与第三类行为相关的案件。直到今天，英国法院仍对庭外言论管制甚严。比如，如果一起刑事案件审理期间，报纸刊登了被告人的犯罪前科，编辑很可能被判入监或缴纳罚金。报纸即使报道正在审理的民事案件，也可能被判藐视法庭罪。英国法院在审理一起医药索赔纠纷期间，就曾下令，禁止伦敦《星期日泰晤士报》刊登一则关于镇静剂可能导致胎儿畸形的报道。然而，"布里奇斯诉加利福尼亚州案"之后，美国再无一起因言论被判藐视法庭罪的判例。

无论从哪个角度来看，"布里奇斯案"都是一起极不寻常的案件，因为这起案件，富兰克林·罗斯福总统任命的两位大法官，雨果·布莱克和费利克斯·法兰克福特，甚至发生了严重的立场冲突。布莱克1937 年出任大法官前，是阿拉巴马州参议员。他在政治上，一直秉持杰弗逊的平民主义观点，并以极端种族主义者姿态拿下参议院议席。他曾自学宪法历史，彻夜苦读麦迪逊和一些英国异议人士的著作。在宪法诸项条文中，他最看重第一修正案，并将之视为"绝对"权利。他的口头禅是，"不得立法"就是"不得立法"。法兰克福特于 1939

年进入最高法院，他是维也纳移民，却对美国有种非常特别的情感。在哈佛任教期间，他常批评最高法院不识时务，动辄宣布经济改革立法违宪。如今，他却时常提醒其他大法官，要对各类自由诉求保持警觉，尤其是言论自由。他有许多英国朋友，也格外重视英伦传统。

"布里奇斯案"其实包括两起案件，加州法官在两起案件中，都判决被告对在审案件的庭外言论构成藐视法庭罪。哈里·布里奇斯是"西岸码头工人工会"的领袖，他因为发电报给美国劳工部长，批评加州法官一起关于工会纠纷的裁决，而被以藐视法庭为由判处罚金。第二起案件的被告是《洛杉矶时报》，这家报纸因为连发三篇社论，评论法院正在审理的案件，而被判处罚金。布里奇斯和《洛杉矶时报》都上诉至最高法院，认为对他们的定罪，侵犯了第一修正案赋予他们的表达自由权利，请求予以撤销。

1940年10月，最高法院开庭审理此案。一周后，大法官召开内部讨论会，决定此案如何裁判。会议只有九位大法官参加，其余人等一律不得列席。最后，大法官们以6票对3票，决定维持对布里奇斯等人的藐视法庭罪判决。多数方包括首席大法官休斯、大法官麦克雷诺兹、斯通、罗伯茨、法兰克福特，以及年初刚由罗斯福总统任命的弗兰克·墨菲。异议方包括布莱克，以及另外两名由罗斯福任命的大法官：斯坦利·里德和威廉·道格拉斯。首席大法官位于多数方时，由他指定判决意见主笔者。这一次，休斯指定法兰克福特撰写本案的判决意见。法兰克福特很快完成任务，并将意见初稿提交全体大法官传阅，由他主笔的这则意见，建立在对英美两国历史的充分研究之上。他写道："加州法院行使的权力，有充足的历史依据。它是盎格鲁-美利坚法律体系中的司法权力不可分割的组成部分。尽管这项权力正受到质疑，但是，在英语世界的司法体系内，包括美国所有联邦法院与四十八州法院，一直承认并践行这一权力。"其实，自第一修正案1791年通过后，美国还没有一个人因法庭外言论被判处藐视法庭罪。布莱克大法官口述了一份异议意见，这份由助理打印，夹杂布莱克亲自批注的意见草稿，至今保存在国会图书馆的手稿典藏部。（布莱克大法官去世前，曾嘱咐儿子小雨果烧掉所有与最高法院工作相关的私人文件，公众遂以为他的工作文献已全部焚毁，事实上，被烧掉的仅仅是他在最高法院内部会议上所做的笔记，这被他视为绝对机密，其他文献仍完好保存在国会图书馆。）异议意见开篇写道："对一个民有、民治、民享的政府而言，所有必需的自由中，最为基础的已规定在宪法第一修正案内。这些自由，也是民主政治的支柱……本案多数方意见中，最明显也是最根本的错误在于，认为第一修正案所保障的自由，竟然可以根据英国的司法实践加以侵犯……我认为，如果根据英语国家现行或曾经适用过的言论尺度，来界定第一修正案所保障的自由之范围，将违反制宪先贤的初衷。如果认真探究宪法与权利法案的历史，我们可以发现，制订它们的目的，就是为赋予人民比英国统治期间更多的自由，包括宗教、思想、表达、集会、请愿和出版等各项自由。"[57]

1941年2月1日，麦克雷诺兹大法官宣布退休。支持加州法院有罪判决的投票，由6票变为5票。这年春天——具体日期难以确定——新任大法官墨菲突然改了主意。他写信告诉法兰克福特："当我面临良心拷问时，新披上身的法袍竟如此沉重。经过几个月的自省与思考，我决定转变立场。我已将这一决定转告首席大法官和布莱克大法官，我支持推翻原判。"现在，最高法院对这起藐视法庭案的投票，变成了4票对4票。大法官们决定在这年十月再次开庭审理此案。不久，首席大法官休斯也宣布退休，他告诉那些对此深表遗憾的同僚们："我不想活在假象之中，仿佛我的确胜任这个岗位。"至此，要求推翻藐视法庭罪判决的有 4 票，支持维持的只有 3 票。罗斯福总统任命斯通为首席大法官，同时提名了两位新任联席大法官，取代麦克雷诺兹和斯通。这两人意见正好相左，罗伯特·杰克逊支持推翻原判，詹姆斯·贝恩斯赞成维持原判。布莱克大法官一方暂时以 5 票对 4 票领先。

1941 年 12 月 8 日，社会形势再起波澜。前一天，日军偷袭珍珠港，美国正式卷入第二次世界大战。布莱克大法官调整了判决意见的语气，弱化了原本强烈的个人色彩。但是，正反双方的主要分歧并没有发生变化。法兰克福特仍把第一修正案，乃至整部宪法，视为英国传统的自然延续。布莱克则把第一修正案作为美国特色的新生事物。他说："尽情阐述自己对公权力的看法，不管这种看法多么不中听，这是专属于美国人的无上荣耀。"在这句话之后，他增加了一个脚注，援引了托马斯·杰弗逊书信中的一段话："我很痛心……我们的报纸上，竟然刊登了那么多狠毒、粗鄙、虚伪的言论……这些秽物会使公众的品味日趋堕落。但是，这些都是无法祛除的邪恶，因为我们的自由依赖于新闻自由，这种自由不应受到限制。"布莱克丝毫不受其他法官敌意批评的困扰。他还提到布兰代斯大法官在"惠特尼案"中的警告，后者当时说："仅仅为了维持法院尊严，就用法律迫使他人沉默，哪怕只是有限度的沉默，其可能引发的仇恨、猜忌和轻蔑，将远远超过它所能带来的尊重。"

布莱克大法官承认，庭外言论有时会妨碍司法公正。他说："司法审判不像政治选举，必须借助集会、广播和报纸的力量取胜。"因此，庭外言论只有在存在引发"司法不公"的"明显而即刻的危险"

《言论自由》（〔美〕诺曼·洛克威尔）

  "二战"期间，美国画家诺曼·洛克威尔以罗斯福总统提出的"四大自由"为主题，分别创作了四幅油画，其中以《言论自由》最为著名。这幅画描绘了一位小镇居民在社区会议上发表意见的场景。

时，才能按藐视法庭罪处罚。他在霍姆斯、布兰代斯关于危险、有害言论如何界定的基础上，进一步阐述了藐视法庭言论的认定规则。

"惠特尼案"宣判十四年后，言论自由终于逐步获得最高法院的保护。1930年，最高法院在"斯特龙伯格诉加利福尼亚州案"中，宣布加州一部禁止展示红旗的法律违宪。加州这部法律认为红旗是"反对现行政府的标志、符号和象征"。* 首席大法官休斯亲自撰写了判决意见。1937年，休斯又执笔起草了"迪佐恩诉俄勒冈州案"的判决意见，一致推翻俄勒冈州一部反对工团主义的法律。这部法律规定，一个人如果参加共产党组织的集会，哪怕集会没有鼓吹任何非法行为，也将被定罪。也是在这一年，最高法院以5票对4票，推翻了佐治亚州对黑人共产党领导人安吉洛·贺登"意图煽动叛乱"的有罪判决。罗伯茨大法官在多数意见中指出，佐治亚州的法令"宛如一张搜索网，只要法官说服陪审团，某个人的言论可能会对他人的行为产生影响。那么，任何意图改变政府的言论，都可能被定罪。"上述判决中，没有人提到布兰代斯在"惠特尼案"中适用的"明显而即刻的危险"规则。但是，在"布里奇斯案"的判决中，布莱克不仅适用了这一规则，还明确予以强调。他写道：

> "明显而即刻的危险"规则只能在下述情况适用，即只有在相关言论危害性非常严重，并可能引发极端恶劣、迫在眉睫之危险时，才应予以追惩。这些案件并不是要检测宪法

对言论自由保障范围的极限，我们也不打算这么做。这些案子关乎"权利法案"的底限。第一修正案在这方面没有含糊其辞，它禁止立法"侵犯言论自由或出版自由"。如此精确的语言，可做最广义的理解，适用于任何珍视自由的社会。

事实上，布莱克大法官内心并不认同"明显而即刻的危险"规则。他之所以在"布里奇斯案"中重申这一规则，是为争取到更多大法官，使自己成为多数方。但他也很担心，由于这条规则弹性太大，迟早会被某些大法官利用，成为压制言论自由的工具。他的忧虑很快应验。1951年，也就是"布里奇斯案"十年后，最高法院以煽动、教唆推翻美国政府为由，维持了对几名共产党领袖的有罪判决。[58]尽管美国共产党组织当时早已被联邦调查局渗透，对政府不具任何威胁，最高法院仍然适用了"明显而即刻的危险"原则，判决意见说："法院审理每起案件时，都应考量'罪行'的严重程度，以及实施后的实际危害，如此才能判定，是否确有必要为避免危险而侵犯言论自由。"（联邦第二巡回上诉法院法官勒尼德·汉德也表达过上述观点，他一直不赞同霍姆斯提出的检验规则。）布莱克大法官在异议意见中说："根据当前的公众舆论，很少有人反对将这些共产党人定罪量刑。然而，我仍然希望，当所有的压力、激情、恐惧逐渐消退，最高法院能重新珍视第一修正案所保障的自由，恢复它在自由社会至高无上的地位。"

无论如何，布莱克大法官在"布里奇斯诉加利福尼亚州案"中对藐视法庭罪的论述，都成为一个强有力的先例。他明确指出，无论是哈里·布里奇斯，还是《洛杉矶时报》，都不应因言获罪。之后几年中，又有不少藐视法庭类案件陆续上诉至最高法院，大法官们从未因当事人的庭外言论，维持过有罪判决。法院判处藐视法庭罪的权力，始终局限在违反法官指令或扰乱法庭秩序的行为上。

"布里奇斯案"还有更加深远的影响，它成为《纽约时报》和四位牧师推翻阿拉巴马州法院诽谤裁决的希望所在。这一判决说明，第一修正案并不局限于延续英国传统，它是制宪先贤为挣脱上述传统束缚，而发出的独立之声。它也再次宣示，不得立法侵犯"言论自由或出版自由"中的"言论"，并没有什么种类之分。

第十一章

向最高法院进军

1962 年 8 月 30 日，阿拉巴马州最高法院宣布维持原判后，《纽约时报》和四位牧师只剩下最后一个机会，以躲过沙利文的五十万美元追偿，乃至纷至沓来的百万索偿：上诉到联邦最高法院，请九位大法官撤销阿拉巴马州最高法院的判决。以今人眼光看，若想说服联邦最高法院受理此案，似乎非常容易。因为阿拉巴马州法院仅仅因为一则没有提到官员姓名的报纸广告，而且在官员未能证明本人受到任何经济损失的情况下，就要求报纸支付巨额赔偿。更何况这种司法不公还有强烈的种族歧视背景。但是，在 1962 年的美国，将这类官司打到联邦最高法院，却难若登天。根据宪法，联邦最高法院无权纠正各州法院根据州法作出的裁判。也就是说，无论州法院的判决有多么荒谬不公，只要该判决与联邦宪法或联邦法律无关，最高法院都不得介入。而诽谤诉讼，正好归各州法律管辖。因此，尽管此案的诽谤赔偿金额高得吓人，援引的法律理论也非常离谱，却不会被认为违反了宪法第一修正案。

究竟派谁去说服最高法院受理此案呢？《纽约时报》决定邀请一

位学者担此大任。这个人就是赫伯特·韦克斯勒。韦克斯勒是哥伦比亚大学法学院教授，刚满五十二岁，专门从事宪法与最高法院研究。他学识渊博，治学严谨，却毫无酸腐学究之气，从来不向荒谬学说、教条妥协。在同事马文·弗兰克眼中，他是位了不起的法学教师，"注重理念指引，不为结果左右"。1959 年，韦克斯勒在哈佛法学院的"霍姆斯讲座"上，发表过一次名为"迈向宪法中立原则"的演讲。*他提出，在宪法诉讼中，法官有义务确立行之有效的普遍规则，而不仅仅是就案论案。尽管种族隔离措施应当受到谴责，但最高法院在"布朗案"及随后一系列判决中，并没有明确宣布种族隔离违反宪法。[59]

韦克斯勒同时也是另一个与"沙利文案"密切相关的领域的专家：联邦制度。他擅长研究联邦法与州法之间错综复杂的关系，曾与哈佛法学院教授小亨利·哈特合著过这一领域极富影响力和创见性的著作：《联邦法院与联邦制度》。他同时也是位刑法专家，从不甘心于在学术圈内闭门造车。1932 年至 1933 年，他就做过哈伦·斯通大法官的法官助理，后来在纽约市和纽约州从事过多年法律实务，经常到最高法院出庭。1944 年至 1946 年，他还担任过联邦政府的助理司法部长。

截至 1962 年，韦克斯勒已在最高法院打过十几场官司。其中最重要的一场——确实非常重要——是 1941 年的"美国诉克拉西克案"。[60] 这起案件中，路易斯安那州选举委员会因伪造民主党国会议员初选结果，被联邦政府根据联邦民权法起诉。为打赢这场官司，韦克斯勒必须说服最高法院的是：在国会选举事务上，联邦权力应优先于

---

* 此讲稿已有中文译本，即张千帆译："走向宪法的中立原则"，载张千帆组织编译：《哈佛法律评论·宪法学精粹》，法律出版社 2005 年版，第 35—72 页。

路易斯安那州的州权。这中间还涉及另一项更加微妙，也更有意义的议题。因为直到这一时期，最高法院才开始借助联邦民权法，干涉各州官员执行州法的行为。过去，许多州的官员会通过修改陪审团名单，使黑人无法成为陪审员。在"克拉西克案"中，州法对选举委员会错算选票并无明文规定，但联邦民权法却反对这类行为。韦克斯勒提出，如果官员的行为违反了联邦宪法或法律，哪怕这一行为没有违反州法，也应被禁止。斯通大法官撰写的判决意见，最终采纳了韦克斯勒的见解。这一判决赋予冰封已久的民权法新的活力。从此，它不仅被适用于刑事诉讼领域侵犯人权的案件，更成为对付全美滥用公权官员的有力武器。

《纽约时报》法律顾问路易斯·洛布邀请韦克斯勒加入律师团队，一起打这场诽谤官司。洛布与韦克斯勒是哥伦比亚法学院校友，两人在纽约市律师协会时就已相识，洛布后来还担任过该协会主席。1960年，《纽约时报》因"关注他们的呐喊"一文卷入诽谤官司时，洛布征求过韦克斯勒的意见。韦克斯勒曾协助洛布起草过数份诉状，包括提交给阿拉巴马州最高法院的上诉状，不过，由于工作繁忙，韦克斯勒并未出庭。当《纽约时报》只有向联邦最高法院上诉这唯一的一根"救命稻草"时，韦克斯勒终于答应出手相助了。

韦克斯勒的首要工作，是恳请最高法院受理此案。当时，符合最高法院受理条件的案件，数量本就非常有限，最高法院也会视自身需要，分拣有意听审的案件。从下级法院调取相关诉讼卷宗的依据，一般被称为"调卷复审令申请"。最高法院发出调卷复审令，意味着该案将由大法官复审。每年会有数千起案件呈请最高法院调卷复审，但最高法院只会批准其中极少一部分。这些被选中的案件要么关系到重大法律争议，要么是因为下级法院存在重大分歧。

阿拉巴马州最高法院宣判后，《纽约时报》和牧师们必须在三个月内提出调卷复审令申请。按理说，韦克斯勒本可让洛布所在的洛德、戴 & 洛德律师事务所提供人手，但他却对洛布说，想邀请一位自己熟悉的朋友帮忙。这个"熟悉的朋友"，就是马文·弗兰克。他1948年毕业于哥大，在校读书时就是韦克斯勒的学生。1962年，他又以教授身份返回哥大法学院执教。回校任教前，他在首席政府律师办公室工作，多次代表联邦政府在最高法院出庭，随后在纽约做了六年私人执业律师。*（1965年，弗兰克出任联邦地方法院法官，1978年离职后，又重操律师旧业。）

韦克斯勒接手此案后，很快有了个失望的发现。原来，各州关于诽谤诉讼的法律，以及英国普通法中这方面的规定，都与阿拉巴马州的法律差不多。根据这些法律，被告的言论事先已被推定为不实之词，被告必须证明自己所言句句属实。而且，与医疗事故等其他侵权案件不同的是，原告一开始就被推定为受到伤害，而且无需就此举证。（这么规定也部分基于历史原因，因为名誉受损带来的损失，不像身体受伤那么容易量化，如治愈一条伤腿的费用。）在"沙利文案"中，这些法律的内容被进一步扩张。比如，如果"诽谤言论"没有指名道姓，但被指涉者属于一个标识明显的小团体，人们会因为这个团体进而联想到这个人，在这种情况下，其他州的法院会要求诽谤者赔偿。但是，像"沙利文案"这样，"指涉且关系到"的标准如此含糊，显然令人感觉匪夷所思。

多年之后，韦克斯勒回忆道："接下这个案子前，我对诽谤法没什么了解。做案件背景分析期间，当我意识到必须由被告来承担举证

---

* 首席政府律师（Solicitor General）：在涉及美国国家利益的案件中，代表联邦政府出庭，并参加言词辩论的官员（尤其是在联邦最高法院），通常由总统任命。

责任时，我受到极大震撼。那种感觉我至今记忆犹新，实在令人措手不及、惊惧不已。或许因为陪审团在这个问题上一直比较温和，过去，我一直以为诽谤法只是纸上谈兵，根本没有在这个国家适用过。"

为了将本案与宪法第一修正案扯上关系，并据此令最高法院受理它，韦克斯勒必须说服大法官们，这些过时的诽谤法律正侵犯宪法保护的言论、出版自由，偏袒沙利文这样的政府官员。韦克斯勒认为，过去三十年来，最高法院关于第一修正案的一系列判决相当振奋人心。最高法院加大了对不合时宜的言论、出版物的保护，并将之延伸到新的领域，如在"布里奇斯案"中收缩了藐视法庭罪的范围。弗兰克打算换一个角度看待第一修正案问题。他在给韦克斯勒的一则备忘录中指出，阿拉巴马州的诽谤法，与18世纪那些压制表达自由的法律根本是一丘之貉，而1798年的《防治煽动法》已经被认定违反了宪法第一修正案。

韦克斯勒产生这些想法，是受一则意外插曲的启发。一次，《纽约时报》管理层邀他讨论案情。他原本以为，报社高层想和他商量该在最高法院使用何种诉讼策略，并预测诉讼前景。其实，他对最高法院能否受理此案，内心全无底气。他后来回忆道："我很惊讶，他们居然问我，为什么要去申请什么调卷复审令。我告诉他们，因为我打算利用宪法第一修正案来为报纸辩护。让我惊愕的是，《纽约时报》管理层对麦迪逊和杰弗逊那些学说完全一无所知。他们说，'应该坚持《纽约时报》没有诽谤这一立场，我们刊登的全是事实，即使偶尔犯错，也与人生有起有落一样，是在所难免之事'。他们还告诉我，报社本来盈利就不多，法院判决更是雪上加霜。这使我意识到，我必须先告诉他们，最高法院近些年已扩大了第一修正案的保护范围，诸如宪法不保护庭外言论的陈腐思维早已被司法实践淘汰。接着，我对他们说，这个案子受到各方同情，如果《纽约时报》不争取把官司打到最高法院，我们将无计可施。对最高法院来说，这也是一个绝好的机会，可以通过具体个案，而不是一个宽泛的规则来作出判决，当然，我们这么做，也要冒很大风险，这毕竟是将一个诽谤案件上升到联邦宪法问题的高度，判决也肯定会牵涉甚广。"

此时，阿瑟·海斯·苏兹贝格已经退休，女婿奥维尔·德赖富斯接替他成为《纽约时报》发行人。他当时也参加了会议。根据韦克斯勒的回忆，德赖富斯"赞同以宪法诉讼来打这场官司的想法"。会后不久，路易斯·洛布就致电韦克斯勒，告诉他报社同意把官司打到最高法院，而且马上可以着手进行。

1962年11月21日，《纽约时报》提交了调卷复审令申请。这份申请仅31页，文笔洗练，完全符合最高法院的格式要求。其中，10页陈述案情，包括：广告刊登始末、一审呈堂证供、阿拉巴马州法院两审判决经过。其余部分的抬头则是"批准复审令之理由"，阐明受理此案的法律依据，内容如下：

> 阿拉巴马州最高法院的判决对诽谤法律进行了极为狭隘的解释，限制了人民抗议、批评政府官员的权利，侵犯了经由最高法院判决界定的言论、出版自由。此判决将维护私人名誉的法令，化作防治官员受到批评的利器。若允许这样的判决存在，不仅将严重压制媒体自由，还将损害人民借出版对政府抒发不满的能力，殃及人民福祉。事关重大，恳请最高法院审慎裁断。

《纽约时报》的申请书指出，依照阿拉巴马州法院的判决，只要有人撰文批评某一政府部门的工作，即可推定主管这一部门的官员名誉受损，除非批评者证明相关言论完全属实。这类判决"从作用到影响，都与历史上早被判定违宪的《防治煽动法》如出一辙"。为证明这一点，申请书援引了霍姆斯大法官在"艾布拉姆斯案"中的异议意见，即普通法中关于煽动诽谤政府罪的规定违反了第一修正案。另外，申请书还引述了查菲教授在同一问题上的论述。

韦克斯勒借这份申请书，表达了自己对此案与第一修正案关系的看法，至于更详细的论述，他打算待最高法院受理此案后，在正式诉状中展开。申请书写道，阿拉巴马州那种上不封顶的诽谤判罚，将钳制"自由的政治讨论"，而这正是"共和民主的安全屏障"，更是"宪政体制的基石"。这些话援引自前首席大法官休斯1937年在"迪佐恩诉俄勒冈州案"中的判决意见。申请书继续说道，最高法院关于出版自由的判决存在一个逻辑前提，"宪法第一修正案的基本目的之一，正是让人民有权批评'任何一个政府部门'"。最后一句话援引自布莱克大法官在"布里奇斯诉加利福尼亚州案"中的判决意见，申请书也从这起关于藐视法庭罪的判决展开。"尽管事关法庭的荣誉与尊严，最高法院一样不容许对批评法官或法院判决者判处藐视法庭罪……对法官尚且如此，那些民选的政府官员凭什么因为受到一些批评，就认为名誉受损，还想着对批评者施以惩罚。"随后，申请书以最高法院在"布里奇斯案"之后一则关于藐视法庭罪的判决意见为例，写道："这份判决认定，法官应是'坚韧不拔之人，能够在任何恶劣气候下生存'，对法官的这些要求，也应适用到政府官员身上。"

韦克斯勒很清楚，他必须把问题直接指向阿拉巴马州最高法院的判决结论，即"美国宪法第一修正案不保护诽谤言论"。他承认，联邦最高法院过去也曾做过这类表述，如"尼尔诉明尼苏达州案"以来的六个判例。但申请书也指出，最高法院这么说，只是为了证明表达自由"并非绝对，并不意味着授权州法院可以以打击诽谤为由压制言论自由"。这其中，还有一个例外，那就是1952年的"博哈纳斯诉伊利诺斯州案"，最高法院在这起案件中支持了伊利诺斯州一部防治宗教、种族团体诽谤言论的法律，但判决同时声明："若借惩治诽谤之名，侵蚀言论自由，任何措施都归于无效"。

在"批准复审令之理由"的第二部分，韦克斯勒谈到了另一个至关重要的问题：司法管辖权。通常情况下，管辖权都被作为首要法律问题讨论，但在韦克斯勒心目中，第一修正案问题才是当务之急，所以被作为第一部分。在第二部分关于司法管辖权的讨论中，申请书提出，阿拉巴马州法院对《纽约时报》行使管辖权，明显违反了正当法律程序，是对州际贸易和言论自由的不当管制。至于琼斯法官驳回《纽约时报》律师管辖权异议的行为，即使根据阿拉巴马州的法律，也完全站不住脚。

《纽约时报》提交的申请书，并未强调种族因素在这起诽谤官司中的作用。它在描述"声援马丁·路德·金博士委员会"及其他种族话题时，尽量做到客观公允，立场中立。申请书用近乎戏剧化的口吻说道："如今，我们无需讨论那种强制媒体忽略国内紧张种族关系的措施的做法，到底有没有违反宪法。我们首先应当关注的是，诽谤法律到底归不归宪法管。是时候面对这个问题了！"

四位阿拉巴马牧师也提交了他们的"调卷复审令申请"。他们更换了新的律师团队，牵头者为华盛顿律师 I. H. 瓦特洛。瓦特洛精力充沛，干劲十足，是位出色的商事律师，他受金博士感召，曾免费为其提供法律服务。这一次，牧师们的申请书即由瓦特洛主笔，不出所料，他这次主打的是"种族牌"。他在申请书中特别提及，蒙哥马利市的首场审判，完全是在一个种族隔离的法庭内进行，黑人律师一律被称为"律师"，而不是"先生"。申请书写道：

> 本案呈请最高法院复审。这起案件涉及重大宪法议题，对国内外给予莫大关注的民权事务和废止种族隔离运动之影响，也是显而易见、毋庸置疑的。透过这起案件，人们可以看到阿拉巴马州当局推行种族隔离与种族歧视的严酷现实，以及他们阻止黑人公民行使宪法权利的可耻行径。

牧师们在申请书中告诉最高法院，"布朗诉教育委员会案"判决八年后，阿拉巴马州的公立学校仍然维持种族隔离政策。此外，阿拉巴马州政府正有组织、有计划地剥夺黑人的投票权，而且不允许黑人成为陪审员。

> ［州政府］正拔除我国民主之根基——言论自由和出版自由。为了不让人民对他们的种族隔离行径发出批评之声，阿拉巴马州官员居然以民事诽谤诉讼做武器……由此导致的结果是，审判成了白人对抗黑人的工具，陪审团都由白人组成，法官清一色全是白人（黑人几乎被剥夺公民权），审判结果自然可想而知。如果本案判决未被复审并撤销，不仅南方黑人民权运动会受到重创，阿拉巴马州也会为他们的错误行径掩上一层沉默之幕。这张沉默之幕很快将蔓延至南方各州，彻底隔阻废除种族隔离的运动。在这些州，由于担心惹上诽谤官司，面对压迫，人民会选择缄口不言。牧师不敢再受信仰驱使，支持民权斗争。全国报纸也不再会报道南方的

种族事务。

如果一方在下级法院输了官司，并向最高法院申请复审时，胜诉一方也会向最高法院提交申请，论证此案不具备复审价值。（当胜诉方为政府时，首席政府律师偶尔会认为在下级法院胜诉的案件也有复审价值。）这份申请一般被称为"被上诉人反对诉状"。替警察局长沙利文草拟反对诉状的，是一审就代表他出庭的罗兰·纳奇曼律师。

纳奇曼当时三十八岁，曾就读于哈佛法学院。毕业后曾在阿拉巴马州司法总长办公室工作。二十七岁时，他就已在最高法院出庭辩论。事实上，按照最高法院当时的规定，律师必须执业满三年才能在该院出庭，纳奇曼的执业年限并不符合要求，但最高法院最终为他网开一面。纳奇曼出庭时，听到法兰克福特大法官对同僚咕哝："如果连我们自己都不执行，还要那些规矩干嘛？"[61] 尽管如此，纳奇曼还是赢了那场官司，也即意义重大的"阿拉巴马州公共服务委员会诉南方铁路公司案"。[62] 最高法院在此案中判定，如果州行政部门已通过行政程序解决争议，并可由州法院提供救济，联邦法院不得再接受当事人就宪法议题提起的诉讼。在司法总长办公室工作六年后，纳奇曼开始在蒙哥马利市从事私人律师执业，其客户就包括当地报纸《广告报》和《阿拉巴马纪闻》。在决定帮沙利文打这场官司前，他特地征求了两家报纸的意见，后者并未提出异议。纳奇曼自己也是《纽约时报》的订户——阿拉巴马州仅有的三百九十四位订户之一——所以，在这场风波之前，他就已经读过那则广告了。广告刊出后，蒙哥马利市的三位市政专员向他咨询过打诽谤官司的可能性，他所在的事务所接下了这笔业务。纳奇曼建议沙利文率先提起诉讼，因为他主管警政事务，广告恰好提到了他分管的领域。

毫不令人意外的是，这份反对诉状以截然不同的口吻重述了案情。它说："整起案件由一份充满恶意、早有预谋的全版报纸广告引发，《纽约时报》这份收费五千美元的广告，面向全国六十五万位读者，将阿拉巴马州蒙哥马利市警方塑造成简单粗暴、横行不法、令人生厌的形象。为谋取暴利，他们竟置新闻界对真实性、准确性的最低标准而不顾……"诉状还说，《纽约时报》在刊登广告前，根本没有核实广告内容的真实性。"这可是全国最具影响力的报纸，居然为了广告收入，以诽谤、不实之词恶意中伤被上诉人［沙利文］。"

法律理由方面，反对诉状明确表示："诽谤性言论从来不受联邦宪法保护。纵观历史，最高法院从未认为州法院裁定的诽谤损害赔偿涉及宪法问题。"诉状援引了杰弗逊 1804 年写给阿比盖尔·亚当斯的信，信中说："就算认定《防治煽动法》违宪，也未必能遏制混淆是非的诽谤洪流，因为限制言论自由的权力，已落入各州立法机构之手。"

反对诉状列举一例，试图证明媒体在诽谤诉讼中，并非总是扮演值得同情的英雄角色。比如，在"约翰·亨利·弗拉克案"中，电台主持人弗拉克因被一份名为《红色频道》的出版物指认为亲共人士而丢了工作。他起诉这份刊物诽谤，胜诉后，纽约一个陪审团裁定刊物赔偿他 350 万美元。《纽约时报》发表社论，盛赞这一判决"意义重大"。（此案上诉后，赔偿金额被缩减为 50 万元，《红色频道》发行方后来以资金不足为由，仅支付了 17.5 万元。）反对诉状最后说，《纽约时报》对沙利文的所作所为，完全是一种"暴行"。"希望之前的判决能让这家有钱有势的报纸深刻反省，重拾与其规模相对应的新闻责任。"

沙利文阵营的诉状于 1962 年 12 月 15 日提交至最高法院。两天后，纳奇曼又就牧师们的申请提交了反对诉状。按照惯例，最高法院大法官将在内部会议上审议这些申请，并于下周一公布他们的决定。

1963 年 1 月 7 日，周一，一位法官助理公布了一份案件受理表格。诸多申请被驳回，惟有七起案件，被批准复审，其中就有"《纽约时报》诉沙利文案"和"阿伯内西等人诉沙利文案"。《纽约时报》驻最高法院记者迅速致电韦克斯勒：最高法院即将审理此案！

第十二章

"永远都不是时候"

最高法院同意受理阿拉巴马州这场诽谤官司时，该院 1963 年春季的庭审日程已经排满，开庭时间甚至已精确到小时。这就意味着，此案只能安排至这年十月开始的下一开庭期审理。* 因此，律师们必须赶在九月前拟好诉状。准备提交给最高法院的诉状，是一项非常艰巨的任务，必须慎重对待。一份诉状如同一本小书，既有案情陈述，也包括法律论述。论述过程中，经常得援引既往判例，有时还需附术语说明。一份精心制作的诉状，首先应流畅易读，就像讲述一段精彩故事，要令读者欲罢不能，恨不得一气读完。最高法院大法官们平日阅文无数，最厌烦枯燥冗长的法律论证。所以，起草者必须去芜存菁，及时呈现最有用的观点。

对于"《纽约时报》诉沙利文案"的诉状，赫伯特·韦克斯勒充满热情，不敢有丝毫松懈。起草任务由他全权负责。整个起草过程

---

* 联邦最高法院的每个开庭期始于十月，终于次年六月底，七月至九月为夏季闭庭期。

中，完全没有现代律所那种繁冗的审批程序，初稿完全由韦克斯勒一人在一本黄色记事本上用铅笔拟定。马文·弗兰克、韦克斯勒的妻子桃瑞丝协助他研读文献、撰写备忘录，并校对文稿。韦克斯勒偶尔会与路易斯·洛布研讨初稿内容，并征求事务所高级合伙人小赫伯特·布朗奈的意见。不过，洛布与布朗奈十分信任韦克斯勒，一直鼓励他放开手脚，大胆推进。巧的是，那年春天，韦克斯勒正好在哥大轮休，他可以心无旁骛，全力准备诉状。（这一时期，全国最负盛名的法律改革研究机构"美国法律学会"也向韦克斯勒伸出橄榄枝，邀请他出任该会主任，他欣然接受，但要求等"《纽约时报》案"尘埃落定后再履任。后来，他在该会担任了二十年主任，期间一直在哥大执教。）

多年后，马文·弗兰克忆起办理此案的情形，说道："当时，我们几乎阅读了所有与这一议题相关的文献，包括十年来全部《阿拉巴马法律人》期刊！"桃瑞丝·韦克斯勒对丈夫的评价，进一步显示出后者对工作质量的严格要求。她说："我太了解与赫伯特共事的滋味了。我负责司法管辖权问题的研究，还尝试着撰写了那部分诉状的内容。但是，赫伯特并未采纳，伤透了我的心。不对，我不该这么说。他对如何处理这项工作，内心非常有数，而且远比我设想得要好。我的想法过于平淡，流于俗套。"

韦克斯勒对诉状风格的基本设想，在于尽量避免夸张口吻。"我对诉状写法的观点，其他律师未必认同。"他解释道。"我认为，最好的最高法院诉状，应当是大法官们撰写判决意见时，最方便直接引用的文件。"

不过，韦克斯勒还是面临一道很难逾越的历史障碍：诽谤言论通常被排除在第一修正案保护范围之外。最高法院素来尊重传统，不会

代表《纽约时报》在最高法院出庭的赫伯特·韦克斯勒律师

轻易打破陈规。来最高法院打官司的律师多会被人善意提醒，要谨慎行事、遵循先例，韦克斯勒该怎么做呢？

唯一能将本案与第一修正案拉上关系的办法，是将"明显而即刻的危险"原则适用于诽谤案件。1920年代以来，霍姆斯和布兰代斯关于言论自由的意见，早已逐渐深入人心。1937年之后，随着罗斯福总统任命的自由派大法官陆续进入最高法院，最高法院已不再关注经济改革议题，而把工作重心转移到保障政治自由权利，尤其是言论自由方面。韦克斯勒认为，总体来看，社会大环境对媒体十分有利，"这起案件来得正是时候"。但是，最近几年来，由于"明显而即刻的危险"原则多次沦为政府打压共产党人言论的工具，也因此背负不少非议。不管怎么说，韦克斯勒仍然认为，"明显而即刻的危险"原则很难被套用在诽谤案上。"危险"或许可以包括侮辱名誉，如果诽谤言论即将刊印出版，是不是也可以理解为"即刻"，又或"迫在眉睫"呢？

经过再三思考，韦克斯勒决定以另一段历史作为立论依据：1798年的《防治煽动法》。他的思路是，通过讲述这部法律压制舆论，最终遭遇各方抵制，而被废弃、唾骂的历史，说明言论、出版自由同时包括批评政府的权利，而阿拉巴马州的诽谤法却使这项权利陷入险境。韦克斯勒后来说："麦迪逊抗议《防治煽动法》时，认为这部法律把批评政府官员、讨论公共事务都视为诽谤。"一百六十年前这场抵制恶法的斗争，成为诉状的叙述重心。韦克斯勒说："我们对当时的煽动诽谤政府罪并不了解。"最高法院也从未适用《防治煽动法》作出过判决。三位律师——韦克斯勒、弗兰克和桃瑞丝·韦克斯勒决定全心潜入18世纪历史，了解煽动诽谤政府罪和《防治煽动法》。

1963年整个夏天，韦克斯勒都在为诉状殚精竭虑。"赫伯特起步很慢，"韦克斯勒夫人回忆道，"他不断阅读、摘录、阅读，我很纳闷，他到底什么时候才会开始在那张黄色便签上写字呢？"弗兰克回忆说："那个夏天特别炎热，作为合作者，赫伯特的要求非常严格，但是，和他合作的感觉棒极了！大家经常工作到深夜。一天晚上，赫伯特突然大叫一声：'一切就绪。我们现在可以开始确认引文出处了。'"核对诉状中的判例或引文，是项非常枯燥沉闷的工作，通常都由法官助理或律师助理完成。弗兰克建议，不如请律所的年轻律师来做这件事。但韦克斯勒表示，"我不放心让别人做这些"，随后亲自承担了这项工作，令弗兰克佩服不已。

1963年9月6日，《纽约时报》的诉状被提交至最高法院。诉状共95页，前25页叙述案情，其余部分陈述法律理由。法律理由部分的开头，韦克斯勒用比"调卷复审令申请"更长的篇幅，就第一修正案是否保护诽谤性言论进行了论述。诉状说，最高法院从未"以诽谤罪名打压过批评政府的行为"。在遏制批评政府言论的过程中，诽谤不过是某些人惯贴的"标签"而已。但是，在第一修正案面前，诽谤肯定不是什么"护身符"。过去，最高法院为保护言论自由，先后揭去"藐视法庭罪"、"煽动诽谤政府罪"、"危害治安罪"等"标签"，因此，在审理诽谤案件时，"对言论的界定、判断也必须符合第一修正案的要求。诽谤法不能为所欲为，不受约束"。

下一部分的主题，为"煽动诽谤政府罪与宪法"。诉状说，"最高法院的判决曾多次确认"，"国家授权"人民自由讨论政治。诉状援引了布莱克大法官在"布里奇斯案"中的意见，即"尽情阐述自己对公权力的看法，不管这种看法多么不中听，这是专属于美国人的无上荣耀"。他还引述了汉德关于言论自由的精辟论断：第一修正案假定，"正确结论来自多元化的声音，而不是权威的选择。对于许多人来说，这一看法现在和将来都是无稽之谈，然而，我们却把它当作决定命运的赌注"。诉状指出，对于政治言论，不能仅仅因为存在不实之词，就予以追惩。诉状还批判了普通法与阿拉巴马州法中的举证规则，即必须由被告举证，证明自己所述全部属实。

在不得追惩不实政治言论方面，诉状着重援引了最高法院 1940年在"坎特韦尔诉康涅狄格州案"中的判决。该案中，耶和华见证人会的一位传教士因对天主教邻居出言不逊，并诋毁天主教会，被判处妨害治安罪，最高法院最终推翻了下级法院的有罪判决。[63] 诉状引用了罗伯茨大法官在本案中的判词：

> 宗教、政治信仰是常常发生尖锐对立的领域：一个人的坚定笃信，可能被他人视为无稽之谈。据我们所知，为了说服别人接受他的观点，有些人会用夸张甚至虚假的陈述，去贬低那些显赫的宗教或政界人物。但是，历史给我国的人民带来的启示是：尽管存在滥用自由现象，但从长远来看，这些自由在一个民主国家，对于促成开明的公民意见和正当的公民行为，可谓至关重要。

诉状继续说，如果不将事实作为检验手段，政治言论就不会因损及官员声誉而受追惩。否则，人们除了对政府歌功颂德，无法安全地对现实表态。接下来，韦克斯勒援引麦迪逊关于"弗吉尼亚决议"的报告，写道："……既想追惩对政府发表中伤、不敬言论者，又想不损害人民自由议论政府官员或措施的权利，那显然是不可能的。"诉状最后回到本案法律争议的重点："不能因为他人散布不实之词，或者恶意中伤政府名誉，就压制他们批评政府的行为，即使同时具备这两种行为，也不能成为压制的理由。短命的 1798 年《防治煽动法》之所以受到各方抨击，就是因为在适用上过于片面，激起全国人民对第一修正案含义的关切。"韦克斯勒在最后一句话里，故意回避了第一修正案是否反对《防治煽动法》这一话题，而是说，无论 1791 年的立法者们怎么想，但是，1798 年至 1800 年期间，反对《防治煽动法》的沸腾民意，已说明这么一种共识：美国宪法第一修正案反对追惩批评政府官员的行为。

诉状回顾了《防治煽动法》的历史，以及与之相关的政治纷争。韦克斯勒谈到"弗吉尼亚决议"与"麦迪逊报告"时，援引了麦迪逊一句著名论断。他说："如果英王乔治三世 1776 年前就严格管控美洲大陆上的媒体言论，恐怕我们现在仍是悲惨的殖民地，在外部枷锁下苦苦呻吟。"韦克斯勒接着写道："虽然最高法院并未审理过与《防治煽动法》相关的案件，但历史事实已经表明，这部法律违反了第一修正案。国会退还当年受追惩者被追缴的罚金，即是明证。"

诉状接着写道，《纽约时报》广告的遭遇，与当年那些被《防治煽动法》惩治的政治言论差不多。"这则广告只是对我们这个时代重要议题表达的不满或反对。"阿拉巴马州法院的诽谤判决，在压制言论方面，比《防治煽动法》更加过分。所谓不实之词，所谓名誉受损，都是法官先入为主预设的前提。原告居然不必像检察官在刑事案件中那样，就相关事实是否"排除合理怀疑"承担举证责任。刑法中的"一事不二审原则"也被架空，同样一则广告，居然引发数起民事诽谤诉讼，而陪审团也毫无节制地要求被告不断赔偿。更糟糕的是，阿拉巴马州最高法院居然判定，对政府某一部门的批评，相当于"批评主管该部门的负责人"，所以，即使报纸没有指名道姓，相关官员也可以提起诽谤诉讼，要求赔偿。诉状认为，倘若如此，对政府部门的批评指责，即便原本与个人无关，也将被视为对官员本人的诽谤。原本维护个人清誉的诽谤法，将沦为政府打压言论的工具。

四十年前，芝加哥官员为阻止《芝加哥论坛报》的批评报道，向法院提起诉讼，控告报社诽谤。伊利诺斯州最高法院最终判定芝加哥官员败诉，法院认为："在美国的司法体系中，没有任何一家法院曾经支持，甚至建议政府控告人民诽谤。"[64] 韦克斯勒的诉状援引了这一判例，并且提出："上述见解也可适用于本案，只需把不得支持'政府控告人民诽谤'更改成不得支持'官员控告人民诽谤'即可……否则，街头巷尾，茶余饭后，将无人再敢谈论政治事务。"

以今人眼光来看，韦克斯勒的诉讼策略并无过人之处，因为诉状中讨论的法律争议，如今已是众人皆知的宪法常识。然而，在 1963 年的美国，几乎没有人熟悉 1798 年《防治煽动法》的历史，人们也未能通过这段插曲，加深对宪法第一修正案含义的理解。韦克斯勒很清楚，1919 年，类似争议曾出现在"德布斯案"中，但自从最高法院发回重审后，此案随即消失在时间长河中，逐渐被人遗忘。现在，把沙利文提起的民事诽谤诉讼与当年的"煽动诽谤政府罪"相比，绝对是一大创举。严格抠法律概念的话，民事诽谤与"煽动诽谤政府罪"根本不是一回事，前者涉及对名誉受损者的民事赔偿，后者则是对抨击政府言论的刑事追惩。但是，一旦上升到历史层面，诉状直指二者在影响上的相似之处，以及可能对言论自由造成的冲击。

为增强说服力，诉状将话题延伸至另一法律领域：官员履行职务时的言论免责权。几年前，最高法院曾审理过一起相关议题的案件。一名联邦官员因评论某人言行，而被控诽谤。最高法院判定，官员履行职务期间的言论，享有绝对豁免权，哪怕有些言论不实，或构成伤害，都不得成为诉讼缘由。最高法院援引汉德法官的见解指出，若官员被控诽谤，"势必消减其服务热忱，妨碍其无所畏惧地抒发己见"。《纽约时报》诉状写道，布兰代斯大法官曾在"惠特尼诉加利福尼亚州案"中将"参与公共讨论"视为"一项政治义务"，既然如此，公民也"应享有与官员同样的豁免权"。诉状说，诽谤诉讼对那些讨论政治事务的公民的威胁，与它对官员的影响，并没有什么不同。

行文至此，这份诉状一直强调批评官员是一项绝对的自由。这一观点很明显是受麦迪逊的影响。他曾谴责《防治煽动法》追惩对政府有"不实"批评的言论。如果民事诽谤法与《防治煽动法》的立法宗旨无异，依循麦迪逊的逻辑，官员亦无起诉公民诽谤的权利。诉状还援引了麦迪逊1794年在众议院的演讲词，"如果有检查言论的权力，那也应当是人民检查政府的言论，而不是政府检查人民的言论"。

但是，韦克斯勒也很清楚，关于批评官员是项绝对权利的说法，很难说服最高法院多数大法官。毕竟，个人名誉权也是一项应注重的价值，多年来，无论言论自由被如何强调，法律对名誉权的维护仍是始终如一的。尤其是在麦卡锡时代之后，即便是那些赞同言论自由的法官，在涉及官员名誉的问题上，也不敢有丝毫怠慢。更重要的是，诉状援引的判例，试图证明"不实言论"应免受追惩，但这些判例涉及的多是各类学说理论，如社会主义、无政府主义，等等。霍姆斯大法官提到的"我们深恶痛绝的思想的自由"，也指的是这类意识形态学说。但是，对于阿拉巴马州法院在"沙利文案"中提到的不实事实陈述，情况就不一样了。这就好比说，你说美国人民有权每晚站在街头宣扬社会主义，和说任何人都有权诬陷政治人物某某某10月10日晚上收黑钱，肯定不是一回事。

因此，《纽约时报》诉状向最高法院提出另一套备选方案，既可以撤销阿拉巴马州的诽谤案判决，又不至于损害官员个人名誉。如果最高法院判定官员胜诉,最可能出现的情况是,他的律师会以出现诽谤"特别损失"为由,索取金钱赔偿。比如,一个人如果可以证明自己因对方散布谣言而失去工作,他可以要求对方赔付自己因失业而损失的薪酬。普通法中,如果原告要求的赔偿数额是假定的,法官可以驳回赔偿请求,而且,类似名誉损失或精神损害这样的赔偿,一般很难用资金量化。1942年,哥伦比亚特区巡回上诉法院就曾持此观点,限制官员在诽谤诉讼中索取特别赔偿。法官认为,如果被告的言论未对原告造成任何经济损失,本人就因诽谤而受追偿,政治讨论必将萎缩,公众对重要事实的认知、兴趣也将被削弱。

诉状的第二项提议,同时兼顾了言论自由与官员名誉。韦克斯勒提出,官员只有在证明被告"确有恶意"(actual malice),并且"罔顾真相"(known to be unfounded)的情况下,才能赢得诽谤诉讼。也就是说,文章作者或媒体发行人在文章刊出时,已明知内容与事实不符。当然,这一标准将颠覆普通法关于推定被告陈述不实,以及原告无须证明被告作假的规定。事实上,尽管为数不多,有几个州正是秉持这一标准处理诽谤案件的。随后,诉状在一个脚注中,详细列明了十一个州法院判例,以及学者对这些判例的赞誉之词。其中,第一个案件就是堪萨斯州最高法院1908年裁判的"科尔曼诉麦克伦南案"。[65]在这起案件中,法院认为,只要当事人对候选人进行了"尽责"描述,哪怕表述最终与事实不符,也不能以诽谤诉讼追究其责任。诉状表示,"若想维护官员名誉,必须将名誉受损的举证责任移转至官员身上"。如果最高法院认为前述提议符合宪法第一修正案的要求,就应撤销"沙利文案"原判,因为阿拉巴马州法律根本没有在言论自由和官员名誉间维持平衡,而是竭力打压批评官员的言论。

诉状第三部分从另一个角度讨论了第一修正案。诉状说,即使阿拉巴马州的诽谤法表面上看起来符合宪法，但是，将之适用于本案事实的行为，却是违反宪法的。庭审记录已经表明，广告根本没有提到沙利文的名字，但阿拉巴马州法院却偏偏认定沙利文的名誉受到广告损害，这显然是违反第一修正案的。

诉状提出的诸项论证，引出另一个既微妙又有趣的问题：最高法院有权审查"沙利文案"的一审庭审记录，并根据相关事实，认定这些记录有宪法瑕疵么？毕竟，最高法院无权审理州法管辖的案件，而且在通常情况下，最高法院不得推翻州法官和陪审团就事实问题作出的裁决。但是，当州法院认定的事实危及宪法价值时，最高法院有权重新评估原判事实。韦克斯勒随即提出，这是一个关系到联邦制度的问题，这也正好是他擅长的领域。为此，他援引了1927年的"费思科诉堪萨斯州案"判决。⑥费思科是"国际工人协会"的负责人之一，因散发该组织纲领，而被州政府根据《堪萨斯州工团主义犯罪法》定罪。堪萨斯州法院认定，纲领导言倡导暴力革命。但是，最高法院审阅这份导言后，认为里面根本没有鼓吹暴力的内容，宣布对费思科的有罪判决违宪。这也是激进主义者头一次在最高法院打赢官司。

韦克斯勒以"费思科案"判决为基础，主张最高法院应判定《纽约时报》广告是否"指涉且关系到"沙利文。此外，如果认定广告伤害了沙利文的名誉，是否属于违宪解读。"关注他们的呐喊"一文的副本也随诉状提交。诉状说，如果大法官们仔细研读此文后，发现广告根本"不是针对个人的人身攻击，而是对现实环境、某个团体或机关的批评"。然而，阿拉巴马法院与沙利文一方却认为，广告既然提到"警察"，就是指责沙利文。不过，广告当中，确实有两项与警察有关的不实陈述：首先，广告说金博士被"逮捕过七次"，事实上他只被逮捕过四次；其次，广告说警方"封锁"了阿拉巴马州立学院的食堂，其实，警察只是在校园外"严阵以待"。诉状说："我们承认，广告上的描述确有夸大其词或不准确之处，但并不能就此推定报社有损害沙利文名誉的意图。"另外，广告中还有其他错误。最明显的是，广告说警察封锁学校食堂，试图用饥饿迫使学生就范，但是，广告并未像沙利文一审时声称的那样，渲染警察的详细作为，甚至直接提到沙利文本人。诉状总结道，综上所述，广告"没有任何地方"能使人联想到沙利文，或者"侵犯、伤害到他受宪法保护的名誉"。

最后，诉状提出，法院判给沙利文个人50万美元的赔偿金额，是一个"难以置信的荒唐裁判"，"判罚额度之高，已经到了违宪的地步"。陪审团裁判时，并未说明多少金额属于补偿性赔偿，多少金额属于惩罚性赔偿。（《纽约时报》的律师曾请求琼斯法官对陪审团进行指示，要求他们分类别决定判罚金额，但被他驳回。）惩罚性赔偿多在侵权案件中适用，当然也包括诽谤案件，这类赔偿的目的不是为补偿原告损失，而是借此形成威慑，使其他人不敢再从事同类违法行为。惩罚性赔偿虽然类似于刑事审判中的罚金，但数量却由陪审团确定，而不像刑事诉讼那样受程序保障，如原告必须承担"排除合理怀疑"的举证责任，等等。因此，民事诉讼中的惩罚性赔偿，经常受到宪法上的质疑。但是，许多年前，当有人据此向最高法院提出上诉时，却被最高法院驳回。因此，韦克斯勒不打算在惩罚性赔偿问题上大费周章。诉状认为，即便沙利文的名誉确实受损，"判罚额度与损害程度的比例亦相去甚远，很不合理"。二者之间若缺乏合理联系，就有违反宪法第十四修正案关于各州"未经正当法律程序"，不得剥夺公民财产之规定的嫌疑。诉状警告说，"根据这样的事实"，居然判处如此巨额的赔偿，使得判决不仅仅"打压"了当事人，还对更多人造成了影响。

诉状从"调卷复审令申请"中，摘录了一句语气强硬的话，说："现在还不是时候，或许，永远都不是时候，片面强调某一方面的宪法价值，强制媒体不得关注国内紧张的种族对立议题，或不许他们报道冲突激烈地区的事件。"

诉状再次强调，阿拉巴马州法院行使司法管辖权是违宪之举。接下来就是结论了，这部分在提交给最高法院的诉状中通常都比较精简："如前所述，阿拉巴马州最高法院的判决应被立即撤销，相关指令应归于无效。"一般情况下，最高法院撤销州法院判决，通常会在判决意见最后附上一句：将此案发回重审，"且不得与本判决意见不一致"，以表示对州法院的尊重。但是，考虑到阿拉巴马州法院的不合作态度，韦克斯勒建议，最高法院可直接作出终审裁判，无须再发回重审。

《纽约时报》三位律师以资历为序，依次在诉状上签名：赫伯特·布朗奈，洛德、戴 & 洛德律师事务所高级合伙人托马斯·戴利（此人从一开始就介入这起诽谤案，经常赶赴阿拉巴马州处理各项事务），赫伯特·韦克斯勒。列入律师名单的还有：路易斯·洛布、埃里克·恩布里（蒙哥马利市一审期间的律师）、马文·弗兰克、罗纳德·戴安纳和桃瑞丝·韦克斯勒。

四名阿拉巴马牧师的诉状由瓦特洛和另外十一名律师联合署名。正如他们在"调卷复审令申请"中采取的策略，诉状再次强调阿拉巴马州的诉讼程序存在严重的不公正。诉状说，四名牧师收到沙利文的警告信时，才首次知道《纽约时报》刊登了这么一则广告……信内并未附广告副本，沙利文也只在信中引述了两段令他不满的话，并要求收信者以在《纽约时报》刊登广告那样"明显、公开的方式"，"及时回应，收回之前的不实、诽谤之词"。但是，牧师们还没来得及就此事征求律师意见，沙利文就已提起诉讼。

四位牧师在诉状中指出，琼斯法官在蒙哥马利市主持的庭审，是"赤裸裸的种族审判，仅仅因为牧师们的肤色，就将他们视为劣等人种"。通观一审庭审，"本应推崇法律面前人人平等的神圣法庭，却对黑人实施种族隔离，就连陪审团也对黑人极不公正。……在全部由白人组成的陪审团面前，白人官员沙利文仅仅因为一则促进种族融合的广告，就控告四位黑人诽谤，这完全是把黑人作为下等人看待，对法律程序的玷污"。瓦特洛特别摘录了一段充满偏见的庭审发言，发言者为沙利文的律师之一罗伯特·斯坦纳，他说："这些事情又不是发生在遍布秘密警察的苏联，也没有发生在到处是食人族的刚果，它们发生在阿拉巴马州蒙哥马利市，一个奉公守法的社区。"

沙利文的诉状主要由罗兰·纳奇曼执笔，蒙哥马利市律师斯坦纳、萨姆·赖斯·贝克和加尔文·怀特塞尔联署，他们仍然维持反对诉状中的立场，认为《纽约时报》攻击阿拉巴马州官员时不遗余力，被人指控诽谤后，却假装神圣，说什么要捍卫言论自由。诉状说：

> 《纽约时报》居然说这则以不实之词诬陷警政首长的广告，是什么"政治闲谈"、"政治批评"或"政治表达"，这简直是无稽之谈。如果《纽约时报》胜诉，任何针对政府官员的不实陈述都将受到保护。要是赋予他们绝对豁免权，他们就能肆意诬陷国务卿泄露军事机密；财政部长挪用公款；州长毒杀妻子；公共卫生机构负责人以细菌污染水源；市长与市政委员会贪污腐败；法官枉法裁判；警察局长暗中策动恐怖袭击。

诉状提到，1961 年中，最高法院曾多次强调，诽谤言论不受宪法第一修正案保护。最近十年来，最高法院已拒绝 44 起诽谤案件的"调卷复审令申请"。诉状还说，即使是"言论、出版自由的亲密老友"查菲教授，"也不赞同《纽约时报》列举的法律、历史论据"。诉状引用查菲教授 1949 年发表的书评说："即便是 1791 年的人民，也承认应对'出版自由'施以法律限制，类似诽谤诉讼赔偿，就是被允许的。"[67] 诉状继续写道：

> 《纽约时报》与它那帮神通广大的报业友人其实很清楚，无论追寻历史，还是探究先例，宪法都不保护诽谤性广告。因此，他们声称，至少应赋予媒体一项绝对特权，使他们能够肆意诋毁官员名誉，甚至借助付费广告为所欲为。现在，他们敦请最高法院将这种臆想出来的绝对权利纳入宪法保护范围，而且只对媒体提供特别保护，而不惠及普通人民。

诉状提到的"报业友人"，是指向最高法院提交"法庭之友"意见书的两家报纸。他们在意见书中，都希望最高法院能够撤销阿拉巴马州法院的判决。任何人只要觉得最高法院正在审理的案件关系到自身利益，经一方当事人允许，都可以向法院提交"法庭之友"意见书，即使任何一方当事人都不同意，经最高法院批准，也可以提交。《芝加哥论坛报》和《华盛顿邮报》曾就此事征求过双方当事人意见，《纽约时报》同意他们提交意见书，沙利文的律师们则果断拒绝。两家报纸征求最高法院意见时，沙利文一方提出反对意见，认为这类意见书完全是"造势工具"，但最高法院还是批准了报社的要求。

《芝加哥论坛报》的意见书列举了几起美国政府试图以诽谤法逼

迫媒体噤声的判例。一起是韦克斯勒在诉状中提到的"芝加哥市诉《芝加哥论坛报》公司案"。意见书说，"芝加哥市长威廉·汤普森贪污渎职，无恶不作，当初想尽千方百计，压制本报对他的批评。"这份意见书还以罕见篇幅，详尽描述了17世纪英国的煽动诽谤政府法，对违反者施加的残酷刑罚：削鼻、割耳、绞刑、肢解……还把阿拉巴马州的判决称作"煽动诽谤政府法投胎转世"。

《芝加哥论坛报》的意见书由芝加哥律师霍华德·埃利斯、基斯·马斯特斯和唐·鲁本联袂提交。《华盛顿邮报》的意见书则由前司法部长威廉·罗杰斯，以及杰拉尔德·西格尔和斯坦利·戈多夫斯基联署。他们的诉状对韦克斯勒之前提出的观点进行了更广泛、充分的论证。他们认为，如果"对官员的批评之所以猛烈"，是因为"批评者内心坚信自己所言皆为真相"，这样的言论就应当受到第一修正案保障。换句话说，批评言论只有在"罔顾真相"时（就像《纽约时报》诉状中提到的），才不受宪法保护。《华盛顿邮报》的意见书援引了1959年的"史密斯诉加利福尼亚州案"。[68]在这起案件中，一名书店老板因持有淫秽书籍被判有罪，最高法院则以史密斯并不明知手头书籍内容淫秽为由，撤销了有罪判决。《华盛顿邮报》的意见书据此提出：

> 在关于政治话题的激烈争论过程中，难免会有人情绪激动，甚至有过激之举，大家唇枪舌剑，激烈攻辩，多基于各自有限认知，这些认知当时或许被笃信不疑，事后却可能被证明是断章取义、错谬曲解。有时，往往是那些合理却又无法证明的怀疑，又或未经确认的"内部消息"，暴露出官员的无能、过失或恶行。……如果用诽谤诉讼威胁那些因真诚

相信错误事实而批评官员者，或者要求批评官员的出版物必须证明自己提到的每一处细节都绝对真实，必将扼杀所有对政府或官员的批评。

《华盛顿邮报》的这一立场，简直像是为十年之后的"水门事件"预作准备。在这起案件中，《华盛顿邮报》记者正是依靠"深喉"（Deep Throat）和其他无法确认的信息源，抽丝剥茧，渐近真相，最终迫使尼克松总统下台。

除了前述两份"法庭之友"意见书，另一份意见书来自"美国公民自由联盟"和"纽约公民自由联盟"，并得到双方当事人同意。当沙利文的律师提出，付费广告不同于其他言论，不值得接受宪法保护时，"公民自由联盟"的意见书却提出，连广告言论都要追惩，恰恰说明对政治自由的打压到了令人发指的地步。意见书写道："就算这是一起诽谤案件，可是，《纽约时报》仅仅因为一则政治广告，就涉嫌诽谤，并被判巨额赔偿。如果连报纸都会因广告中的无心之失而付出惨痛代价，还有哪个异议团体敢借助出版，表达他们对公共事务的看法？"

第十三章

最高司法殿堂上的交锋

1963 年 1 月，最高法院同意复审"沙利文案"还没几天，路易斯·洛布就找到《纽约时报》的哈丁·班克罗夫特，商量该由谁代表《纽约时报》出庭辩论。洛布强烈推荐自己的高级合伙人赫伯特·布朗奈。但是，班克罗夫特却表示，他已经和《纽约时报》发行人奥维尔·德赖富斯谈过，两人都觉得布朗奈并非"明智"之选。布朗奈担任过艾森豪威尔政府的司法部长，在任期间，协助总统提名过三位最高法院大法官，并在其中起到重要作用。这三位大法官分别是：首席大法官厄尔·沃伦、联席大法官约翰·马歇尔·哈伦二世和小威廉·布伦南。班克罗夫特后来在备忘录中，记录了与洛布的谈话内容："我说，《纽约时报》应尽量避嫌，以免给人们造成这么一种感觉，好像我们故意请了一位在艾森豪威尔时期与最高法院颇有渊源的人物，而且，此人还在几位大法官提名过程中起过关键作用。我说，这么做或许显得过于谨慎，但我们必须如此。"德赖富斯对韦克斯勒的印象则是，此君既然用诉状搞定了最高法院，又在宪法第一修正案理论上颇有建树，正是出庭迎战的绝佳之选。洛布随后征求了一位德高望重的法官，和一位声誉卓著的纽约律师的意见，他们一致认为，韦克斯勒是更好的人选。这件事就这么定下来了。

（光阴如梭，八年后，布朗奈因为另一起与《纽约时报》相关的案件，再度与韦克斯勒扯上关系。当时，《纽约时报》连续两天刊登"五角大楼文件"，尼克松政府出面阻止，报社的法律顾问洛德、戴＆洛德律师所却拒绝代理此案。律所解释说，合伙人布朗奈曾协助政府起草过法律文件，将"越战文档"列为机密文献，与此案存在利益冲突。然而，《纽约时报》内部人士则认为，真实原因是布朗奈不愿得罪当局，所以从一开始就反对刊登相关文件。次日清晨，《纽约时报》就得出庭应诉，当时急需律师声援。哈丁·班克罗夫特随即致电韦克斯勒，请他代表《纽约时报》出庭。可韦克斯勒却遗憾地表示，他即将赴欧讲学，无暇出手相助。最后，班克罗夫特请他代为联系耶鲁法学院的亚历山大·比克尔教授。午夜刚过，韦克斯勒终于联系到比克尔，后者同意代理此案。）

如果在 19 世纪，丹尼尔·韦伯斯特这样的名律师，或许可以在最高法院滔滔不绝辩上好几天。* 而在当代最高法院的言词辩论环节，这类场景已不可能再现。** "沙利文案"开审时，最高法院的言词辩论程序已有诸多限制。过去，诉讼双方各有 1 小时时间发言，后来缩减为 30 分钟。时间缩短了，可言词辩论的重要性却没有丝毫减弱。

---

* 丹尼尔·韦伯斯特（1782—1852），美国律师和政治家，担任过马萨诸塞州、新罕布什尔州州众议员、参议员、州务卿。曾在联邦法院就 249 起案件出庭，以雄辩著称。参与过的著名案件包括"吉本斯诉奥格登案"、"达特茅斯学院诉伍德沃德案"。

** 言词辩论：言词辩论通常从每个开庭期的第一个星期一开始，每隔两个星期的星期一、二、三进行，开庭从上午 10 点进行至中午，下午从 1 点进行至 3 点。因为该程序不属于初审，所以无须组成陪审团，也不传唤证人，而是由双方律师在大法官面前发言。通常给每方律师 30 分钟陈述时间，法庭认为必要时，可以加时。正常情况下，最高法院可能一天审理 2~4 起案件。律师陈述意见时，经常会被大法官们的提问打断。

因为只有在这个时候，大法官们才会踱出大理石神殿内的"密室"*，直接听取代表不同利益方的律师们舌战激辩。对公众来说，这也是一个罕有的机会，可以管窥这些掌握司法大权者们的内心世界。与华盛顿那些走马灯式轮换的官僚不同，这些大法官终身任职，只有一群年轻的法官助理协助他们工作。若有幸目睹大法官们的法庭提问，会发现他们思维开阔、开诚布公，毫无矫揉造作之气，在充斥官僚主义、繁文缛节的首都，最高法院貌似守旧、弱小，却自有一股凛然气势。对律师来说，言词辩论是他们以思想、话语和事实与九位大法官接触的唯一机会。他们未必能靠言词辩论取胜，但如果拒绝回答大法官的提问，或者回答得不尽如人意，他们就输定了。

在最高法院，出庭律师多站在审判席下辩论台前发言。审判席上，首席大法官居中而坐，其他大法官以资历为序，在两侧就座：资历最深者居首席大法官右侧，第二资深者居首席大法官左侧，依此类推。"沙利文案"开审时，依台下律师视角，九位大法官从左至右排序如下：最左面是拜伦·怀特，来自科罗拉多州，此君文武双全，既是牛津大学罗兹学者，也曾是美式足球明星。罗伯特·肯尼迪任司法部长时，怀特是他的副手，曾为保护"自由乘客"，亲率联邦法警赶赴南方。肯尼迪总统之所以提名他出任最高法院大法官，主要是基于他在政治上的中间派立场。坐在怀特身边的，是小威廉·布伦南，他由艾森豪威尔总统任命，之前曾是新泽西州最高法院大法官。布伦

---

* 早期的大法官们深居简出，既不接受记者采访，内部会议也不容许外人参加，人们常把他们的办公室称为"密室"。关于内部视角的最高法院生活，可参见哈里·布莱克门大法官前助理爱德华·拉扎勒斯的著作《密室背后：当代美国最高法院的兴盛、衰败与未来》（*Closed Chambers: The Rise, Fall, and Future of the Modern Supreme Court*）。

拜伦·怀特大法官

小威廉·布伦南大法官

汤姆·克拉克大法官

雨果·布莱克大法官

厄尔·沃伦首席大法官

威廉·道格拉斯大法官

约翰·马歇尔·哈伦大法官

波特·斯图尔特大法官

阿瑟·戈德堡大法官

沃伦法院九位大法官

南极力支持言论自由和少数族裔权利，而且善于争取多数大法官的支持。* 下一位是来自德克萨斯州的汤姆·克拉克，他是在任大法官中，唯一一位由杜鲁门总统任命者。他做过司法部长，是最高法院著名的保守派。接下来是雨果·布莱克，他来自阿拉巴马州，当时已七十七岁，是履任时间最长的大法官，他把言论自由视为绝对权利，是第一修正案的坚定捍卫者。坐在审判席中央的，是首席大法官厄尔·沃伦。他原本是加州州长，也是美国首位三度连任州长的政治家。艾森豪威尔之所以提名沃伦，是把他视为中间温和派共和党人，但是，事实很快证明，在宪法议题上，沃伦其实是响当当的自由派。从辩论席上望去，坐在沃伦右侧的，是威廉·道格拉斯，他来自西部，是位酷爱登山的法学教授。1944 年，他差点儿顶替哈里·杜鲁门，成为罗斯福的副总统人选。审判席上，只有他和布莱克由罗斯福任命，在言论自由议题上，他俩的意见也高度一致。坐在他身边的，是约翰·马歇尔·哈伦，同名大法官的嫡孙。被艾森豪威尔提名为大法官之前，他是日进斗金的华尔街律师。他格外关注自由议题，但在联邦问题上，却追随新近退休的法兰克福特大法官的立场，认为最高法院不宜过多干涉各州权力。下一位是来自俄亥俄州的波特·斯图尔特，他是艾森豪威尔提名的第四位大法官，之前亦是联邦巡回上诉法院的一位中间派法官。坐在审判席最右侧的是阿瑟·戈德堡，他曾担任肯尼迪总统的劳工部长，法兰克福特退休后，由他递补大法官之职。他虽是新人，但司法立场却颇为激进。

　　两起诽谤案的庭辩时间，安排在 1964 年 1 月 6 日。这天下午，首席大法官朗声读出本案案名、案号："第 39 号案件，上诉人，《纽约

* 关于布伦南大法官的生平，参见 Seth Stern、Stephen Wermiel：*Justice Brennan: Liberal Champion*, Houghton Mifflin Harcourt（2010）.

时报》公司；被上诉人，L. B. 沙利文。"韦克斯勒从座上起来，首席大法官向他示意："韦克斯勒先生？"言词辩论开始了。

"首席大法官先生，希望我所说的，能让庭上满意。本案通过贵院第40号调卷复审令，一年前从阿拉巴马州最高法院调取。"韦克斯勒循惯例开场，到第二段话时，却话锋一转，未按常理出牌："我们呈请审查原审判决，因为它侵犯到出版自由，其严重程度，建国之后亦属罕见。"布伦南大法官打断他，说："对不起，我没太听清你的话。"当然，这样的事并不常见，却反映出大法官们对此案非同寻常的关注程度。韦克斯勒随即将刚才的话重复了一遍。

韦克斯勒用一半发言时间叙述了案情。他首先讨论了广告问题。"我方认为，本案从始至终，都因一则广告而起，恳请庭上注意这则广告的内容。"读完广告部分段落后，他说："在我看来，这则声明的主旨，无非是抗议某种行径，颂扬某人作为，而且，除了金博士外，声明没有提到任何个人的姓名，更谈不上个人攻击。"

言词辩论期间，大法官有时会对事实问题充满兴趣，甚至超越对更为关键的法律观点争辩的兴趣。庭审当日，他们不断就事实问题向韦克斯勒提问。怀特大法官想知道阿拉巴马州立学院是否在蒙哥马利市区内。"就在市区内。"韦克斯勒回答。布伦南大法官问道，广告第六段说金博士曾被逮捕过七次，这个"七次"是不是与事实不符？"的确如此，阁下。"韦克斯勒说。哈伦大法官则对蒙哥马利市的陪审团用了多长时间作出裁判比较感兴趣。"两小时多一点儿。"韦克斯勒答道。在陈述案情过程中，涉及具体问题，韦克斯勒尽量辅以浅显例证说明。比如，在介绍原审法院为何将此案视为诽谤案件时，韦克斯勒说："这相当于一种假设，如果我谈到警察，就是在评论警察局长。"

进入法律议题后，韦克斯勒指出，阿拉巴马州法院适用的裁判原理，压制了"批评官员的行为……我不敢说第一修正案的原则至高无上，但起码是一条非常重要的原则。我们现在的立场，正是麦迪逊和杰弗逊当年质疑 1798 年《防治煽动法》时所持的立场"。

下面是庭审对话摘录：

布伦南大法官："你说的原则效力有多大？韦克斯勒先生。是不是涵盖了所有针对政府行为的批评言论？"

韦克斯勒："是的。"

布伦南大法官："总会存在一些例外吧，什么情况下不受第一修正案保护呢？"

韦克斯勒："若我对麦迪逊的观点理解得没错，我倒认为，麦迪逊并不认为存在什么限制或例外。"

布伦南大法官："那么，你的意思是，第一修正案赋予人民批评政府的绝对特权。"

韦克斯勒："当初之所以制定第一修正案，针对的就是煽动诽谤政府罪，而煽动诽谤政府罪本来就是对批评政府或官员者的惩罚啊。"

戈德堡大法官："你的意思是，批评官员的自由不仅适用于报纸，任何人均有此自由？"

韦克斯勒："当然了，的确如此。"

戈德堡大法官："换句话说，你现在坚持的立场，并不是只为报纸代言？"

韦克斯勒："当然不是。"

斯图尔特大法官："按照你的意思……就算《纽约时报》

或其他人证指官员受贿，也受第一修正案保护？"

韦克斯勒："的确。"

斯图尔特大法官："包括买官行为？"

韦克斯勒："当然。麦迪逊那个时期，指控某人贿赂已很常见。这类出版自由也包含在第一修正案之中。"

怀特大法官："韦克斯勒先生，我们现在审理的不是一起蓄意造假的案件？"

韦克斯勒："对，这不是一起蓄意造假的案子。"

怀特大法官的话其实颇有深意。它透露出，怀特正在思考一个问题，那就是，对官员的不实批评确实应受第一修正案保护，除非批评者明知自己所获信息不实。这也是韦克斯勒早先在提交给最高法院的诉状中已表述的观点之一。回答完怀特大法官的问题后，韦克斯勒表示将陈述第二项法律观点。但是，还没等他开讲，大法官们又抛出一连串问题。戈德堡大法官把话题继续拉回韦克斯勒之前提到的绝对豁免权问题。他问："你的意思是不是，根据宪法，官员无权起诉那些以不实、恶意之词诽谤他的人？"韦克斯勒答道："这是最广义的立场。但是，我希望利用剩余的时间，进一步阐述我的观点，或许对撤销原判有所助益。"韦克斯勒的时间即将用尽，他担心大法官们问得太多，不够时间阐述自己的观点。

但是，戈德堡大法官仍未作罢。他接着问道："也就是说，在最广义基础上，一个公民有权扭曲真相，恶意攻击自己的市长、州长接受百万贿款……而市长却不能告他诽谤？""就是这样。"韦克斯勒答道。"他可以发表演讲或公告啊，运用他的市长特权，以演讲来回应指控。在类似情况下，多数市长也是这么做的。"

最后，韦克斯勒从狭义角度，对批评官员行为的绝对豁免权进行了简要阐述。他指出，"一审庭审记录中，没有任何证据证明广告切实威胁到了被上诉人的名誉"。这句话触动到哈伦大法官，他突然意识到，如果最高法院审理事实问题，会涉嫌干预州权。他问道："我们有权审查这些证据么？""是的，当然有这个权利，大法官阁下。"韦克斯勒答道，"如果庭审记录关系到一项宪法权利的存续，最高法院当然有责任和义务审查这些证据。"他说，这种做法，在"费思科诉堪萨斯州案"中已有先例。而且，在"布里奇斯诉加利福尼亚州案"中，最高法院也曾审查过布里奇斯与《洛杉矶时报》的言论，最终裁判这些言论不足以被认定为藐视法庭罪。

布伦南大法官问："赔偿额度真的非常重要吗？"韦克斯勒说，赔偿额度与《纽约时报》对证据提出的质疑有关。"我们提出，没有任何证据证明出现了对官员名誉的威胁和伤害。所以，也没有任何证据支持这么大的判罚额度，这种额度累计叠加起来，如同判了报纸死刑。"

时限用尽时，韦克斯勒仍未谈到诉状中另一个核心问题：阿拉巴马州法院的司法管辖权。其实，此次出庭，他特地带了琼斯法官那本关于阿拉巴马州诉讼程序的专著，并打算朗读其中几个段落，以使大法官们注意到，琼斯法官根本是明知故犯，他不仅推翻了自己书中的观点，并据此判定《纽约时报》律师因疏忽大意，丧失了提出管辖权异议的机会。但是，现在已经没时间了。韦克斯勒最后说道："我的发言即将结束，我只能说，本案涉及的司法管辖权争议，我还未来得及展开，但在诉状中已有详细阐述。"话虽如此，可他的发言还是没完，因为大法官们仍有问题问他。

怀特大法官对"蓄意造假"的问题仍然很感兴趣。他问道："本案庭审记录显示,《纽约时报》是否明知广告叙述部分的真伪?"韦克斯勒回答说,阿拉巴马州最高法院认定《纽约时报》收到广告文案时,就已知道广告部分内容不实,但相关证据并不支持这一说法。怀特大法官问:"如果你接受阿拉巴马州最高法院的认定,我们就得处理你之前那个最广义的说法喽?"怀特的意思是,如果《纽约时报》刊发广告时,就已明知其中有不实之词,自然可以认定其诽谤,除非宪法第一修正案对任何批评政府的言论都绝对豁免,哪怕对方明知有错,有意为之。对此,韦克斯勒回答道:"是的。"随后又追加了一句话:"不过,大法官阁下,即便如此,也要考虑阿拉巴马州最高法院的'指涉且关系到'论点。"韦克斯勒认为,即使不赋予媒体绝对豁免权,如果能达到下述任何一个目的,《纽约时报》都能打赢这场官司:第一,最高法院根据宪法,认定广告并没有指涉到沙利文;或者,第二,最高法院认定《纽约时报》刊登广告时,不知道部分内容有误,如此一来,不实言论就成了无心之失,一样可以得到第一修正案保障。

接下来,布莱克大法官突然抛出一个令人意外的问题。他对韦克斯勒关于广告没有提到沙利文姓名,就不算对他的批评的观点表示质疑。他问道,既然沙利文"主管当地警政事务","并对警方行为负责",那么,指控警察行为不端,自然会让人联想到沙利文,陪审团这么认定,难道不对吗?双方对答内容如下:

韦克斯勒:"在这起案件中,我可以非常肯定地认为,陪审团不能作此认定。"

布莱克大法官:"为什么?"

韦克斯勒:"广告只是说,现场有一百七十五名警察和一位警长，没有任何证据显示，广告提到这些警察是受沙利文局长指派。"

布莱克大法官："如果这些荷枪实弹，配备催泪瓦斯的警察肆意横行，为非作歹，陪审团难道没有足够证据合理认定，主持警政事务的沙利文局长，不该对本部门的行为负责吗？"

布莱克大法官明明是最高法院最支持言论自由的人，此时为何对韦克斯勒步步紧逼，逼迫他承认陪审团认定广告内容侵犯到沙利文名誉是合情合理的呢？布莱克大法官很重视陪审团的作用，他自己就曾是一位技艺娴熟的庭辩律师。在最高法院，他经常呼吁大家尊重陪审团的裁断。他之所以不断追问，其实另有深意，他希望这起案件能被看作一起批评政府官员的案件，这样一来，最高法院就能直面韦克斯勒提出的更广泛意义上的解释。布莱克的最终目的，是想让最高法院承认，即使是对政府官员的直接批评，也是受第一修正案保护的。

布莱克大法官问，假设广告"含沙射影"，指控"警局与歹人沆瀣一气，狼狈为奸"，是否构成对沙利文的人身攻击？

韦克斯勒表示，不会。他说："根据普通法，多数法院不会认定这种说法构成对沙利文的诽谤。在这则广告中，唯一可能让人联想到沙利文的，是对警察数量的表述。一百七十五名警察，这个规模确实有点儿'过于庞大'，容易让人觉得是对沙利文的批评。"

布莱克大法官继续追问："如果他是这一百七十五人甚至两百人中的一员，情况是否会有所不同？你赞同'博哈纳斯案'的判决吗？""博哈纳斯案"是1952年的一起团体诽谤案件。在该案中，伊利诺斯州法律将侮辱种族或宗教团体的行为规定为犯罪，引起诉讼争议后，最高法院宣布这部法律有效。这个问题让韦克斯勒进退维谷。当年，布莱克大法官曾会同道格拉斯大法官，就此案判决发表过措辞强硬的异议意见，他们自然希望韦克斯勒承认这是一个错误的判决。但是，克拉克大法官当年可是多数意见方成员，韦克斯勒不希望自己的回答得罪任何一方，却也不愿说违心之言。他说，"博哈纳斯案"不涉及对政府官员的批评，与本案有很大不同。"但是，大法官阁下，如果您一定要问我这起案件的判决是否正确，我只能告诉您，我的回答是否定的。"

（1978年，联邦第七巡回上诉法院宣布，尽管最高法院并未正式推翻"博哈纳斯案"，但最近几起判例，已明显表示出大法官们对仇恨言论的保护态度。上诉法院据此宣布伊利诺斯州斯考基郡一部限制美国纳粹主义者穿越犹太人村落的地方法令无效，这些犹太人都是纳粹大屠杀的幸存者。）

怀特大法官从另外一个角度，再次切入《纽约时报》是否明知广告内容不实的问题。他问道，琼斯法官是不是为了判处惩罚性赔偿，才故意指示陪审团认定《纽约时报》蓄意造假。韦克斯勒说，法官向陪审团介绍过惩罚性赔偿的目的（惩罚造谣诽谤者，威慑其他人等），但没有告诉他们，只有在被告蓄意造假时，才能判处惩罚性赔偿。陪审团裁定50万美元的赔偿金额时，也未说明原因。

韦克斯勒离席就座前，与大法官还有下述对话。

> 戈德堡大法官："如你所说，惩罚性赔偿的目的带有惩罚性质，但是，你并未提出，在民事诉讼中，如果原告未履行刑事诉讼中的举证责任，判处惩罚性赔偿是违宪的。是不是这样？"

韦克斯勒：“是的。大法官阁下，我并没有谈到这个问题。”

接下来，由沙利文的代表律师罗兰·纳奇曼发言。与韦克斯勒一样，他也先谈事实问题，复述了他们作为原告时的观点。“我们拥有充分，甚至压倒性的证据，以支持陪审团的结论。”他说。

更重要的是，本案与“布里奇斯诉加利福尼亚州案”有所不同，在那起案件中，藐视法庭罪的判决毕竟是法官作出的。“我们认为，对于陪审团作出的裁判，应当按宪法第七修正案来处理。”（宪法第七修正案规定：在普通法诉讼中，若纠纷价额超过 20 美元，接受陪审团审理的权利应受保护。由陪审团认定的事实，除非按照普通法规则，美国任何法院都不得重新审查。）与“权利法案”其他修正案一样，第七修正案对联邦政府具有约束力，效力自然及于联邦法院系统。因此，纳奇曼提出的论据立即引起大法官们的注意。

戈德堡大法官：“我无意打断你，但是，你既然提到这么一个颇具煽动性的话题，我倒要问个明白。你的意思是，应根据第七修正案对待陪审团的裁判结果？”

纳奇曼：“是的，阁下。”

戈德堡大法官：“你是否认为，根据宪法第十四修正案，第七修正案同样适用于各州？这是你诉讼立场的一部分吗？”

纳奇曼：“……是的，这的确是我的观点，阁下。”

纳奇曼随即指出，广告内容“通篇都是不实之词，《纽约时报》也未打算做任何澄清”。这段话再次令戈德堡大法官震惊。他问道：

"你是想告诉我们，陪审团裁决此案时，这则广告彻头彻尾都在造假吗？"纳奇曼答道："是的，阁下。"戈德堡大法官继续追问："你确定吗？"纳奇曼重复了自己的看法，并且提出，除非"确有合理根据"，最高法院无权推翻陪审团的裁决。

10分钟后，纳奇曼仍未来得及提出自己最强有力的法律理由：从历史上看，诽谤言论一直被排除在第一修正案的保护范围之外。反而是怀特大法官主动触及这一议题，他问道："综合你前面的观点，我估计，你的意见是，如果某人的言论已被最终认定为诽谤言论，则该言论不受第一修正案保护。是吗？"这个问题涉及最高法院过去对淫秽言论的认定。[69]1957年，布伦南大法官主笔的一则判决意见指出，淫秽言论不受第一修正案保护，但是，必须由法院来界定什么是淫秽。由于判决对"淫秽"的界定范围过于狭窄，各州许多查禁淫秽物品的措施被法院撤销。纳奇曼与怀特大法官的对话如下：

怀特大法官："你的意思是，到底什么是诽谤，是由陪审团说了算？"

纳奇曼："您是指将广告定性为诽谤言论吗？……我认为这是一个由州法来决定的问题。"

布伦南大法官："那么，我们就无权将之作为一个宪法问题来重新审查了？"

纳奇曼："阁下，我想从两个角度回答您的问题。据我了解，截至今天，最高法院仍将认定某种言论是否构成诽谤的权利，交给各州行使。现在，如果有人因为说某人头发是金色的，就被州法院认定为诽谤，最高法院当然有权复审。但是，如果一种言论符合人们对诽谤正常、合理的认识，而且该言论的确导致原告被蔑视、嘲笑或指责，就应当被界定为诽谤。"

纳奇曼继续陈述案情，戈德堡大法官熟读案卷，对案情已了然于胸，便问起广告中提到的"南方违宪者"一词。他说："沙利文把这个词视为对全体南方人民的诽谤。南方公民大都奉公守法，但是，如同国内多数地区那样，那里也有极少数人作奸犯科，那么，按照你前面的说法，是不是任何一位南方公民都可以跳出来指责《纽约时报》的广告诽谤到了他？他们可以告诉陪审团，既然我是南方公民，报纸又提到'南方违宪者'，那岂不是影射我们人人均是违宪者？"纳奇曼没被这个问题难住，他说："这种情况在阿拉巴马州不会发生，阁下。根据阿拉巴马州的法律，只有被诽谤团体的人数足够少，足以特指到某个人的时候，才能够按诽谤处理。"

随后，纳奇曼开始讨论怀特大法官曾向韦克斯勒提出的关于"蓄意造假"的问题。他说："阁下，关于恶意和蓄意的问题，我们在诉状中提出过，陪审团已发现大量蓄意造假的不实言论。"他指出，帕特森州长提出抗议后，《纽约时报》宣布撤回广告，却对沙利文的抗议置之不理。而且，当《纽约时报》发现广告内容确实有不实之处后，仍未向沙利文道歉。《纽约时报》貌似"有一套严格的广告内容审查程序"，却没有在这起案件中得到丝毫体现。

怀特大法官说："我归纳一下，你的意思是说，根据阿拉巴马州法律，如果当事人知道言论不实后，仍拒绝将其撤回，就应视为他一开始就明知陈述不实？"

"是的，阁下。"

怀特大法官继续说道："所以，你才认为，本案无可避免地涉及这样一个问题，就是人们到底能不能故意诬陷一位政府官员？"纳奇曼回答："我相信，被告为打赢这场官司，会向最高法院主张所谓绝对豁免权。就像他们回答斯图尔特大法官的提问时那样，说什么如果一份报纸诬指一位州长或警察局长收受贿赂，一样拥有绝对豁免权，不必因诽谤而受追诉。这在我们的司法体系中，绝对是一种标新立异的说法。如果真这么做，肯定会毁了这个国家。"

纳奇曼此时的观点，已与韦克斯勒之前的说法呈现出对抗之势。韦克斯勒认为，判给沙利文的巨额诽谤赔偿，效果与当年压制批评政府言论，违反宪法第一修正案的《防治煽动法》无异。而纳奇曼则警告最高法院，如果判《纽约时报》胜诉，必将把宪法乃至最高法院都带入一个前途未卜的全新法律领域：诽谤法，而这么做的后果，也非常难以预料。

纳奇曼结束陈词后，当天的庭审亦宣告完结。四位牧师的案件被安排在次日上午开庭。

代表牧师们出庭的有两位律师。一位是威廉·罗杰斯，前任司法部长，《华盛顿邮报》提交的"法庭之友"意见书即由他拟定；另一位是小塞缪尔·皮尔斯，前纽约法官，曾协助牧师们起草诉状。（皮尔斯后来成为里根政府的住房和城市发展部部长。）

罗杰斯将沙利文提起的诽谤诉讼称作"对司法程序的扭曲"，指责阿拉巴马州法院的判决是"本世纪对新闻自由最严重的威胁"。他指出，阿拉巴马州关于刑事诽谤罪的法令，规定的最高罚金额度仅有500美元，只是本案判罚金额的千分之一。他还告诉最高法院，任何一家报纸，都不可能逐字逐句核实自己刊载的内容，这也是《华盛顿邮报》意见书中的主要观点之一。他说，本案"虽伪装成民事诽谤诉讼，却是对新闻自由、言论自由和集会自由赤裸裸的侵犯"。如果阿拉巴马州法院的判决得以维持，"将引发极为严重的后果"。

戈德堡大法官问道："四位牧师到底什么时候收到沙利文要求撤回广告的函？"事实上，在收到沙利文来函之前，他们根本不知道这则广告的存在。"沙利文提起诉讼八天前。"罗杰斯答道。他补充道，琼斯法官当时指示陪审团，既然牧师们在沙利文提起诉讼前，对他的信函未作任何回应，他们就必须对自己的姓名出现在广告上的事实负责。

皮尔斯还强调了一审庭审中掺杂的种族因素。他说，沙利文打这场官司的"唯一目的"，就是要"打压和追惩那些呼吁种族平等的言论"。这起案件完全是在充满"种族偏见和种族情绪"的气氛中审理的。皮尔斯还提到，代表牧师出庭的黑人律师，居然在一审庭审中未被称为"先生"，如果连"礼节上的平等对待"都无法做到，诉讼程序又怎么可能实现法律上的平等保护？

代表沙利文应诉的，仍然是纳奇曼。他刚开始陈述，哈伦大法官就问他，"本案与之前《纽约时报》的案件所涉宪法争议是否一致？"纳奇曼回答："是的。"布莱克大法官问道，是否有足够证据，足以使陪审团认定，牧师们必须对他们的姓名出现在广告上负责？纳奇曼表示，牧师们的姓名出现在广告上本身就是证据，而且他们也未回应沙利文的抗议函。他说，根据阿拉巴马州法律，"不作回应，就表示默认"。戈德堡大法官说："我每天都会收到许多信，但我很少回信。尤其是那些与我素昧平生的人，我不觉得法律能强制我必须回信。"

这时，坐在审判席中央的首席大法官沃伦开口了。他因在"布朗诉教育局案"的判决中宣布校园种族隔离违宪，近十年来，一直被南方人以各种方式谩骂、滋扰。他笑着说："在最高法院，至少有一个成员，这些年被来自全国各地的信件攻击谩骂，并指责他诽谤。如果他认为自己没有做这样的事，是不是必须回信说明，或者承担 50 万美元的判罚？"

纳奇曼说："我不清楚这些信的内容。"

沃伦回应："这些信的内容，可比那则广告糟糕多了。"

纳奇曼只好说："如果没有回应一事成为重要证据，这些信当然非常关键。"

1964 年 1 月 7 日中午，两起案件的言词辩论均已结束。最终裁定权掌握在大法官手中。律师们能做的，惟有静候、猜测判决结果。一个月后，桃瑞丝·韦克斯勒貌似看到一线曙光，一线令她欣喜的光亮。多年后，她回忆道，自己当时与丈夫同赴华盛顿，参加"美国法律学会"的一次会议。席间，"我突然看到了布伦南大法官，而他正冲着我颔首微笑。不知何故，那一瞬间，我多少猜到，结果会是我们希望看到的。"

第 十 四 章

批评官员的自由

1964 年 3 月 9 日，赫伯特·韦克斯勒正在哥伦比亚大学法学院一间大教室授课。秘书罗达·鲍奇快步迈入教室，沿过道走向韦克斯勒，递给他一张纸条。"课堂里的人知道，可能有大事发生，"多年后，韦克斯勒回忆道，"见大家一脸迷惑，我把纸条内容念了出来：'一致裁决，撤销原判'。大家热烈鼓掌。那种激动的感觉，我至今记忆犹新。"当然，单看那张纸条，人们还无法解读出最高法院的裁判范围有多宽泛。

这份判决意见由布伦南大法官主笔，从意见首句即可看出，他正着手做一件当代法院鲜有作为之事：以全新视角审视法律。他说："在本案中，我们首度被要求去判定，宪法对言论、出版自由的保护，是否意味着应当限制一州以诽谤为由，要求批评政府官员者支付赔偿。"那天早上在法庭倾听布伦南大法官宣读判决的人们，皆体会到本案的意义所在。即使到今天，阅读这份气势如虹的判决，亦能感受到一股震慑人心的力量。

开宗明义后，布伦南大法官以较长篇幅复述案情。他先指出，本案原审原告为沙利文，被沙利文以诽谤为由起诉的包括四位阿拉巴马州牧师，以及"《纽约时报》公司，一家位于纽约的公司，日报《纽约时报》的发行者"。（判决意见抬头注明了本案名称："《纽约时报》诉沙利文案"，但在一个脚注中做了说明，这个判决意见也适用于"阿伯内西等诉沙利文案"，即牧师们的案件。）布伦南大法官复述了"关注他们的呐喊"这则广告的内容，并在判决意见附录中，附上同等尺寸的广告副本。副本依判决书开本大小折好，一并汇编入册。判决意见援引了部分广告内容，如沙利文提出抗议的第三和第六自然段，并叙述了沙利文的立场："警察"和"逮捕"的说法都有指涉他之嫌，另外，广告指责他威胁金博士，纵容暴徒炸毁了金博士的家，并使金博士受到不公正的追诉。

接下来，布伦南大法官以平淡语调，复述了广告中的不实之处。他写道："毋庸置疑，广告中的两段内容，在描述蒙哥马利市发生的事件时，的确不尽准确。……黑人学生在州立学院静坐抗议时，唱的是美国国歌，而不是'我的国家，也是你的'，州教育委员会确实开除了九名学生，但不是因为他们在州议会厅前领导静坐抗议，而是基于他们进入种族隔离的餐厅，要求在内就餐的缘故。……学生食堂并没有被封锁……警察只在校园附近三个地段大规模集结，但没有"包围"校园……金博士仅被逮捕过四次，而不是七次……"

判决指出，初审法官和阿拉巴马州最高法院根据上述错误，驳回了《纽约时报》和牧师们被控诽谤后，就事实问题提出的抗辩。根据阿拉巴马州法律，被告被控诽谤后，必须就自己言论的真实性承担举证责任，而且必须证明"所有细节"属实。至于造成什么样的损害，则全靠推定，陪审团可以随意确定被告赔偿给原告的金额。阿拉巴马州最高法院曾表示，50万美元的判罚并不过分，因为陪审团根据某些

"《纽约时报》诉沙利文案"判决意见主笔者：小威廉·布伦南大法官

事实，认定《纽约时报》的行为纯属"恶意"。比如，《纽约时报》并未像回应帕特森州长那样，对沙利文的抗议函予以回应。而且，报社在刊发广告前，没有及时发现"广告文案中存在的谬误"，完全是"不负责任"的表现。最后，也是最重要的一点，布伦南大法官提到，阿拉巴马州最高法院认为，陪审团认定广告"指涉且关系到"沙利文，是因为对警察或其他政府部门的批评，"通常意味着对主管这一部门的官员的批评"。

描述完阿拉巴马州这起事件的前因后果之后，布伦南大法官说道："我们撤销原判。因为阿拉巴马州法院在政府官员因职务行为受到批评而提起的诽谤诉讼中，所适用的法律规则存在宪法缺陷，未能保护宪法第一修正案和第十四修正案确立的言论、出版自由。"这段直言不讳的论断之后，是长达28页的判决理由。阅读这段内容，简直是梳理宪法第一修正案含义的赏心悦目的历史之旅。

（布伦南大法官用一个脚注，解决了第一修正案之外的所有法律争议。他说，"我们不打算就其他问题作出裁决"，因此，最高法院驳回了牧师们就"法庭内种族隔离和种族歧视"违反法律平等保护原则提出的异议。另外，脚注一并驳回了《纽约时报》提出的管辖权异议。这一系列驳回的决定，令桃瑞丝·韦克斯勒等律师颇感失望，不过，意见余下部分，很快令这种失望感一扫而光。）

布伦南大法官说，沙利文提出的法律诉由，完全基于"最高法院关于诽谤言论不受宪法保护的既往先例"。他在一个脚注中，列出了这七起判例的名称，其中包括大名鼎鼎的"尼尔诉明尼苏达州案"。但是，意见正文指出，"没有一起判例支持用诽谤法对付批评官员的行为"。意见还特别提到"博哈纳斯案"。博哈纳斯之所以被追惩，并不单纯因为他诽谤种族团体，还因为他散发"煽动暴力，扰乱秩序"

的传单。而且，布伦南大法官强调，最高法院就算支持团体诽谤法，"也必须谨慎从事，防止假借公权力，逐步侵蚀言论自由"。

布伦南大法官总结道："决定此问题时，我们并不必然受任何先例、政策的影响，和煽动叛乱、藐视法庭、鼓吹违法、扰乱治安、散布淫秽等言论相似，诽谤亦不能轻易获取豁免宪法限制的护身符。它必须符合第一修正案的保护标准。"

对于前述每一种类型的言论，布伦南大法官都会辅以脚注说明，并在脚注中援引最高法院适用宪法第一修正案裁判的情况。比如，在对待"煽动叛乱"的言论时，最高法院撤销了佐治亚州对共产党领导人安吉洛·贺登的有罪判决。布伦南大法官用这种方式，解决了困扰《纽约时报》律师的一大难题：如何推翻第一修正案不保护诽谤言论的假设。当然，他这么做，也是参照《纽约时报》诉状的建议。

其实，布伦南主笔的判决意见，从思路、先例到语句，多处采纳了《纽约时报》律师在诉状或言词辩论中的主张。判决书首段即基于韦克斯勒提出的假设：这则广告属于关于公共事务的言论。布伦南大法官谈到第一修正案对这类言论的保护时，特别指出："长久以来，我们的判决一直维护这种权利。"他引用休斯首席大法官在"斯特龙伯格诉加利福尼亚州案"中的判词："我们宪政体制的基本原则，乃是保护自由政治讨论的机会，使得政府顺应民意，依法进行改革，这种机会对共和国的安全来说，是不可或缺的。"他还引用了布莱克大法官在"布里奇斯诉加利福尼亚州案"中的判词，说："尽情阐述自己对公权力的看法，不管这种看法多么不中听，这是专属于美国人的无上荣耀。"他还引用了汉德法官的判词。* 最后，他援引了布兰代斯大法官在"惠特尼诉加利福尼亚州案"中的异议意见，并称这个意见是"经典叙述"。

根据上述先例，布伦南大法官得出以下结论：

> 我国曾对一项原则作出过深远承诺，那就是：对公共事务的辩论应当不受抑制、充满活力并广泛公开，它很可能包含了对政府或官员的激烈、刻薄，甚至尖锐的攻击。在此背景下，我们考虑了本案涉及的问题。本案中的那则广告，抗议的是我们所处时代的主要公共议题，它显然有权得到宪法保护。

布伦南大法官一语中的，点出了美国自由的本质所在：容忍不受限制，甚至刻薄、尖锐的争论，这也成为"《纽约时报》诉沙利文案"判决意见中，后来最常被援引的名句。但是，光谈自由的本质，尚不足以让《纽约时报》赢得这场官司。所以，布伦南大法官说道，要判断广告是否能受宪法保护，尚需注重两个问题：首先，广告的确陈述了部分不实内容；其次，沙利文坚称受到广告诽谤。

"关于第一修正案保障范围的权威解释，"意见写道，"一直不承认将证明言论的真实性作为例外，无论是法官、陪审团或行政官员主持这一证明过程，更反对将举证责任交由言论发布者承担。"随后，意见援引布伦南大法官本人在"全国有色人种协进会诉巴顿案"中的

---

* 布伦南大法官引述的是汉德法官在"美国诉美联社案"中的判词，即"第一修正案假定，正确结论来自多元化的声音，而不是权威的选择。对于许多人来说，这一看法现在和将来都是无稽之谈，然而，我们却把它当作决定命运的赌注"。

判词："宪法保护并不取决于'理念和信仰内在的真实、流行性和社会效用'。"[70] 他引述麦迪逊在"弗吉尼亚决议"的报告中的话说："任何事务一旦实际运转，总难避免某种程度上的滥用，这类情形在新闻界体现得尤为明显。"此外，他还援引了韦克斯勒曾在诉状中引用的，罗伯茨大法官在"坎特韦尔诉康涅狄格州案"中的名句："尽管存在滥用自由现象，但从长远来看，这些自由在一个民主国家，对于促成开明的公民意见和正当的公民行为，可谓至关重要。宪法第一修正案从来不拒绝对不恰当的、甚至错误的言论进行保护。"布伦南大法官的结论，也援引自"全国有色人种协进会案"的判词："在自由争论中，错误意见不可避免；如果自由表达要找到赖以生存的呼吸空间，就必须保护错误意见的表达。"

判决意见要处理的下一个问题，在于法院是否应以诽谤为由，将对官员的批评言论排除在保障范围之外。意见说："政府官员名誉受损，并不意味着我们要以压制自由言论为代价进行救济。"在"布里奇斯案"中，最高法院宣布："不能为法庭的尊严和名誉，就以藐视法庭罪追惩批评法官或判决的行为。"布伦南大法官在引述这段话的同时，补充说："如果法官被视为'坚韧不拔之人，能够在任何恶劣气候下生存'，同样的要求，亦可适用在诸如民选市政专员这样的政府官员身上。"

接下来，布伦南将上述主题与《防治煽动法》的历史结合起来。"如果错误事实或诽谤内容，都不足以解除宪法对批评政府言论的保护，将两者结合在一处，恐怕也不足以解除这一保护。这就是1798年《防治煽动法》引发激烈论战后，留给后世的一个结论。该法的存废之争，第一次在全国范围内澄清了对第一修正案的认识和理解。"

判决描述了《防治煽动法》引起的广泛争议，包括杰弗逊与麦迪逊的反对之声。判决意见援引了"弗吉尼亚决议"的说法，即《防治煽动法》"行使了宪法未授权的权力，而且，恰恰是宪法修正案明确禁止的权力。与其他权力相比，这一权力更应引起公众警惕，因为它不仅约束了人民自由检视公众人物和公共事务的权利，还限制了人民自由沟通的权利。更重要的是，这些权利正是维系其他权利的唯一有效保障"。接下来，判决意见又以两页篇幅，阐述了麦迪逊当年的立场："是人民，而不是政府，拥有绝对主权"，这是美国政制与英国制度的"本质区别"。以及麦迪逊稍早前在众议院说过的话："如果我们留意共和政府的性质，我们不难发现：如果有检查言论的权力，那也应当是人民检查政府的言论，而不是政府检查人民的言论。"布伦南说，麦迪逊在批判《防治煽动法》时，还提到："自由讨论政府官员管理公共事务的权利，这是……组建美国政府的基本原则。"布伦南大法官和最高法院据此判定，第一修正案的含义应参照麦迪逊当年的解读去理解。

布伦南接着写道："尽管《防治煽动法》从未接受过本院审查，但对该法有效性的攻击，在本院历史上从未间断。"他说，国会已通过决议，将罚金退还给马修·里昂等当年因为此法受到追诉者的后人。杰弗逊后来赦免了所有因言获罪者，并在给阿比盖尔·亚当斯的信中写道，《防治煽动法》"根本是无效之法，它就好比国会命令我们匍匐在地，对着一个金质偶像顶礼膜拜"。此外，霍姆斯大法官当年也曾会同布兰代斯大法官，在"艾布拉姆斯案"的异议意见中指出，根据第一修正案，《防治煽动法》是无效的，包括查菲教授在内的许多学者也持此立场。

在这份判决意见中，布伦南大法官的做法显然异乎寻常：他宣布一部一百六十三年前就已失效的国会法律违反宪法。他用麦迪逊、杰弗逊、约翰·尼古拉斯和所有对《防治煽动法》奋起抗争的共和党人的观点，作为自己的论证依据。这些民主先驱们做梦也不会想到，他们的这场斗争，居然会在一百多年后的最高法院内开花结果。

布伦南大法官驳斥了纳奇曼的主张。后者提出，"《防治煽动法》的历史证明，宪法对此类情形的限制仅止于联邦政府，而不及于各州"。杰弗逊也在给阿比盖尔·亚当斯的信中说过："限制言论自由的权力，已落入各州立法机构之手。"布伦南大法官认为，纳奇曼的说法不能成立。他指出："第一修正案最初的确是仅仅针对联邦政府制定的法律，杰弗逊当年也确实一边否认国会有权立法限制言论自由，一边承认州政府有这样的权力。但是，随着第十四修正案的出台，第一修正案的适用范围，已从联邦政府扩展到州政府，最开始的区分已不复存在。"他随即援引了"吉特洛诉纽约州案"，这起案件首次将言论、出版自由条款适用至各州。

接下来要处理的问题是，如果判定《防治煽动法》违宪，对民事诽谤法又有何影响？布伦南大法官认为，若阿拉巴马州类似法律发挥更大作用，表达自由必将受到更多压制。"凡是州政府不能用刑法禁止的事项，也不能用民事诽谤法禁止。畏惧损害赔偿（如阿拉巴马州法院判决裁定的巨额赔偿）之心，或许比对刑事指控的畏惧，更能产生压制言论的效果。"在这起案件中，一审法院裁定的赔偿数额，是该州刑事诽谤法规定的最高罚金的1000多倍，也是《防治煽动法》规定的最高罚金的100倍。另外，民事诽谤诉讼缺乏刑事诉讼中那些程序性保障，如"一事不二罚"原则，因此，《纽约时报》和四位牧师不得不因为一则广告，而面对多起诽谤诉讼。意见在一个脚注中说明，广告已引发4起诉讼，其中一起已判处50万美元赔偿，另外3起案件的索赔总额达200万美元。布伦南大法官说："不管报纸能否承受这样的判决，从而继续生存下去，本应充当公众批评之喉舌的报纸，从此将蜷缩在畏惧和胆怯的阴影之下，而第一修正案所保护的自由，无法在这样的气氛中有任何立足之地。"

布伦南大法官继续说道："尽管阿拉巴马州诽谤法允许被告举证，证明自己所言属实，但不能因此证明州法的正当性，因为一些人即使陈述不实，却并不知道错误的存在。"比如，最高法院在"史密斯诉加利福尼亚州案"中就要求，持有淫秽书刊的书商必须在明知所持图书内容淫秽时，才能被认定有罪。其实，"史密斯案"的判决意见亦出自布伦南大法官之手。他说："如果书商不知道书刊的内容，也要负刑事责任，……那么，书商就会只销售那些经过他自我审查的书籍。这样，政府就对宪法保护的书籍和淫秽书籍的流通施加了同等限制。……书商的负担最终会成为公众的负担，当书商受到限制的时候，公众可接近的读物，也受到了同等程度的限制。因为面临绝对的刑事责任，书商将心存惧怕，进而限制公众可接近的、以印刷形式出现的、国家依宪法而不能压制的言论。……在国家逼迫之下，书商所进行的言论自查将影响到整个社会，言论自查并不会因为私营而有所收敛。结果是淫秽书籍和非淫秽书籍的流通都受到遏制。……如果迫使那些批评官方行为的人，必须确保其所述事实的真实性，并以漫天要价的损害赔偿责任作为威慑，也必然导致言论自查。容许真实抗辩，并要求被告承担证明责任，并不只会阻慑虚假言论。即使那些把真实抗辩作为免责条件的法院也承认：提出法律证据，一一证明所控诽谤在全部事实细节方面的真实性，这是相当困难的。在这样的规则下，本来打算对官方行为进行批评的人，将受到阻慑，从而保持沉默；即使能信以为真，甚至在事实上为真，他们也会担心：能不能在法庭上证明这是真的，能不能花得起钱在法庭上证明这是真的。"最后一句话显然是对约翰·尼古拉斯 1798 年在众议院抗议《防治煽动法》时那段发言的回应，尼古拉斯当时说："报业将因此而不敢说出真话，因为即便他们所说为真，也未必能满足法院的举证要求。"

谈到这里，布伦南大法官的意见似乎要推导出这么一个结论，即批评政府官员的行为应享有绝对豁免权，哪怕其事实有误，甚至错得离谱。就像韦克斯勒在言词辩论时提到的，这也是麦迪逊当年秉持的立场：即使《防治煽动法》允许被告以事实作为抗辩理由，它仍然是一部违宪的法律。

然而，布伦南大法官回避了绝对豁免权的问题。他说，行为人在对"错误陈述信以为真"的前提下，发布的不实之词，应豁免于诽谤诉讼。他随即提出一项规则："宪法保障要求具备这么一项联邦规则：禁止政府官员因针对他的职务行为提出的诽谤性虚假陈述获得损害赔偿，除非他能证明：［被告］在制造虚假陈述的时候确有恶意，即被告明知陈述虚假，故意为之；或玩忽放任，罔顾真相。"上述规则，后来被专业人士称为"沙利文案标准"。"确有恶意"一词，后来曾引发旷日持久的争议和误解。"恶意"的含义，其实与字典解释完全无关，后者一般指不良意图或坏的念头。而"确有恶意"则指明知有错或罔顾真相。判决意见指出，一些州曾秉持类似原则，允许人民基于善意批评政府官员，哪怕部分言论最后被证明是不实之词。谈到这点时，布伦南大法官还援引了"科尔曼诉麦克伦南案"，后者是堪萨斯州的一起著名案件。

随后，判决意见采纳了韦克斯勒基于"巴尔诉马泰奥案"提出的观点：官员履行职务时，享有言论免责权。布伦南大法官说，之所以赋予官员这项特权，是为了让官员不被讼事困扰，在无后顾之忧的前提下恪尽职守。"既然赋予官员类似特权，同等特权亦应由批评官员的公民享有。公民履行批评官员的职责，如同官员恪尽管理社会之责。"这两句话是对美国宪政前提的有力宣示。他借鉴了麦迪逊的人民主权理论，也追随了布兰代斯将古代雅典视为民主范本的立场，布伦南大法官特地引用了布兰代斯在"惠特尼案"中的名句："建国先贤们深信……参与公共讨论是一项政治义务。"

判决行文至此，进入了含义最为深远的一个部分。布伦南大法官采用他最新确立的规则，对通过诽谤诉讼，追惩批评官员行为的做法进行了严格限制。布伦南大法官逐项检视了"沙利文案"的一审证据，以判定如何适用新规则。这种做法绝对非同寻常，因为最高法院撤销原判后，通常都会将案件发回州法院或联邦下级法院重审，由它们在重审时核查证据，并适用新确立的规则。为什么这一次要如此破例，由最高法院直接审查证据呢？布伦南大法官解释说：

> 考虑到被上诉人［沙利文］可能重新起诉，基于对司法行政效率的合理考量，我们理应审慎审查本案证据，判断是否应作出有利于被上诉人的宪法裁决。在某些特定案件中，本院的义务不限于阐述宪法原则，还必须审查证据，以确保这些原则可以适用于案件事实。本案就是这样一起特定的案件，……我们必须对全部庭审记录进行独立审查，确保本案判决不会侵犯言论自由。

在这段解释之后，判决又为防止以诽谤诉讼打压公共言论，增加了一道保护屏障：从今以后，包括最高法院在内的所有上诉法院，在处理类似案件时，都必须审查原判庭审记录，确认陪审团在确定损害赔偿数额时没有偏颇。布伦南大法官指出，在适用新的宪法标准时，

"我们认为，被上诉人提供的'确有恶意'的证据，不能达到'清晰无误、令人信服'（convincing clarity）的宪法标准，因此，……我们不能作出对被上诉人有利的判决。"这里的"清晰无误、令人信服"也是一项民事证据标准，较一般民事诉讼中的"优势证据标准"（preponderance of the evidence）要求要高。

为什么蒙哥马利市的一审庭审记录，未能证明《纽约时报》明知有错或罔顾真相呢？布伦南大法官认为，牧师们卷入的诉讼"不值得深入讨论"，"就算他们被假定曾授权他人在广告上署自己的姓名，但是，没有任何证据表明他们事先知道广告存在错误表述，或者罔顾广告内容是否真实。所以，针对他们的不利判决，无法得到宪法支持"。

至于针对《纽约时报》的诉讼，阿拉巴马州最高法院曾以《纽约时报》只回应帕特森州长的抗议，却未理会沙利文的撤回要求为由，认定《纽约时报》存在恶意。但是，布伦南大法官认为，《纽约时报》对沙利文的回函是真诚善意的，试图问他为什么认为广告指涉本人，是沙利文自己没有回复。而且，《纽约时报》事后也解释了他们为什么回应了州长的要求，因为他是一州的代表，这一解释亦"合情合理，不容驳斥"。阿拉巴马州法院同时认为，《纽约时报》在刊出广告时，未对广告内容的准确性予以核实。但是，布伦南大法官认为，本案庭审记录表明，《纽约时报》并不"明知"广告内容中的不实之处，只有在《纽约时报》员工明知广告陈述不实，仍故意刊登这则广告的情况下，才属于"确有恶意"。事实上，《纽约时报》员工之所以刊登那则广告，完全是基于对菲利普·伦道夫和其他联合署名者的良好声誉的信任。刊登广告的行为，最多只能算疏忽大意，绝对够不上罔顾真相。判决据此认定，媒体没有义务去确认客户提交的"社论式广告"的真实性。

随后，判决出现了一个令人意外的转折。布伦南大法官写道："我们也认为，陪审团认定所谓诽谤言论'指涉且关系到'被上诉人时，所依据的证据明显存在宪法缺陷。"判决意见审查了沙利文一方提供的关于他是本则广告指责对象的证据：广告内容提到了警察和逮捕情节；六位当地证人的证言试图证明，广告提到的南方种族歧视措施，容易使人联想到沙利文。布伦南大法官认为，证人证言完全建立在他们的个人立场上，不能证明沙利文确曾介入广告提及的事件。"这完全是没有依据的臆想，怎能仅仅因为某人的职位，就推定他的所作所为？"阿拉巴马州最高法院判定，如果批评政府某一个部门的作为，就意味着对主管该部门事务官员的批评。布伦南大法官指出，这种见解，对于批评政府的行为来说，实在是一种令人不安的牵强附会。"在美国的司法体系中，没有任何一家法院曾经支持，甚至建议政府控告人民诽谤。"这段判词援引自"芝加哥市诉《芝加哥论坛报》案"，曾被韦克斯勒的诉状引用过。布伦南大法官说，沙利文局长的立场是："把一目了然的、针对政府的非人格化的批评，转化为针对作为政府成员的官员的人格化的批评，从而跨越法律障碍，形成潜在的诽谤之诉。在这个国家没有一种法律魔术，可以允许州法院仅仅因为官员说广告'不仅针对我本人，而且针对其他市政专员和社区'，就把本应拒绝的诉求，转换为一个诉因。"

布伦南大法官尽可能对《纽约时报》和四位牧师提供保护，避免案件回到阿拉巴马州后重新陷入法律泥潭。他以"对司法行政效率的合理考量"为由，异乎寻常地对证据进行了审查，并宣布证据不足，以免沙利文重新起诉。但是，布伦南大法官并没有接受韦克斯勒的建议，彻底撤销此案。判决意见最后，仍然按照惯常模式作为结语："撤销阿拉巴马州最高法院的判决，将此案发回重审，新判决不得与本判决存在不一致。"

布伦南的话，并不代表最高法院全体大法官的意见。韦克斯勒收到的便条，也使他误以为判决是一致意见。其实，九位大法官都同意撤销阿拉巴马州最高法院的判决，但布伦南主笔的判决意见，只有另外五位大法官加入。布莱克、道格拉斯、戈德堡大法官则认为，根据第一修正案，批评官员是公民的绝对特权，即使他们蓄意造假，也不应处罚。大法官们论证上述观点时，意见分歧也很严重。怀特大法官试图证明，广告中的错误都是无心之失。布莱克大法官坚持认为，陪审团有权认定《纽约时报》蓄意造假。最终形成两个从较广泛含义解释批评官员的自由的协同意见：一份来自布莱克大法官，道格拉斯大法官附议；另一份来自戈德堡大法官，同样由道格拉斯大法官附议。戈德堡大法官认为，所有对官员行为的评价，都享有免责权。布莱克大法官的结论与他相同，但判决意见更为尖锐，这与他在故乡阿拉巴马州的个人体验息息相关。当年，布莱克大法官曾因在"布朗诉教育委员会案"中支持废除种族隔离，遭到家乡父老的斥责。他的儿子原本在伯明翰市做律师，也因此案受到牵连排挤，不得不于1962年被迫赴异乡执业。当然，尽管如此，雨果·布莱克仍被阿拉巴马州人民尊崇为该州最杰出的人物之一。

布莱克大法官在协同意见中，将矛头直指种族议题，这正好是布伦南大法官竭力回避的。他写道：

> 当前，困扰我国的一个尖锐的、极度情绪化的议题，正是种族隔离问题。许多人，甚至包括一些政府官员，在各州政府的推动下，继续在公立学校和其他公共场所维持种族隔离措施，尽管我们已多次裁定，第十四修正案禁止这种做

法。蒙哥马利市就是这样一个地方，那里对废除种族隔离的敌对态度昭然若揭。这种敌对态度有时甚至指向那些赞同废除种族隔离的人，特别是所谓"外地煽动者"（outside agitators）——这个词恰如其分地形容了《纽约时报》在当地的角色。没有任何证据证明，沙利文局长蒙受了任何实际损失。实事求是地看，本案情形支持这样一个论断：《纽约时报》不仅没有损害，反而提升了沙利文局长的政治、社会和经济地位。

毋庸置疑，布伦南大法官与其他加入最高法院判决意见的大法官对上述社会现实，都有清醒的认识。但是，协同意见或异议意见撰写者的发挥空间，向来比法院意见的主笔者要大，也更易在意见中注入个人感情色彩，更何况布莱克大法官讨论的是自己家乡的情况呢。

考虑到当地法院已因为《纽约时报》的广告，判给蒙哥马利市另一位市政专员 50 万美元的赔偿，布莱克大法官指出，"呈递至本院的诉状显示，在阿拉巴马州，目前由地方官员或州官员提起的，针对《纽约时报》的诉讼共有 11 起，索赔总金额高达 560 万美元；另有 5 起针对哥伦比亚广播公司的类似诉讼，索赔金额为 170 万美元。不仅如此，这种干扰和追惩新闻自由的策略不只限于关于种族议题的讨论，它们会扩展至其他领域。这些领域的公众情绪，会使当地或外地报纸成为诽谤裁定寻求者轻易捕获的目标。"

布莱克大法官直言不讳，指出公众情绪可能被政府利用，甚至为虎作伥的事实。他那随和温润的南方语调，信手拈来的生动例证，与华盛顿官场常见的官僚话语颇有些格格不入，另一方面，他毫不回避现实问题，总能一针见血，针砭时弊。由于他很了解阿拉巴马州的陪审团制度，所以对布伦南大法官提出的"确有恶意"规则颇不以为然，尽管布伦南为此煞费苦心。布莱克说，"恶意"是一个"难以琢磨、非常抽象的概念，很难通过证据证实"。他甚至认为，"无论法院当初给陪审团发出的指示是'恶意'、还是'真实'、'良好动机'、'合理目标'，或者是其他在理论上可以保护新闻界的法律术语，陪审团的裁定都不会有什么不同；无论什么法律术语都不会使下级法院取消或者减少50万美元的赔偿"。所以，布莱克大法官提出："联邦宪法处理这一指向新闻界的致命危险，保护新闻自由免受侵犯的唯一方法是：赋予新闻媒体批评政府官员职务行为的绝对豁免权。"

布莱克大法官赞同布伦南大法官对《防治煽动法》的诠释，他个人也认为这部法律是违宪的，不过，在他看来，任何对政府事务的讨论，都不应受诽谤诉讼追惩。他写道："如果没有关于政府官员和公共事务的讨论，我怀疑这个国家到底能否生活在自由之中。……在我看来，第一修正案应当提供最低限度的保障，保证一个人能够就公共事务随心所欲地发表意见。遗憾的是，本院在能够使本判决足以保证我们的新闻自由不被破坏之前，就止步不前了。"

从这份协同意见中，不难看出布莱克大法官对同僚们那份多数意见有多么失望。但是，2月26日那天，布莱克大法官将意见草稿提交其他大法官传阅时，他还是附了封亲笔信给布伦南大法官。他说："您当然明白，除了我保留的立场和我的协同意见，我认为您在'《纽约时报》案'中的表现十分出色，在保障思想传播的权利方面，您不仅恪尽职守，还向前迈进了一大步。"

第十五章

"这是值得当街起舞的时刻"

"《纽约时报》诉沙利文案"集中体现了美国宪政制度中一个根深蒂固的吊诡之处。我们拥有一部成文宪法，并仰赖其至始未变之本质，为这个瞬息万变的社会，注入安定之力。然而，宪法的生命力之所以能恒久延续，源自法官们在适用与解释上的不断创新，以适应制宪先贤们未能预测到的社会变迁。

宪法第一修正案的制定者们，并未想到日后会有民事诽谤诉讼的出现。当时，这类私人诉讼，尚无法威胁到公民以言说或书写形式，讨论麦迪逊所说的"公众人物或措施"。一百七十多年来，诽谤法一直只是个人名誉受损时的救济措施。但是，南方的官员、陪审团和法官们，居然为了政治目的，扭曲诽谤法的本质，使之沦为打压批评种族隔离言论的工具。因此，最高法院才像布伦南大法官在判决意见首句说的那样，"首度被要求"去考虑诽谤诉讼与言论自由的关系。通过审理此案，最高法院重新审视了第一修正案的前提，也重估了言论、出版自由的价值。

布伦南大法官的判决意见，充分吸收了布兰代斯、霍姆斯和其他大法官的自由派观点，成为最高法院首度围绕言论自由理论进行的完整阐述。判决采纳了麦迪逊的人民主权学说，以及他关于"人民批评政府的自由是宪法第一修正案的核心含义"的说法。判决不仅将言论自由视为公民的固有权利，还将之视为良好政治的必要条件。它宣布1798年《防治煽动法》违宪，确认了霍姆斯大法官在"艾布拉姆斯诉美国案"中的异议意见，即煽动诽谤政府罪违反了宪法第一修正案。

对研究第一修正案的学者而言，这是一份令人击节赞叹的判决意见。它使人联想到著名哲学家、教育家亚历山大·米克尔约翰。多年来，他一直极力倡导：人民才是宪法的主人，人民对政府的任何评论，都享有免责权。* 学者哈里·卡尔文向来主张，拥有煽动诽谤政府罪的社会，算不上自由社会。他发现，布伦南大法官的判决意见，受到米克尔约翰很大影响。比如，判决中那句"公民履行批评官员的职责，如同官员恪尽管理社会之责"，与米克尔约翰关于"民主社会中，人民自治是最健全的官员之治"的结论，简直有异曲同工之妙。[71] "沙利文案"宣判没多久，卡尔文问九十二岁高龄的米克尔约翰，对该案判决有何感想。米克尔约翰回答："这是值得当街起舞的时刻。"[72]

---

　　* 米克尔约翰（1872—1964），美国著名哲学家、教育家、言论自由理论家。他不赞同霍姆斯的"明显而即刻的危险"标准，认为言论可分为政治言论和非政治言论，对公共事务的讨论，也即政治言论，应受到第一修正案的绝对保护，而对非政治言论可适当予以限制。他关于言论自由的主要观点，在1948年出版的《言论自由与人民自治之关系》（*Free Speech and Its Relation to Self-government*）一书中进行了集中阐述。尽管这本小书只有十几万字，却被西方学界与弥尔顿的《论出版自由》和洛克的《论宗教宽容》并称为言论自由理论的三大经典著作（此书1960年再版时，增补了部分内容，并更名为《政治自由》）。该书国内已有中译本，但出版时换了书名，即〔美〕亚历山大·米克尔约翰：《表达自由的法律限度》，侯健译，贵州人民出版社2003年版。关于米克尔约翰的自治理论的介绍，可参见侯健：《表达自由的法理》，上海三联书店2008年版，第十章"米克尔约翰的自治理论述评"，第228—240页；林子仪：《言论自由与新闻自由》，台湾月旦出版社股份有限公司1994年版，第24—34页。

但是，无论是布伦南大法官，还是其他多数方大法官，在推动言论自由方面，步伐都没有米克尔约翰、麦迪逊迈得那么大，他们不愿将绝对豁免权赋予所有批评政府的行为，如果批评者明知陈述虚假，故意为之，或玩忽放任，罔顾真相，仍将受到追惩。大法官们这么做，显然是想在言论自由与宪政体制内的其他重要价值（如公民名誉权）之间保持平衡。名誉，是人们自我认知的重要因素，损害名誉就是破坏一个人的完整性。人们名誉受损后的反应，多半十分强烈。过去，被害人会用生死决斗、谩骂回击来解决问题，如今，提起诉讼、索取赔偿已成为主要救济途径。

"沙利文案"之后不久，布伦南大法官又在"盖瑞森诉路易斯安那州案"中，论述了维持这一平衡的必要性。[73] 吉姆·盖瑞森是路易斯安那州奥尔良教区的地方检察官，他因指责地方法院法官"攫取不义之财"，被以刑事诽谤罪定罪。最高法院撤销原判，宣布只有在当事人明知陈述虚假，或罔顾真相的情况下，才能对之施以"民事或刑事处罚"。布伦南大法官在判决意见中写道："对公共事务的讨论不只是一种自我表达，更是人民自治的基础。"（第二年，也即 1965 年，布伦南大法官出席布朗大学一年一度的米克尔约翰讲座时，承认自己审理此案时，受到了米克尔约翰相关论点的启发。）问题是，为什么在当事人明知陈述虚假，或罔顾真相的情况下，仍可追惩"对公共事务的讨论"？毕竟，受害人承受的侵害后果，与当事人是否蓄意无关。对此，布伦南大法官解释道：

> 与今时今日一样，第一修正案诞生时，总有人肆无忌惮，费尽心机，散布蓄意造假或罔顾真相的言论，将之作为排除异己，甚至颠覆政权的有效政治工具。……这些被作为

政治工具的言论，并非自始即受宪法保护。如果蓄意造假的谎言在政界通行无阻，无疑会伤害民主政府的前提，也违反了以正当手段推动经济、社会与政治变革的原则。

许多人猜想，布伦南大法官判词中提到的"肆无忌惮"，甚至利用谎言"颠覆政权"，是在暗讽约瑟夫·麦卡锡参议员当年的荒谬行径。

"沙利文案"的判决意见风格独特，令人叹服之程度，绝不输于其内容本身。判决以恢宏气势写就，与最高法院当时几起著名判决一样，几乎重整了相关领域的法律。最高法院处理多数问题时，大法官们的本能反应，自然是尊重过去的判例。这种"尊重"反应，来自古老的"遵从先例"原则，也就是说：尽量按照过去判决确定的裁判要旨判案。确定这一原则的目的在于，即使过去的判决确有缺陷，但已行之有年，社会亦逐步接受，并形成依赖，若仓促撤销，恐怕会打破众人内心预期，破坏秩序稳定。布兰代斯大法官就曾说过："可用之法，比良法更重要。"比方说，在金融或商业领域，契约多依据过去的法律订立，迅速修订法律，必将导致不公。但是，一旦进入宪法领域，最高法院有时并不严格恪守遵从先例原则。正如布兰代斯大法官所言："最高法院有时会顺应时势，采纳更好的论证。"因为宪法判决不能通过立法更正，最高法院只能进行自我矫正。尽管如此，重新检视某一领域法律的做法，在最高法院仍不多见。个别胆气壮的大法官，或许会在异议意见中这么做，但在最高法院判决意见中，这么干肯定是需要勇气与智慧的。

当然，"《纽约时报》诉沙利文案"的判决思路，受到赫伯特·韦克斯勒撰写的诉状很大影响。他以貌似中立的态度，旁征博引，既回顾历史，又援引先例，"引导"最高法院迈出关键一步，最终得出适当结论。正如他预先期望的，自己拟定的诉状，成为"大法官们撰写判决意见时，最方便直接引用的文件"。判决意见的架构基本脱胎自《纽约时报》的诉状，包括对《防治煽动法》历史的梳理与强调，以及该法的存废之争，"第一次在全国范围内澄清了对第一修正案的认识和理解"。当然，承认上述事实，丝毫不会减损布伦南大法官为争取多数大法官支持，审慎斟酌字句，精心布局谋篇而成的卓越成就。他草拟的判决意见，饱含对言论自由和诽谤法历史的深刻洞察，并赋予二者全新的含义，兼具文本与历史价值。

1984 年，第一修正案专家、杰出律师弗洛伊德·艾布拉姆斯在"《纽约时报》诉沙利文案"二十周年纪念研讨会上如此评价布伦南的成就："这是一份伟大的判决，这种能主导美国历史的判决实属罕见。它提醒我们：我们还与这个国家一样年轻。"

对诽谤法来说，这份判决也起到了革命性的作用。1931 年，最高法院在"尼尔诉明尼苏达州案"中，打破英国常例，宣布第一修正案不允许对出版物进行事前限制。1941 年，最高法院在"布里奇斯诉加利福尼亚州案"中，废弃英国传统，禁止将批评法院的行为按藐视法庭罪处理。如今，到了 1964 年，最高法院彻底颠覆英国做法，宣布对政府官员的诽谤言论，同样受第一修正案保护。当时，正在各州进行的诽谤诉讼，仍沿用普通法做法，亟待进行全面变革。布伦南大法官在判决意见中，逐一要求各州厉行改革，以满足第一修正案的标准。

"沙利文案"最重要的变革之一，是改变了诽谤诉讼中的举证责任，其次则是引入了"过错"要件。在诽谤之外的其他侵权案件中，原告要求损害赔偿时，必须证明被告确有过错，且令自己受到侵害。比如，在撞车事故中，若原告只是与被告迎头相撞，可能无法获取赔偿，除非他能证明事故起因于被告的疏忽大意，或者说，是由被告的过错引发。但是，无论根据英国诽谤法，还是1964年前美国多数州的诽谤法，只要原告证明自己被不实言论侵害，即使被告辩称自己不知相关信息不实，也将被判处赔偿，除非他能举证证明所谓诽谤言论完全属实。韦克斯勒后来说："这简直是野蛮人的法律！一般侵权案件中，都由原告对被告过错进行举证。但在诽谤案件里，多数州的法律都不要求原告承担这项举证责任。如此严苛的规定，源自18世纪为维护皇室成员权威而制订的法律。正是因为这个原因，麦迪逊等人才会强烈反对《防治煽动法》。"

"沙利文案"判决彻底改造了普通法中的诽谤诉讼程序。从此以后，原告必须证明被告明知所言不实，存在重大过错，或者罔顾真相，明显不负责任。所以，原告只有先指出出版物中存在不实描述，并举证证明，方有胜诉可能。如此一来，诽谤诉讼的结果完全可能乾坤逆转。而在英国，报纸一旦被控诽谤，几乎逢诉必败，因为他们必须千方百计证明，引起争议的报道句句属实。

最高法院同样认为，言论自由应容忍错误存在，甚至是一些严重错误。判决提出，仅仅保护实事求是的陈述是不够的，因为人们有时会因害怕犯错，而不敢对政府提出批评。因此，为了防止人们自我审查，必须允许他们存在"犯错的空间"。事实上，英国法从不要求官员证明对方明知陈述不实，哪怕对方只是无心之失，只要政客提起名誉之诉，英国法官都会判原告胜诉。1960年代，英国首相哈罗德·威尔逊控告一个流行乐队印制的明信片诽谤其名誉，很轻松就打赢了官司。

"沙利文案"判决的另一项显赫成就，在于向公众宣示：第一修正案不仅保护理论学说与政治言论，也保护事实陈述。这一点看似常识，但纵观历史，却并非如此。第一次世界大战，可谓对言论自由的巨大考验，宣扬社会主义、和平主义等政治理念的行为，纷纷成为政府打压的对象。1919 年的"艾布拉姆斯诉美国案"中，部分无政府主义者和社会主义者因散发反战传单而被定罪。霍姆斯大法官在异议意见中，提醒人们"应当对某种做法时刻保持警惕，那就是对那些我们深恶痛绝，甚至认为罪该万死的言论的不当遏制"。1928 年的"施维默案"中，尽管不存在任何事实争议，罗斯卡·施维默仅仅因为本人的和平主义主张，就丧失了加入美国国籍的权利。在这起案件的异议意见中，霍姆斯大法官再次要求人们对"我们深恶痛绝的思想的自由"表示宽容。即便到了 1951 年，因为与政府存在意识形态分歧，许多共产党领导人仍被投入监狱。但是，当沙利文提出《纽约时报》上刊登的广告存在事实错误时，最高法院却宣布，只要这些错误并非蓄意为之，对政府官员的批评应当受到第一修正案的保护。

未来的事实证明，最高法院的上述立场，对美国新闻业的发展起到了至关重要的作用。1960 年代末，新闻界接连出手，挖掘政府决策的幕后真相。其中最有名的例子，就是关于越战内幕的报道。冷战伊始，华盛顿主流报刊、广播电视网的记者们，在做与国家安全议题相关的报道时，往往十分谨慎，不敢轻易越界。他们相信政府的声明，认为这些人开诚布公、信息充分。但是，到越战期间，新闻界已不再相信政客、军头的官话，开始通过非官方途径，探求事实真相。一份当年的研究结果断言："政治家与新闻界的共生关系已经断裂。"西摩·赫西揭开"美莱村屠杀"的真相，直接挑战了官方的说法。《华盛顿邮报》的鲍勃·伍德沃德与卡尔·伯恩斯坦层层深入，抽丝剥茧，戳穿政府在"水门事件"中撒下的弥天大谎。在诽谤法横行肆虐，批评官员言论备受打压的年代里，这样的调查性报道，根本没有生存可能。正如《华盛顿邮报》在"沙利文案"中提交的"法庭之友"意见书所警告的，如果要求批评官员的言论必须证明自己提到的每一处细节"绝对真实"，记者、编辑必将自行过滤掉许多有价值的信息。

容许新闻报道存在犯错的空间，对新闻界是一种莫大激励。在越战和"水门事件"中，媒体之所以敢放手挑战官方权威，深挖幕后真相，靠的就是并非"绝对真实"的匿名消息源。1971年，在"五角大楼文件案"中，纽约联邦地区法院主审此案的默里·格法因法官当然清楚事实真相的重要性，但他知道，政府的所作所为，就是要扼杀媒体言论。他在判决中说："无论媒体社论，还是报章专栏，都是自由流动的资讯，目的是令公众知悉政府如何施政，它们都应当受第一修正案保护。"[74]

"沙利文案"判决对媒体因无心之失所犯下的事实错误的保护，主要来自两个判断要件。首先，布伦南大法官指出，若想证明媒体"确有恶意"，原告必须提供"清晰无误、令人信服"的证据。相较于民事诉讼中的"优势证据标准"，"清晰无误、令人信服"对证据的要求显然更加严格。其次，布伦南大法官认为，如果案件一审时，陪审团认定被告蓄意造假或罔顾真相，并要求其赔偿原告损失，上诉法院应当复查原案事实，确定其符合"清晰无误、令人信服"的证据标准。这也是一项异乎寻常的规定。因为对于一般的民事案件，事实问题多由法官或陪审团认定，上诉法院只负责确认一审是否正确适用法律，并不复查事实。布伦南大法官之所以要求上诉法院必须对这类案件进行"全案复查"，显然是考虑到了本案所处的社会氛围，避免南方法官或陪审团再次罔顾事实，在诽谤诉讼中偏袒白人官员。

代表四位阿拉巴马州牧师出庭的前司法部长罗杰斯，在纪念本案二十周年的研讨会上表示："最高法院大法官们费尽心机，确保'确有恶意'原则不会对被告们形成新的困扰。"由上诉法院进行全案复查的做法，后来被最高法院进一步扩大适用范围，不再局限于与南方种族议题相关的案件。

判决意见对媒体言论提供了更进一步的保护。布伦南大法官坦陈，广告中确有部分不实之处，但他还是认为，"即便媒体陈述与事实有出入，也只能在相关陈述足以损害沙利文的名誉时，才构成宪法问题，我们认为，本案尚不存在这种情况"。这句话显然是在暗示，宪法意义上的"陈述不实"，必须足以伤害到诽谤官司原告，方能成立。无关紧要或微不足道的错误，在诽谤诉讼中可以忽略不计。

最高法院也承认，商业广告内容同样受宪法保护。沙利文的律师曾辩称，《纽约时报》既然收取过费用，广告"言论"具有商业性质，不受宪法第一修正案保护。但布伦南大法官指出，广告"表达的是公众对重要议题的现实关切，承载着传播信息、陈述见解、表达不满等多重功能"。就算《纽约时报》收取广告费用，"但就像卖书卖报也会收费那样，……如果因此限制社论式广告，必将打击报业士气，也会关闭一个本可用来传递信息、意见的渠道——对于那些缺乏媒体资源，却又需要行使言论自由权利的人来说，这可是一条重要渠道"。

最后，布伦南大法官提出一项重要观点。那就是，美国不存在"诽谤政府罪"之说，而且，对政府进行的与私人事务无关的评论，政府不得变"法律魔术"，将这种行为定性为"对政府官员的诽谤"。为此，布伦南大法官认真审查了证明沙利文受到诽谤的证据，认为这些证据存在"宪法缺陷"。不能把对政府的批评，等同于对官员的诽谤，如今已是不言自明的真理，但在1964年，情况却并非如此，而在那些没有保护言论自由传统的国家，现实情况要更加糟糕。

南非在废除种族隔离政策前，就曾出现过类似事件。当时，一名白人与一名黑人合谋杀人，两人都被判处死刑。最终白人被改判死缓，黑人却被处决。当地一份报纸援引一位教授的话，指责这起死刑案件是种族歧视的明证。尽管文章没有对任何人指名道姓，但负责为死囚求处缓刑的司法部长仍以诽谤为由，将报纸告上法庭。他诉称，自己被报纸抹黑成种族主义者。代表报社出庭的律师援引了美国的"《纽约时报》诉沙利文案"判决，并以布伦南大法官关于"诽谤政府罪"的观点为依据展开辩护，但南非最高法院上诉庭仍维持原判，宣布司法部长胜诉。[75]

"《纽约时报》诉沙利文案"判决全面改造了美国的诽谤法。今后，但凡原告为政府官员的诽谤诉讼，律师都必须参酌包括第一修正案在内的联邦法律。此后不久，最高法院进一步扩大了"沙利文案"相关原则的适用范围，几乎将所有的诽谤案件都纳入其中。

对沙利文阵营来说，此案已成定局。沙利文的律师团并没有像布莱克大法官担心的那样，进一步搜集证据，证明报社"确有恶意"，并重新起诉。在请求最高法院再审此案被驳回后，他们彻底放弃了这场官司。最高法院要求败诉方承担此案的文件印刷费及其他杂项费用，共计13000美元。沙利文向最高法院提出，希望与《纽约时报》分摊这笔费用，但被法院拒绝。其他与这则官司有关的诽谤诉讼，也陆续被撤销，包括因哈里森·索尔兹伯里对伯明翰市的报道而对《纽约时报》提起的诉讼。

多年之后，沙利文阵营的首席律师罗兰·纳奇曼回忆起这起案件，颇富深意地表示："那时，无论法律还是事实，都对我方十分有利，但周遭形势的变化，却使案子变得棘手。我们提起诉讼后，又有太多原告将《纽约时报》告上法庭。所以，我们当时要处理的首要问题，就是如何尽量低调行事。"的确，正是南方针对《纽约时报》和其他报纸纷至沓来的诉讼，才引起最高法院的警觉，更别说南方法院接二连三判下的 50 万美元的巨额赔偿金了。

后人多对这样一个问题充满好奇，如果沙利文当时的索赔金额没有那么高，《纽约时报》是否会不断上诉？这起案件会被最高法院受理么？大法官们是否还会为此重新界定第一修正案的含义？在本案二十周年纪念研讨会上，一审代表《纽约时报》出庭的埃里克·恩布里谈及本案赔偿金额时，这么调侃纳奇曼："这起案件能进入最高法院，罗兰居功至伟，如果他当时只向我们索赔 5 万美元，我们才懒得把官司打到那儿去呢。"

诉讼伊始，当纳奇曼知道对方将以第一修正案为辩护依据时，内心其实非常诧异。他后来回忆："我觉得靠第一修正案根本不可能胜诉。但是，这起案件后来的发展，实在令我始料未及。"他补充说："律师根本控制不了诉讼之外的种种因素。比如，陪审团判罚的赔偿金额、对我们渐趋不利的社会、政治形势、同期纷至沓来的新的诽谤诉讼，这些最终使本案朝着对原告不利的方向发展。"

当年，是《纽约时报》发行人奥维尔·德赖富斯最终拍板，决定以第一修正案为依据，将官司打到最高法院。可是，他已无法得知胜诉的消息。1963 年 3 月 25 日，他因心脏病去世。继任者阿瑟·奥克斯·苏兹贝格在本案宣判后，发了封电报给埃里克·恩布里和赫伯特·韦克斯勒。电文是："谨对阁下在最高法院今日宣读之伟大判决中所作之贡献，致以最诚挚的祝贺。该判决对《纽约时报》与其他报纸，乃至所有新兴媒体而言，有着至关重要的意义。我对你们取得的成就深感骄傲，也引以为荣！"

第十六章

判决背后的纷争

"《纽约时报》诉沙利文案"从开庭到宣判，只用了两个月零三天。对于一起如此重要的案件，这个时间着实太短，大法官们这么做，显然是为打破成规。布伦南大法官必须用全新的司法立场，争取其他同僚的支持。最引人注目的是，哈伦大法官也加入了多数意见，他向来注重州权，对动用宪法原则检验各州诽谤法的做法，态度尤为审慎。没有任何迹象表明，多数方六位大法官之间存在分歧。布伦南大法官兼具历史梳理和法理阐述的分析，貌似说服了他们。

然而，事实却并非如此。布伦南大法官为争取多数大法官支持，并将数量优势维持至宣判，付出了艰苦卓绝的努力。为实现目标，他先后八易其稿，直到最后一刻，仍不敢确信自己掌握了多数票。其实，3月8日晚上，也即布伦南大法官宣判前夜，哈伦大法官才最终同意毫无保留地加入多数方阵营。那么，从庭审结束到判决出炉，布伦南大法官到底对判决意见做了哪些调整呢？他的意见手稿，以及其他大法官的修改建议，目前全部收藏在国会图书馆的手稿典藏部中。除此之外，还有其他一些重要研究资料。布伦南三十四年大法官生涯中，他的历任法官助理都会搜集、整理他主笔的法院意见或异议意见文稿，并就裁判过程撰写报告。比如，"沙利文案"的报告，就由他当时的两名法官助理之一，斯蒂芬·巴内特撰写，此君后来成为加州大学伯克利分校的法学教授。他在报告中，事无巨细，记叙了本案许多细节。人们透过布伦南数易其稿的经过，可以管窥最高法院判决的形成过程。从观点的增删修改、语气的强弱调整，了解布伦南大法官如何不断重新整合自己的观点，争取最多数人的支持。

每个开庭期，大法官会在周五召开内部会议，研讨案情。"《纽约时报》诉沙利文案"的讨论时间，被安排在 1964 年 1 月 10 日。巴内特在报告中写道："言词辩论中，……《纽约时报》代表律师韦克斯勒教授要求按照最广泛的含义解释第一修正案，并据此撤销所有政府官员因职务行为受到批评而提起的诽谤诉讼。"这段评论，忽略了韦克斯勒后来的表现。当时，在大法官们接连追问下，韦克斯勒不断退让，最后不得不提出，可以按相对狭义的含义，解释第一修正案中的言论、出版自由条款。

尽管如此，巴内特的报告还是指出，在内部会议上，九位大法官均同意撤销阿拉巴马州法院的判决，只是，绝大多数人仍倾向从最狭义角度裁判此案。也就是说，当政府官员因本人职务行为受到批评而提起诉讼时，被告若想申请第一修正案保护，必须证明本人没有实施诽谤行为。但在本案中，证明广告指涉沙利文或诽谤其名誉的证据，都明显不足。而且，这样的思路，无法撼动传统普通法对诽谤的认定模式。比如，它无法将举证责任转移到原告身上，也不能要求原告证明对方的错误报道源自"确有恶意"。它只能在传统范围内，要求原告提供更有力的证据。

布伦南大法官援引"西川诉杜勒斯案"，建议提高本案的证据标准。这是发生在 1958 年的一起与丧失国籍相关的判例。当事人西川出生于加州，1939 年赴日探亲，并在当地应征入伍。按照美国法律，凡志愿加入外国军队者，均自动丧失美国公民权。本案的法律争议在于，到底应由西川证明参加日军并非基于自愿，以保住自己的公民权，还是该由美国政府证明西川是志愿参军，以剥夺其公民权。最高法院审理此案后，首席大法官沃伦主笔的判决意见指出，政府应提供"确凿无误、有说服力、毫不含糊"的证据，证明西川入伍确系自愿。[76] 布伦南大法官提出，官员若想提起诽谤诉讼，举证也须符合上述要求，只有这样，才能充分维护第一修正案的价值。这么做，倒也可以实现将宪法原则引入诽谤诉讼的目的，但作用仍然有限。

按照最高法院的悠久传统，首席大法官位于多数方时，可以指定自己或多数方其他大法官主笔判决意见。（如果首席大法官位于异议方，则由资历最深的大法官指定判决意见主笔者。）这也是首席大法官的一项特权，因为对主笔者的选择，将直接影响到判决意见的风格，甚至决定以什么样的立论，争取多数大法官的支持。"《纽约时报》诉沙利文案"的内部讨论会结束后，首席大法官沃伦致信布伦南大法官，请他撰写本案判决意见。过去几年里，但凡麻烦棘手的判决，沃伦都会让布伦南出手。这其中，最为人瞩目的是 1962 年的"贝克诉卡尔案"。最高法院在此案中，首度宣布联邦法院有权审查选区划分是否公正，藉此重划了美国多数州立法机构的选区。[77]

与其他大法官一样，布伦南大法官经常安排法官助理代拟判决意见初稿。但这一次，他没有那么做，而是亲自执笔，草拟初稿，并于月底完稿。有时，一位大法官在起草判决过程中，会偏离自己在内部讨论会上的立场。布伦南谈及本案涉及的宪法原则时，就比自己在 1月 10 日内部讨论会上提出的观点更为深入。他也提出过类似"确有恶意"原则之类的检验标准，但限定条件比较宽松。他写道：

本案言词辩论时，曾有人提及麦迪逊的观点：即使当事人确有恶意，第一修正案仍禁止用诽谤罪制裁批评官员施政的言论。我们并不认为第一修正案的保护范围如此宽泛……我们应当将那些借批评之名，实质上却是故意、恶意或罔顾真相，存心损害官员名誉的言论，排除于宪法的保护之外。

　　最后一段关于"存心损害官员名誉的言论"的说法，显然是对麦卡锡时代的深刻反思。意见初稿试图向读者解释，最高法院为什么未采纳韦克斯勒庭审时提出的麦迪逊关于批评官员的言论是绝对权利的观点。布伦南为论证这一点，援引了另一起广为人知的淫秽案件："罗斯诉美国案"。*他说："我们曾经宣布，淫秽言论之所以不受宪法保护，是因为它'不具备任何社会价值'。对那些肆无忌惮损害、

---

　　*"罗斯诉美国案"：罗斯是纽约市一名书商，经常通过寄送传单、广告招揽生意，纽约警方以传播淫秽传单和黄色书籍为由逮捕了他。纽约南区法院判他有罪，联邦第二巡回上诉法院维持原判，罗斯上诉至最高法院。罗斯的律师提出，淫秽书刊不可能引发反社会行为，更不存在"明显而即刻的危险"，政府不应查禁。此外，就算宪法不保护淫秽言论，但政府必须对何谓"淫秽"作出精确界定，一个人不知道什么是"淫秽"，就被按传播淫秽物品定罪，显然违反了正当法律程序。1957年6月，最高法院以6票对3票，宣布维持原判。布伦南大法官在判决意见中指出，宪法第一修正案之所以保护言论自由和出版自由，是为了保障人们不受限制地交流思想，以促成人民希望的政治和社会变革。所以，即使对一些社会价值极低的思想，如离经叛道的思想、有争议的思想、被主流舆论痛恨的思想，宪法也提供保护。但是，由于淫秽出版物没有阐述任何思想，也不具备任何社会价值，所以不受言论和出版自由条款保护，也不适用"明显而即刻的危险"标准。布伦南据此宣布，法院今后衡量一个作品是否"淫秽"，可以依据三个原则：第一，按照当代的社区标准，作品是否通篇都在渲染色情趣味；第二，作品是否会对普通人产生不良影响，而不止是对未成年人而言；第三，作品是否没有任何社会价值。道格拉斯、布莱克大法官不赞同布伦南的意见。他们认为，法院应当相信人民抵制垃圾文学作品的能力，就和相信他们在政治、科学、宗教、经济方面的鉴别力一样。所谓"当代的社区标准"，究竟是什么标准？"社区"是指全国而言？还是一个州一个郡甚至一个镇？不弄清这些问题，就会导致许多文学作品或艺术创作被"冤杀"。参见拙文："淫秽作品与言论自由"，载张立宪主编：《读库·1006》，新星出版社2010年版。

中伤他人名誉的言论，也应如此处理。"最后一句话并未确立"确有恶意"原则，只简单提了句："我们相信，宪法保障要求这么一项联邦规则……"

意见初稿与最终版本一样，讨论了发生在堪萨斯州的"科尔曼诉麦克伦南案"，并"彻底限定"了官员提起诽谤诉讼的条件。初稿指出："在对公共事务的自由讨论中，难免存在一些错误表述。如果要求被告必须证明自己所言属实，即便他陈述的内容的确是事实，他也可能输掉官司……所以，为避免承担巨额赔偿，被告必须拿出远多于事实本身的证据武装自己。"意见初稿进一步指出，必须提高证据标准，它引述布伦南大法官在讨论"西川诉杜勒斯案"时提出的观点，要求官员提起诽谤诉讼时，必须提供"确凿无误、有说服力、毫不含糊"的证据。但是，最终版本的判决意见删去了上述观点，只要求原告提供"清晰无误、令人信服"的证据。

意见最终版本的许多重要观点，并未在初稿中体现。比如，初稿没有提到"诽谤政府罪"，也未将官员的言论免责权与"公民批评政府"时的免责权相提并论。初稿虽然提及麦迪逊反对《防治煽动法》的观点，但对当年的论战经过，并未细致展开。初稿在援引布兰代斯、汉德等人作出的言论自由先例后，写道："第一修正案的基本目的，得到'权利法案'设计师詹姆斯·麦迪逊的有力支持，这也是他在反对1798年《防治煽动法》时毫不妥协的原因……"

与最终版本相比，意见初稿论证乏力，底气不足。意见首句即尽显疲弱："我们在这起案件中首次决定，第一和第十四修正案在什么情况下，对于言论、出版自由之保护，可适用至各州民事诽谤法，以限制各州审理因官员职务行为受到批评而提起的诉讼。"

意见初稿并未提交其他大法官传阅。布伦南大法官仅让自己的法官助理们读了初稿，几天后，意见第二稿就出炉了。1964 年 2 月 4 日，这份意见开始在大法官间传阅。与初稿相比，第二稿只在措辞上做了细微调整。

在第二稿中，布伦南大法官删除了关于批评官员的言论不受第一修正案保护的冗长论述，即："故意、恶意或罔顾真相，存心损害官员名誉的言论，排除于宪法的保护之外。"第二稿提到应将官员职务言论免责的特权，延伸至批评官员的言论，但与最终稿相比，语气还是不够坚决。

意见的第三部分，对本案涉及的宪法原则进行了全新界定，并删去了关于广告是否诽谤到沙利文的分析。第二稿认为，"我们可以假设"，即使广告指涉到沙利文，也侵害了他的名誉，但阿拉巴马州法院的判决还是"未涉及宪法层次的问题"。意见认为，即便如此假设，如果没有证据证明本案被告"确有恶意"，阿拉巴马州的判决仍无法成立。与初稿不同的是，第二稿并未就此打住，而是乘胜追击，矛头直指发起重审的可能性："因此，我们认为，没有必要根据修正后的原则进行新的审判，因为现有证据无法证明'确有恶意'存在。"这种打算一劳永逸，彻底为《纽约时报》和四位牧师们清除困扰的做法，在最高法院绝对属于特例。但是，巴内特的报告却指出这部分论述中的一个漏洞。的确，"现有证据"无法证明"确有恶意"存在，但如果沙利文追加了新的证据，是否又会启动新的审判呢？与初稿一样，这份意见最终也只强调"撤销原判"。

十一天过去了，2 月 17 日，布伦南大法官的第三稿开始在同事间传阅。第三稿风格变化较大，格式、修辞均有大幅调整，且接近最终版本。最终版本中一些颇具魄力的名言，也在此稿出现，如"我国曾对一项原则作出过深远承诺，那就是：对公共事务的辩论应当不受抑制、充满活力并广泛公开，它很可能包含了对政府或官员的激烈、刻薄，甚至尖锐的攻击"。布伦南大法官在意见第三稿中，援引了"芝加哥市诉《芝加哥论坛报》案"，驳斥了"诽谤政府"的概念，但仍以"撤销原判"作结。

大法官将本人主笔的判决意见提交其他大法官传阅后，会焦急地等待所谓"回应"，即其他大法官表示加入该意见的回执。2月13日，布伦南大法官收到的第一条回执，来自首席大法官沃伦。他表示加入布伦南的意见。2月21日，怀特大法官也表示加入。随即传来的，就不再是令人欢欣鼓舞的消息了。布莱克、道格拉斯和戈德堡大法官都表示，批评官员的言论应享有绝对豁免权，因此他们不会加入布伦南的意见。2月25日，戈德堡大法官提交了自己撰写的单独意见，2月26日，布莱克大法官的意见亦交付全体大法官传阅。

此时，布伦南大法官的意见仅赢得3票支持，即首席大法官沃伦、怀特大法官，以及布伦南本人。哈伦、克拉克和斯图尔特大法官仍处于观望状态。若想形成多数意见，布伦南大法官至少要从这三人那里争取到两票。这三个人中，最重要的一票来自哈伦大法官。当时，哈伦是最高法院保守派势力的智识领袖，也是一位坚定的联邦主义者。

联邦主义，是美国政治权力构架的基本原则，决定了联邦政府与各州政府的权力划分。1787年，如果宪法未同意保留各州权力，根本就不可能在费城制宪会议上问世，至少得延后多年，方有通过可能。经历过1930年代的"罗斯福新政"和第二次世界大战，政治权力重心逐步移至华盛顿。为遏制全国性"大萧条"，罗斯福总统和国会果断行动，推行新的经济措施，随着罗斯福任命的大法官陆续进入最高法院，最高法院逐步认可了这些措施的合宪性。联邦政府的权力触角，陆续进入许多过去不能轻易触及的领域，如管制最高工时与劳资关系、限制农民种植面积、发放福利津贴，等等。各州政府亦因此被人们讥讽为"无能的古董"。为此，部分大法官，尤其是法兰克福特和哈伦大法官，一直试图通过确立强有力的判例，为各州争得一定程度的自治权。他们这么做，主要基于两方面的考虑，一是通过中央和地方分权，防止联邦政府滥用权力。州法院可以通过适用联邦宪法，防止本州出现专制政权；二是彼此独立的州政府，可以成为各种新思想的试验场。著名自由派、改革派大法官布兰代斯就是基于这个原因，才成为联邦主义的积极倡导者。他在 1932 年写道："联邦制度的一大优点在于，只要得到选民支持，任何一个州都可以成为实验室，尝试各种新兴的社会与经济实验，却不会对国家造成任何危险。"到了 1960 年代，由于权力过分集中到华盛顿，官僚主义和僵化政策的种种弊端逐渐凸显，哈伦大法官为抵制削弱州权的做法，亦付出了更多努力。

贝内特在报告中指出，正是基于上述原因，"布伦南大法官一直忐忑不安地等待哈伦大法官的回应"。2 月 26 日，哈伦大法官致信布伦南，信中说：

> 我基本同意你判决意见的第一、第二部分，仅对细微之处有所保留。我希望您能在适当段落加一个注释，说明我们并不打算以新的宪法原则约束所有公职人员。我不想在未经深思熟虑的情况下，阻止一名警察、一个助理，或其他普通公务员提起诽谤之诉。
>
> 我也认为，不应该就此案启动新的审判。但我认为，您的意见第三部分有些内容还需要再斟酌。鉴于我不打算就此

撰写一份独立意见，所以冒昧附上我在原稿上所作的修改，仅供参考。如果您赞同相关论点，并将之纳入判决，我将毫无保留地加入您的意见，不附任何独立意见。

我希望，您不会认为我是在越俎代庖。我很清楚，您正肩负着一项十分艰巨的任务。只要您愿意修正那些内容，我会全力支持您。

布伦南意识到哈伦大法官对意见最后一部分有所保留时，距离他首次将意见提交全体大法官传阅已有三周。从哈伦的信可以看出，最高法院并非铁板一块。总体上看，最高法院的架构，就像九个独立运作的法律事务所。大法官们仅在一周一次的内部讨论会上，以团队形式讨论案情。正如罗伯特·杰克逊大法官所说，会后的每一项工作，"都是独立进行的"。[78]

约翰·哈伦的建议看似随意，其实暗含着一个重大喜讯。这位行事极为审慎细致，十分注重州权的大法官，居然明确同意阻止沙利文再提起新的诉讼，哪怕沙利文阵营的律师能够找到新证据，证明广告发布者"确有恶意"，而且广告的确指涉到沙利文。

哈伦关于意见第三部分的修改建议，"并没有在布伦南大法官办公室内部激起太大反响"。巴内特写道，但是，"哈伦大法官及其追随者的支持绝对是不可或缺的"。因此，布伦南大法官很快重新修订了意见最后一部分，并采纳了哈伦的绝大部分建议。2月28日，新的意见再次提交大家传阅。第四稿的风格有所调整，大致接近最终版本。与第三稿一样，布伦南再次强调，一审证据未能证明广告指涉到沙利文，也不能证明广告发布者"确有恶意"。但是，他却得出一个截然相反的结论：

我们并不认为，启动新的庭审后，被上诉人［沙利文］能提供更进一步的充分证据。所谓广告与他的联系，本案初审时即已引起激烈争议，被上诉人无法证明上诉人意图诽谤自己。因此，我们可以合理假定，即使启动新的庭审，他也无法提供更为确凿的证据，证明"确有恶意"存在。总之，根据《美国法典》第28章2106节（28 U. S. C. 2106）赋予大法官的权力，我们宣布不必就此案提起再审。

哈伦大法官的建议颇为特别。宪法允许各州保留自己的法律与司法系统，并受联邦保障。各州法官、政治家都极端厌恶干涉州法院司法权的行为。美国建国之初，一些州甚至抵制最高法院适用联邦法律来复审州最高法院审理过的案件。1813年，当联邦最高法院撤销弗吉尼亚州一则涉及土地所有权的判决时，弗吉尼亚州上诉法院居然拒绝执行，甚至提出，授权最高法院根据联邦法律审查州法院判决的国会立法，是侵犯各州主权的违宪之法。1816年，在著名的"马丁诉亨特的租户案"中，最高法院再次触及这一议题。大法官们宣布国会相关立法符合宪法，判定最高法院拥有对各州民事判决的司法审查权。[79]5年后，最高法院又在"科恩斯诉弗吉尼亚州案"中，宣布拥有对各种刑事判决的司法审查权。[80]到1964年，最高法院的终审权问题已尘埃落定，但是，禁止当事人在州法院按照新的宪法标准提起诉讼，仍被视为罕见的侵扰之举。

哈伦大法官为禁止启动新的庭审，援引了《美国法典》第28章2106节。该节授权联邦上诉法院，也即联邦最高法院与联邦巡回上诉法院，"在特定情况下，指示相关判决、裁定、命令的受理，或要求进一步审理"。哈伦大法官从字面含义推定，这项授权包括指示州法院不得再启动新的庭审。但是，布伦南大法官在整合哈伦的建议时，对能否以2106节作为裁判依据，内心产生疑虑。经他研究，这一节的内容，从未适用在州法院上诉到最高法院的案件中。它本来的功能，就是方便联邦上诉法院更好地监督联邦地区法院。如果把这一节适用至州法院系统，不仅会引发宪法争议，还可能激怒各州政府。

布伦南大法官在新意见稿传阅期间，发现了上述问题。他致信哈伦大法官说："修订版本融合了您关于原稿第三部分的建议，希望最终成果能令您满意。但是，不知道您是否注意到这样一个问题，我们在援引《美国法典》第28章2106节时，可能忽略了这么一种可能：某人或许会据此辩称，相关条文因禁止州法院根据州法启动再审，有违宪之嫌。……我想，我们既然打算限制州法院再审此案，不妨先把这个问题解释清楚。"

就此问题，布莱克大法官也亲笔致信布伦南，提供了一些建议。在司法立场上，布莱克与哈伦是对立的两极。但是，这一次，他却尽力站在哈伦的立场，分析眼前的问题。他写道："我反复思考了约翰的提议，认为他对这个问题的反应并不成熟。有些做法甚至背离了他一直秉持的'联邦主义'立场。我想，你的想法或许比约翰的更加管用，仓促宣布国会立法授权最高法院禁止各州提起再审，肯定会激起宪法争议，相关问题在著名的'科恩斯诉弗吉尼亚州案'中已经讨论过。"

这一次，向来在联邦主义和州权问题上与约翰·哈伦唱反调的雨果·布莱克，开始替自己这位老对手考虑。布莱克大法官以固执己见、铁面无情著称于世，即使位于少数意见方时，也会据理力争。他的许多异议意见，如今已被认可，进而演化为法律。这次的小插曲，更透露出诸多含义。布莱克素来敬重哈伦大法官。由于两人的先祖都来自肯塔基州，他甚至坚信自己与哈伦是远房亲戚，并乐于告诉他人这番渊源。哈伦大法官对这份私人情感，亦投桃报李。1971 年夏天，"五角大楼文件案"之后不久，两位大法官都患上不治之症，双双住进贝西斯达海军医院。一次，雨果·布莱克的儿子小雨果前去探望哈伦。哈伦对小雨果说，他已有意退休，但希望在布莱克大法官之后告老还乡，因为自己很想亲眼目睹"最高法院这位伟大人物"发表荣休演说，接受世人颂扬。[81]

（后人在布伦南大法官留下的文献中，还发现了布莱克大法官一封日期不详的便函。他写道："我一直没搞清楚，为什么约翰在没有改变自己'联邦主义'立场的前提下，居然同意最高法院禁止州法院重审此案。不过，无论如何，他同意加入你的意见，就是对第一修正案保护的自由的最大贡献。我深信，通过你的判决意见，人民将获得完全的豁免权，批评政府或官员的行为，不仅不会落得支付巨额赔偿的下场，反会成为任何公民应尽的公共义务。许多发明创造，甚至包括法律原则的创制，多来自社会的迫切需要。保护言论自由的迫切需要，催生了新的宪法规则。对新规则的合理化论证并不重要，重要的是结果。我想，你的判决会实现我们所期盼的结果。"）

除了将 2106 节作为禁止启动新的审判的依据，哈伦大法官还作出一项事实性假定：沙利文阵营的律师已无法提供更有意义的新证据，进而启动新的庭审。比如，意见第四稿（即融入哈伦建议的那一稿）指出，证人们之所以将广告内容与沙利文本人联系在一起，完全基于他的身份，"而不是根据能够证明他直接对警方行为下令或放任警察胡作非为的证据"。巴内特在报告中评价说："哈伦大法官承认，如果沙利文一方提供了新的证据，他也不确定能否阻止州法院启动新的审判。"

3月2日，星期二，布伦南大法官会晤了哈伦大法官，讨论了审判中涉及的一些实际问题。根据巴内特的报告，"哈伦大法官提出，撤销自己关于明确禁止州法院启动新审判的建议。作为替代，他给出了一项截然相反的思路：既然不能禁止对方提出新证据，进而启动新的审判，最高法院干脆撤销原判，发回重审了事，没必要再审查原审证据是否充分"。简言之，哈伦大法官倾向于删去布伦南判决意见的最后一部分。

布伦南大法官同意删去"不得启动新的审判"的说法，但只能到此为止。当天晚些时候，他致信哈伦大法官："经过深入思考，我认为，除了删去禁止被上诉人重新起诉的内容外，意见第三部分仍应保留。我想，保留这部分关于现有证据无法证明'确有恶意'的分析，对所谓新的审判亦有一定警示作用。在我看来，这么做主要基于两方面的考虑：（a）我们据此告知司法界，我们将审查相关领域的证据；（b）对证据进行分析，证明其充分性不足，既展示了我们的审判思路，又可以提示本案当事人，即使提起新的诉讼，也必须补充足够的新证据……"

3月3日，布伦南大法官将判决意见第五稿提交全体大法官传阅。新版本删去禁止再审内容，风格上也进行了些许调整，结论则是："撤销阿拉巴马州最高法院的判决，将此案发回重审，新判决不得与本判决存在不一致。撤销并发回重审。"附随第五稿一同传阅的，是布伦南专门为同僚们撰写的解释备忘录。备忘录写道：

> 经与约翰·哈伦大法官多次讨论，我认为，若假定宪法
> 授权我们禁止州法院提起再审，并通过本案判决首度宣示，
> 绝非明智之举。约翰也曾建议，删去关于证据充分性的讨论

……然而，我始终确信，根据宪法规则，论证这些证据的不充分性，绝对是本意见不可或缺的组成部分。既然沙利文坚称握有证明对方"确有恶意"的证据，并要求损害赔偿，我们就必须证明，他的证据在宪法关于"确有恶意"的证明标准面前，绝对是不充分的。如此一来，即便沙利文在阿拉巴马州提起新的诉讼，他也应当清楚，仅凭现在这些证据，不足以支持对他有利的判决。如果我们现在不做任何说明，事后又撤销根据现有证据作出的新判决，显然是思虑不周的表现。别人会把我们此刻的沉默，视为对现有证据有效性的默认。最后，目前蒙哥马利市和伯明翰市还有许多诽谤诉讼尚在审理过程中，相关人士应当知悉最高法院对这类案件的立场。

布伦南的这份备忘录，说明他对本案宣判后，阿拉巴马州可能发生的情况仍心存疑虑。正如布莱克大法官在独立意见中警告的那样，当地官员完全可以提起新的诽谤诉讼，并理直气壮地说服陪审团，显示他们已掌握证明被告"确有恶意"的证据。但是，哈伦大法官却对备忘录无动于衷。3月3日晚些时候，他致信布伦南大法官，说道：

来信昨晚收悉，我对内容深表遗憾。我认为，目前这个版本第三部分的内容，与之前的版本并无太大变化，甚至缺了些开诚布公的讨论。很抱歉，我不会加入这份意见，并将在今天下午将自己的解释备忘录交大家传阅。我同意你的判决意见，除了关于证据的讨论。

哈伦大法官的备忘录只有短短两页，内容却一针见血，直指布伦南大法官判决意见的要害。哈伦写道："在关于宪法原则的论述方面，我完全赞成最高法院的判决意见。我同样赞成，在类似案件中，最高法院的职能除了确立宪法规则，还包括审查原审判决中的证据，确保对新规则的适用，能够符合宪法之要求。"但是，他最后却说："我认为，最高法院选择在这个阶段审查证据的充分性，是不合时宜的。"

哈伦的信函与备忘录，令布伦南大法官十分沮丧。他开始担心，生怕其他大法官会加入哈伦大法官的保留意见，这样很可能无法形成多数意见。斯图尔特大法官多少感受到布伦南的忧虑。3月3日，哈伦的备忘录传阅期间，斯图尔特写了封便函给布伦南，表示仍然支持他的意见。同一天，首席大法官沃伦也致信布伦南，声称保留意见第三部分的决定是正确的。他说，如果不保留这部分，"我们的所作所为将毫无意义，这些案件将改头换面，重新来到我们面前，而我们所面临的问题，也将更加棘手"。但是，根据巴内特的报告，克拉克大法官的立场发生了动摇。2月28日，他还表示赞同布伦南的意见，现在却倾向赞同哈伦大法官的观点。怀特大法官的立场，也一直游移不定。

3月4日，布伦南赴克拉克的办公室拜访，与他讨论本案的裁判问题。克拉克大法官递给他一份已打印完毕，尚未交付传阅的单独意见草稿。意见提出："若想彻底驳斥被上诉人的说法，没必要动用否定其证据充分性这种偏离主题的做法。"与哈伦那份略显克制的备忘录相比，这份意见的语气要夸张许多。

更令布伦南大法官意外的是，克拉克大法官居然要提交一份单独意见，这对他绝对是一个沉重打击。现在，他的判决意见第三部分，已经不是多数意见了。如果不能作为多数意见，他原本打算通过意见

第三部分实现的目的，将胎死腹中，他的初衷是：向现在乃至将来的阿拉巴马州政府官员宣布，最高法院打算确立新的宪法规则，将之适用至诽谤诉讼中。所有官员因职务行为受到批评而提起诉讼，且陪审团裁定被告向官员支付损害赔偿的案件，相关事实证据都应按新规则进行全面审查。更严重的是，如果一份判决意见失去多数大法官支持，其权威性亦将受到广泛质疑。对一份特别重要的最高法院判决来说，全体一致或近乎全体一致的同意，意义非常重大。这也是首席大法官沃伦在废除校园种族隔离的"布朗案"中，以惊人的耐性，逐一说服全体大法官，最终促成一致判决的原因。如果最高法院的内部分歧未能消解，"《纽约时报》诉沙利文案"判决的权威性亦将荡然无存。

由于本案突然陷入没有多数意见的境地，道格拉斯和戈德堡大法官决定出手相助。他们赞同给予批评官员的言论绝对豁免权，但是，与其各不相让，令最高法院的意见趋于分裂，不如支持布伦南大法官的观点。3月4日，也就是克拉克大法官抛出他那份"重磅炸弹"的同一天，道格拉斯大法官致信布伦南，建议在意见第二部分增加一个脚注，脚注的内容是："道格拉斯大法官认为，无论是否'确有恶意'存在，当前这些受到质疑的证据，根据宪法都不应被采纳，即使采用相对宽松的证据标准，这些证据也是有缺陷的。"有了这样的细微调整，布伦南大法官即可宣布意见第三部分得到五票支持：他本人、首席大法官沃伦、大法官斯图尔特、怀特和道格拉斯。戈德堡也给布伦南送去一封亲笔信，提出一个与布伦南目标一致，但视野更为开阔的策略。他写道："你应当明白，我非常欣赏你的判决意见，并将之视为本开庭期的最杰出之作。你清楚我的观点，并在你罗列的论据中有所提及……我不知道雨果会怎么做，但我肯定会加入你出色的判决意见。你可在其中简要提及，我希望在现有基础上，能有更进一步的跨越。总之，在你的意见支持者中，请算上我一票。如果这么出色的意见无法成为多数意见，我会非常伤心。"

但是，布莱克大法官却没有什么变通可言。他在给布伦南大法官的便函中说，如果仍把"确有恶意"作为合宪性的检验标准，现有证据很可能证明"确有恶意"的存在。因此，他并不赞成意见的第三部分。在他看来，就算审查完相关证据后，发现证据并不充分，"对未来诉讼当事人的影响也微不足道"。

怀特大法官提出，不妨从另外一个角度，对蒙哥马利市的庭审记录进行审查。本案一审时，琼斯法官并未向陪审团说明，巨额赔偿中哪些是损害赔偿，哪些是惩罚性赔偿。根据阿拉巴马州法律，只有证明出版者蓄意造假时，才能判处惩罚性赔偿。因此，只要陪审团裁定的赔偿金包含惩罚性赔偿，就必须证明蓄意造假行为的存在，相关认定也必须由上级法院确认。因此，最高法院有权审查相关事实。这也是怀特大法官提出的裁判思路。不过，布伦南大法官认为，这一思路仍然存在缺陷。如果陪审团解释说，所有判罚都是损害赔偿，而非惩罚性赔偿，是否存在蓄意造假便没有意义了。不过，他还是打算碰碰运气，用怀特的思路去争取哈伦的支持。3 月 4 日，布伦南大法官的判决意见第六稿出炉，意见吸收了怀特大法官的建议。但是，哈伦和克拉克仍然无动于衷。

3 月 5 日，克拉克大法官突然送来惊喜。他告诉布伦南，如果后者同意在意见第三部分注明，审查证据是"基于对司法行政效率的合理考量"，他将加入整份意见。布伦南迅速将一封便函转给自己的法官助理，巴内特和斯蒂芬·弗里德曼，上面写着："克拉克大法官表示，如果我们对最新版本意见的第 29 至 30 页略作修改，他将加入这份意见。他认为，这样或许能说服哈伦大法官。我的想法是，与其采纳怀特大法官关于惩罚性赔偿金的思路，不如加上那句'基于对司法行政效率的合理考量'。顺便说一句，布莱克大法官反对道格拉斯与戈德堡大法官的解决方案，看来我们不能那么做。总之，我们应接受克拉克大法官的折中之计。请速将意见送印，并于今天下午提交大家传阅。"

3月5日下午，意见第七稿开始传阅。意见第三部分说："考虑到被上诉人［沙利文］可能重新起诉，基于对司法行政效率的合理考量，我们理应审慎审查本案证据，判断是否应作出有利于被上诉人的宪法裁决。"这段被保留在最终版本中的陈述，令后来的评论者颇感困惑。比如，究竟什么是"对司法行政效率的合理考量"？巴内特后来评价这一扭转乾坤的时段时，略带讽刺地说："在最高法院当时的特殊气氛下，'对司法行政效率的合理考量'实在是一个模棱两可的说法，后来，这类说法简直成为'司法灵药'，专门用来解决各种疑难杂症。"

3月6日是个周五，最高法院例行召开内部讨论会。大法官们讨论了"《纽约时报》诉沙利文案"的判决意见。与前日传阅的那个版本相比，除了个别语气调整，布伦南终于在意见中加入了与《防治煽动法》相关的内容。同时，第八稿也吸纳了克拉克大法官关于"对司法行政效率的合理考量"的说法，意见得到了多数大法官的批准，并将于3月9日（周一）对外公布。此时，投赞成票的大法官包括：首席大法官沃伦、大法官克拉克、布伦南、斯图尔特和怀特。哈伦大法官仍不赞同意见第三部分。他撰写了一份新的备忘录，并附加了一份声明："无论如何看待这起诽谤诉讼，其最终裁决仍应遵循一般诉讼程序。最高法院前所未有地审查本案证据，将对国家整体利益造成长远损害。"第二天，周六，哈伦大法官将上述备忘录交大家传阅，只对最后一句话作了修改："……将对本案引起的宪法关切造成长远损害。"他在写给布伦南大法官的一份便函中写道："亲爱的比尔，我阅读了您的备忘录，和您对'《纽约时报》案'意见作的调整。很抱歉，我仍坚持原来的看法，并将发布单独的协同意见。"

3月8日，周六晚间，哈伦大法官在家中致电布伦南。他说，他已决定撤回之前发布的单独备忘录，并无条件加入布伦南的意见。

哈伦大法官为什么在最后一刻回心转意呢？这个问题或许没有确定答案，却有不少线索可循。尽管偶尔意见相左，但布伦南大法官人缘很好，与许多大法官交情不错。无论意见分歧有多大，他绝不会像法兰克福特大法官那样，在判决意见中直接进行人身攻击。哈伦大法官向来注重最高法院的整体形象，他也不希望在如此重要的案件中特立独行，伤害布伦南大法官的感情。当然，尽管如此，哈伦大法官也不会因此放弃自己的基本立场。总体来说，他还是赞成布伦南大法官意见中的多数内容，在经过痛苦抉择之后，他最终决定以大局为重，暂时搁置次要问题的争议。事实上，哈伦大法官这么做，也是基于对赫伯特·韦克斯勒的信任。韦克斯勒本人就是研究联邦主义的权威，哈伦大法官相信他的观点不会过分偏离联邦主义的立场。

这个周末，布伦南又对判决意见作出了细微调整。周一一大早，哈伦大法官就致信全体大法官，信中说：

亲爱的弟兄们：*

　　我已通知布伦南弟兄，现在希望其他弟兄也知道，我已撤回自己在这起案件中的单独备忘录，并无条件地加入多数意见。

　　上午 10 点，大法官们在审判席上依次落座。几分钟后，首席大法官沃伦以目光向布伦南大法官示意。布伦南说："我现在宣读最高法院对 39 号案件，'《纽约时报》诉沙利文案'的判决。"现场听众包括律师、记者、观光客和一些司法界人士，他们聆听判决时，当然不会知道大理石神殿内上周发生的一系列戏剧性事件。** 布伦南大法官语气平稳，开始宣判："本案中，我们首度被要求去判定，宪法对言论、出版自由的保护，是否意味着应当限制一州以诽谤为由，要求批评政府官员者支付赔偿……"

第 十 七 章

连 锁 反 应

"《纽约时报》诉沙利文案"只是开始，绝非终点。此后数年，甚至数十年，最高法院与各下级法院针对不同事实，不断厘清本案判决的意义。不过，布伦南大法官主笔的判决意见，的确遭遇重重疑问。比如，怎么做才算"罔顾真相"？不实陈述的被害人，如何证明行为人明知陈述虚假，却玩忽放任，罔顾真相？1964 年之后，这些问题仍无定论。当然，这一结果并不令人感到奇怪，按照赫伯特·韦克斯勒的说法："我们不能指望最高法院预见到判决衍生出来的全部宪法问题。"诽谤案，过去并不在最高法院管辖范围之内，此后数年却成为最高法院待审案件登记表上的常客。从大法官审理的一系列诽谤案中，人们可以见证他们殚精竭虑、苦心释宪的努力。

在涉及诽谤诉讼的法律中，有一个问题被认为特别棘手，那就是：如何划分公共领域与私人生活领域的界限？米克尔约翰教授向来倡导公共话题讨论的言论自由，但他也认为，"侵害个人名誉"的言论，亦即与公共事务无关的诽谤言论，不受宪法第一修正案保护。[82]最初，最高法院似乎认同米克尔约翰的观点。"沙利文案"的法理基础，就是确保人民自由无忌地发表关于政府的言论。正如布伦南大法官所言，这是"宪法第一修正案的核心含义"。随后，最高法院又借"盖瑞森诉路易斯安那州案"一案，强调了上述前提。但是，另一起名为"《时代》周刊公司诉希尔案"的案件，却引发了新的疑问。

1952年9月11日，三名越狱逃犯闯入费城郊区一处民宅，劫持了詹姆斯·希尔一家。希尔家里除了他本人，还包括妻子伊莉莎白和五个儿女。幸运的是，被挟持期间，逃犯们还算客气，并未为难他们。事后，媒体关于此事的报道铺天盖地，细节渲染上亦极尽耸人听闻之能事。希尔一家，尤其是希尔太太，实在难以忍受媒体的密集曝光，被迫迁往康涅狄格州，并谢绝所有媒体的采访，一家人逐步淡出公众视野。可是，到了1955年2月，《生活》杂志突然刊出一则文章，介绍一出名为《绝望时刻》的新戏。这部戏描述了一户被逃犯劫持的人家的悲惨经历。《生活》杂志指出，该戏原型就是希尔一家，还刊出了演员们在费城郊区希尔家旧宅的合影。这种刻意营造出来的印象，完全是胡编乱造。《绝望时刻》编剧约瑟夫·海斯压根儿没将希尔家的遭遇作为创作背景，剧中情节也与希尔一家被劫持的真实情况有很大出入。比如，在戏剧里，逃犯们极度凶残，不仅毒打了父亲，还强奸了一个女儿。《生活》杂志刊登的文章、照片仿佛在暗示人们，这就是希尔一家当年的真实遭遇。这对希尔一家来说，简直就是另一场噩梦，希尔太太受到很大伤害，精神近乎崩溃。他们只好以法律为武器，捍卫自身权益。

希尔以侵犯隐私为由，提起诉讼。他宣称，《生活》杂志故意发布不实信息，将《绝望时刻》中的残暴情节，与他的家庭遭遇联系在一起，违反了纽约州保护隐私权的法律。用布兰代斯大法官的话说，他因此丧失了"独处的权利"（隐私权这一法律概念，首次出现是在1890年《哈佛法律评论》一篇名为"论隐私权"的论文中，论文作者是时为律师的布兰代斯和他的律所合伙人塞缪尔·沃伦。）希尔的官司，在纽约州法院整整折腾了十年。陪审团最终裁定他获得 3 万美元补偿性赔偿，并得到法官支持。然而，《生活》杂志发行方《时代》周刊公司却以相关文章应受第一修正案保护为由，上诉至最高法院。1965 年，"沙利文案"判决一年后，最高法院同意受理"《时代》周刊公司诉希尔案"。

詹姆斯·希尔一家的遭遇，怎么可能与"沙利文案"扯上关系？本案并不涉及重大公共议题，如《纽约时报》广告谴责的种族之争。希尔一家也并非政府官员，只是一个被迫卷入公众视野的普通家庭。此案与批评政府或官员的权利也没有任何关系。但是，"《时代》周刊公司诉希尔案"却成为最高法院扩大"沙利文规则"适用范围的机会，也在大法官内部引起激烈争议。

1966 年 4 月，最高法院听取了本案的言词辩论。多数大法官赞同维持原判，驳回《生活》杂志申请第一修正案保护的诉求。首席大法官指派阿伯·福塔斯大法官撰写本案判决意见。福塔斯曾是美国驻联合国大使，戈德堡大法官这年离职后，他刚刚被约翰逊总统任命为大法官。福塔斯撰写了一份初稿，以异乎寻常的强硬措辞，谴责了《生活》杂志的做法：

> 《生活》杂志这则图片故事导致的多余、轻率、恣意、蓄意的伤害，根本不是负责任的新闻界应有的作为。杂志作者、编辑不能因为肩负重要职责，就忽视不得蓄意、轻率导致不必要侵害的基本义务。……希尔一家独处的权利不应受到侵扰，宪法为保护思想、意见自由交流而设置的保障，不能成为侵扰他人的辩护理由。

这些话无法在最高法院判决意见的官方合订本中找到。事实上，直到 1985 年，人们才在伯纳德·施瓦茨教授的《沃伦法院的未刊判决》一书中，读到福塔斯大法官的初稿和本案的裁判内幕。至于福塔斯大法官当时为什么对《生活》杂志的报道那么恼火，至今仍是未解之谜。其实，福塔斯只在早年担任律师、法官和林登·约翰逊总统的法律顾问时，才偶尔出席公务活动，多数情况下，他都深居简出。我们姑且大胆推测，他可能有过被新闻界侵扰的经历。另外，在麦卡锡时代，福塔斯和他的律师事务所，多次替被诬称为共产党人的受害者辩护，这段经历使他对蓄意污蔑的行为特别敏感。无论基于什么原因，福塔斯这份措辞严厉的初稿不仅事与愿违，反而激怒了布莱克大法官，后者可是最高法院捍卫言论、出版自由的斗士。布莱克公开抨击了福塔斯的初稿，这也令其他大法官十分尴尬。结果，这年十月，此案又被安排了一次言词辩论。第二次开庭前一天，布莱克大法官传阅了一份备忘录，以夸张的口吻，要求大家对之前 3 万美元的判罚保持警惕。他说："我想，任何人都不是预言家，能够预见本案这样的判决将对媒体产生什么样的震慑、吓阻效果，由于报界不得不质疑任何有新闻价值的事实的真实性，从此它们将再也不能以生动、易读的形式报道新闻。"

1967 年 1 月，最高法院就"希尔案"宣判。福塔斯大法官没有争取到多数大法官，希尔也输了官司。最高法院的判决意见改由布伦南大法官主笔，他沿用了自己在"《纽约时报》诉沙利文案"中提出的裁判规则。[83] 他认为，如果"没有证据证明被告明知陈述虚假，故意为之；或玩忽放任，罔顾真相"，就不得根据纽约州保护隐私的法律，对那些"对公众关注之事的不实报道"判处损害赔偿。可是，明明是一项保障人民批评政府权利的标准，最高法院为什么用来保护杂志对希尔一家的不实报道呢？布伦南大法官解释说：

宪法对言论、出版自由的保障，不局限于对公共事务的政治表达或评价，这一切对一个健全的政府来说，都是至关重要的。一个人只需随便拿起一份报纸或杂志，便可了解到呈现在公众面前的大千世界，包括对普通公民和政府官员的报道。面向他人不同程度的自我曝光，是对生活在文明共同体中的每一个人的附带要求。在一个以言论、出版自由为首要价值的社会中，这种被曝光的风险，是我们生活必不可少的一部分……如果我们要求媒体必须承担证明报道对象姓名、图片和肖像真实性的责任，将对自由社会中的自由报业，造成难以挽回的严重威胁。

"希尔案"的判决，引发了持续争议。正如布伦南大法官所言，若要求媒体证明报道句句属实，会令他们举步维艰。问题在于，为了不让媒体背上这种负担，就能证明伤害个人名誉，尤其是侵害一个被迫卷入公众生活这潭浑水的公民的隐私权的正当性么？的确，言论、出版自由是美国社会的首要价值，可是，这是否意味着社会可以强迫人民"面向他人自我曝光"呢？20 世纪那些极权主义国家，就是利用各种监视手段，窥探人民生活私密。因此，乔治·奥威尔的《一九八四》中那位全知全能的"老大哥"，才成为极权社会的代名词。*

将"沙利文规则"适用至案情迥然不同的"希尔案"，再次令最

---

*《一九八四》是英国作家乔治·奥威尔 1949 年出版的一部反乌托邦小说。小说中，奥威尔描绘了一个可怕的极权社会，在这个社会中，思想自由是一种死罪，独立自主的个人被消灭干净，每个人的思想都受到严密控制，掌握权力的人们以追逐权力为终极目标，并对权力顶礼膜拜。小说中的"老大哥"是极权社会的领袖，可以监控一切。小说中有不少经典名句，如"战争即和平；自由即奴役；无知即力量"、"谁控制过去就控制未来，谁控制现在就控制过去"、"老大哥在看着你"、"所谓自由就是可以说二加二等于四的自由"、"思想罪不会带来死亡；思想罪本身就是死亡"，等等。

高法院内部意见趋于分裂。大法官们以 5 票对 4 票，决定撤销原判。福塔斯大法官发布了异议意见，沃伦首席大法官和克拉克大法官加入了这份意见。福塔斯的措辞虽较前稿缓和，但在文末仍提出强有力的警告："不管媒体是如实报道，还是曲意逢迎，最高法院一律赋予其免责权，这种做法是不妥当的。事实上，在与评价公众人物或讨论公共事务无关的领域，这种免责权根本不是新闻自由的保障，而是令公众仇视这种自由的诱因。"

哈伦大法官也发布了一份日后非常著名的异议意见，他预测说，在未来日子里，最高法院内部将为此议题陷入苦战。他说，之所以不能仅仅因为一些言论有不实成分，就解除对它们的宪法保障，主要基于两个原因：首先，在自由辩论过程中，错误在所难免。其次，在公共讨论领域，"真相"是一个难以界定的概念，如果让事先已存偏见的陪审团去认定何为"真相"，很可能催生新闻审查制度。任何一个经历过"斯寇普斯审判"的国家，都不会因陪审团认定的事实有误，就急匆匆查禁某种思想。（约翰·斯寇普斯是田纳西州一名教师，对他的审判，是 1920 年代最著名的法律和文化冲突事件之一。田纳西州法律规定，凡教授《圣经》创世纪之外的人类起源理论的行为，皆为犯罪。斯寇普斯因为教授达尔文的进化论而被起诉，代表他出庭的，是伟大的民权律师克拉伦斯·丹诺。代表控方出庭的，则是威廉·吉宁斯·布莱恩，他是基本教义派基督徒，曾三度被提名为民主党总统候选人。最后，陪审团宣布斯寇普斯有罪。）

哈伦大法官说，"思想市场"是检验真相的最佳场所，但对"希尔案"来说，却并非如此。希尔为驳斥《生活》杂志的不实报道，可谓费尽艰辛，对他来说，本案意味着"无法澄清的不实之词的风险"。的确，"沙利文案"判决曾提出，官员应具有"坚韧不拔"之特质，但是，我们不能要求詹姆斯·希尔这样的普通人也具备此类条件。基于上述理由，哈伦大法官认为，希尔只需证明媒体"疏忽大意"（negligent）即可获取赔偿，没有必要要求他证明《生活》杂志"明知陈述虚假，故意为之；或玩忽放任，罔顾真相"。所谓"疏忽大意"，是指媒体在刊出报道前，没有"善尽合理调查之责"。哈伦大法官在异议意见结语处提出的警告，与福塔斯大法官有异曲同工之妙："宪法确实应维护新闻自由，却将这样最低限度的新闻职责也一并豁免，对我来说，这么做实在没有必要，而且，从长远来看，这样也将损害到新闻业自身的健康发展。"

"希尔案"中，另有一则有趣插曲。当时，代表希尔一方在最高法院出庭的律师，正是日后的理查德·尼克松总统。当时，他正在纽约州执业，同时准备参加1968年总统大选。有意思的是，尼克松总统因"水门事件"下台后，人们在白宫录音带中，还意外听到了关于"希尔案"的消息。1973年2月28日，尼克松与白宫法律顾问约翰·迪安谈到了这起案件。根据众议院司法委员会在"尼克松弹劾案"中的相关记录，迪安当时说，诽谤诉讼的威胁，将"警告几家全国性杂志保持头脑清醒"，在刊出"水门垃圾"前好好掂量掂量。两人的对话如下：

> 总统："嗯，你当然知道，我曾在'希尔案'时说过……嗯，公众人物要想打赢诽谤官司，简直他妈的不可能。"
>
> 迪安："是的，阁下。要么证明对方确有恶意，要么证明罔顾真相，两样都很难啊。"
>
> 总统："没错。恶意是根本没办法证明的。罔顾真相倒是有些许可能。"

迪安："太难了。那实在是个混账判决，总统先生，那真是个糟糕透顶的判决。"

总统："真见鬼，那个案子叫什么来着？……我不太记得名字了，反正是个骇人听闻的判决。"

迪安："《纽约时报》诉沙利文案。"

总统："对，是沙利文案。"

迪安："与南方的民权运动相关……"

总统："沙利文……那家伙好像是个警察局长。不管怎么样，那个案子宣判时，我们正在起诉《生活》杂志，你知道的，为一个叫希尔的人。当时几乎快要胜诉了。"

迪安："那您最后赢了吗？"

总统："最高法院……4票对3票。有两个人没能……不对，是5票，5票对4票，5票对3个半票。"

迪安：（笑声）

关于尼克松在"希尔案"中扮演的角色，他的前律所合伙人、白宫法律顾问伦纳德·加门特的看法更为公允，也更具说服力。1989年，加门特在《纽约客》杂志上发表了一篇回忆性文章。他说，尼克松当时为自己在最高法院的第一次言词辩论进行了精心准备，连大法官都称赞他的表现非常完美。

庭审次日上午，加门特在尼克松桌上看到一份5页篇幅的备忘录，尼克松在上面详细分析了自己在法庭上的表现。当最高法院决定在1966年10月举行第二次言词辩论时，尼克松不得不从共和党国会候选人竞选中抽出身来，用三周时间为庭审做准备。1967年1月，加门特致电尼克松，告诉他最高法院可能判希尔败诉时，尼克松说：

"我就知道，在上诉案中，我们根本赢不了媒体。现在，里昂纳德，你可听清楚了：我再也不想听到任何关于'希尔案'的消息了。"[84]

若从意识形态层面考察，阿伯·福塔斯与尼克松绝非同一阵营，但是，在近乎病态地仇视媒体，和厌恶"希尔案"判决方面，俩人立场倒是高度一致。1969 年，《生活》杂志揭发福塔斯曾收受一名正被证券交易委员会调查者的酬金，他被迫辞去大法官之职。加门特说，福塔斯坚持认为，《生活》杂志之所以刊出那篇曝光性报道，就是为了报复他在"希尔案"中的立场。经詹姆斯·希尔允许，加门特还披露了本案的悲惨结局。1971 年 8 月，希尔太太自杀了。加门特认为，导致这一悲剧发生的，可能有多重因素，未必要完全归罪于《生活》杂志的不实报道，但是，在这个充满侵略性的世界里，一些以内心完整性为依托的人们，一旦被迫因负面信息成为公众关注的中心，将受到严重伤害。总之，这起自杀事件，加剧了人们对最高法院"希尔案"的不满。几个月后，最高法院在另一起案件中宣布，即使诽谤案原告并非政府官员，也可以适用"《纽约时报》诉沙利文案"确立的规则。这起案件即"柯蒂斯出版公司诉巴茨案"。

《周六晚邮周刊》是柯蒂斯出版公司旗下的一份杂志。杂志刊登了一则耸人听闻的报道，指控东南部大学足球联赛中有人操纵球赛结果。报道说，佐治亚州大学的体育总监瓦里·巴茨，在本校与阿拉巴马州某大学一项重要赛事开赛前，私下与阿拉巴马球队教练拜尔·布莱恩特商定赛果。这条新闻的信息来源颇为诡异，爆料者是亚特兰大的一名商人，他宣称，自己在打电话时，由于接线员搭错了线，凑巧听到了巴茨与布莱恩特的密谋。事后，巴茨以诽谤为由，将柯蒂斯出版公司告上法庭。陪审团判定被告支付 6 万元补偿性赔偿金和 300 万元惩罚性赔偿金，上述罚金后来被法官缩减为 40 万元。最高法院复审此案时，瓦里·巴茨的身份成为争议焦点。巴茨本人并非"政府官员"，工资亦由校友会支付。但是，他却是一名被公众熟知的"公众人物"。那么，巴茨若想胜诉，是否需要按照"沙利文案"确定的规则，证明对方明知陈述虚假，故意为之，或者玩忽放任，罔顾真相？针对这一问题，最高法院内部出现了四种意见。

哈伦、克拉克、斯图尔特和福塔斯四位大法官认为，诸如巴茨这样的公众人物，无须证明对方"罔顾真相"，即可获取诽谤赔偿。哈伦大法官说，如果原告能证明被告"严重偏离"一般新闻调查或报道标准，就已足够。他认为，《周六晚邮周刊》的报道，显然偏离了上述标准，所以应维持原判，支持巴茨的诉求。布伦南和怀特大法官坚持将"沙利文案"判决确立的"玩忽放任，罔顾真相"标准适用于本案，他们主张撤销原判，发回重审。布莱克和道格拉斯大法官也主张撤销原判，所持理由则更为宽泛，在他们看来，言论、出版自由应受到第一修正案的绝对保护。如此一来，主张维持原判和撤销原判的各有4票，首席大法官沃伦的关键一票将决定判决走向。沃伦思虑再三，最终撰写了一份意见，支持布伦南和怀特的立场，即公众人物若想赢得诽谤诉讼，必须满足与政府官员同样的举证标准。[85] 沃伦解释说：

> 在我国，政府与私人领域的分界越来越模糊。自 1930 年代的"大萧条"和第二次世界大战以来，不同领域急遽整合，政经权力交叉融合，科技、工业和政府合并结盟，学界、政界和商界高度互动。……在许多情况下，传统上由政府机构拟定的政策方针，改由其他错综复杂的机构来策划、执行，如各类理事会、委员会、公司、联合会，其中不少机

构甚至与政府并无渊源。这种身份、权力的融合，也发生在私人领域，许多人并无官方身份，却介入到重要公共事务的决策过程中……我们的人民，对这类人士的行为，自然可以给予合理、合法、正当的关注，媒体亦可不受约束地讨论这些人介入公共议题或事务时的所作所为。媒体拥有这项权利的重要性，与讨论"政府官员"的重要性一样。

但是，在事实问题上，沃伦反对《周六晚邮周刊》的做法。他说，这份杂志的代表律师在一审期间，故意放弃宪法抗辩，是因为他们发现，现有证据足以证明杂志刊出报道前，存在"玩忽放任，罔顾真相"的行为。因此，他成为赞同维持原判损害赔偿判罚的第 5 票。对这一点，代表柯蒂斯出版公司出庭的赫伯特·韦克斯勒感觉非常沮丧，因为他成功将自己在"沙利文案"中的法律观点，适用到"公众人物"身上，可自己的客户却输了官司。他后来说："五十年来，这可是唯一一场官司，我的观点占了上风，却输了判决，这可真是糟糕透顶的体验。"两年后，受"巴茨案"影响，《周六晚邮周刊》正式停刊。（一直关注这起诽谤案的法学教授詹姆斯·科比后来写了一本与此案相关的著作：《接球失误：拜尔·布莱恩特、瓦里·巴茨和大学足球联盟杯丑闻》。他在书中总结说，《周六晚邮周刊》报道此事时，确有马虎草率之举，巴茨和布莱恩特的私下交易也可能确有其事，但陪审团不可能认定周刊明知陈述虚假，故意为之，又或玩忽放任，罔顾真相。）

"巴茨案"之后，原告的身份在诽谤诉讼中变得至关重要。若原告是政府官员或公众人物，就必须证明被告蓄意造假或罔顾真相。若他只是普通公民，案件则与第一修正案无关，成为一起适用州法裁判的案件。然而，四年之后，布伦南大法官却在另一起案件中提供了新的裁判思路。他认为，判断潜在的诽谤之词是否应受第一修正案保障，不能只看被害人的身份，案件所涉议题才是决定性因素。如果案件受到"公众或一般人的关注"（of public or general interest），则无论由何人提起诽谤之诉，相关言论都应受宪法保障。这起案件就是1971年的"罗森布鲁姆诉大都会传媒案"。当时，费城一家广播电台播报了一则新闻：一名书商因销售淫秽杂志而被逮捕。不久，这名书商被法院宣判无罪，他据此起诉电台诽谤，因为电台用"淫秽"一词描述他销售的杂志，导致他名誉受损。最高法院以5票对3票，宣布电台言论受第一修正案保护，书商只有证明电台蓄意造假或罔顾真相，才能获取损害赔偿。这起案件最终未形成多数意见。布伦南大法官的意见得到两人附议，一位是刚刚从厄尔·沃伦手中接过首席大法官之位的沃伦·伯格，一位是福塔斯大法官的继任者哈里·布莱克门。布伦南大法官指出，"沙利文案"确立的规则应当适用于本案，因为本案议题涉及警察对淫秽物品的查禁，这是一项受到公众关注的问题。

布伦南大法官说："如果案件受到公众或一般人的关注，它就不能因为仅仅涉及个人，或者说个人被动介入，就脱离公众视野。公众关注本身就是决定因素。"布伦南大法官为什么会背离自己在"沙利文案"中的观点，对诽谤诉讼的公共特质进行这番强调呢？对自己这一立场变化，他解释道："几年来，经过深入思考，我逐渐说服了自己。无论'政府官员'，还是'公众人物'，都应有被迫进入公众视野，甘冒被人诽谤之险的心理准备，这些与第一修正案保护的价值或社会本质并无关联。不管是否情愿，某种程度上，我们都是'公众'人物。相反，某些人即使声名显赫，也没有受到公众或一般人的关注。"[86]

许多大法官并不认同布伦南的新观点。刚刚接替克拉克大法官的瑟古德·马歇尔就是其中之一。在宪法议题上，马歇尔大法官的立场与布伦南十分接近，他也格外关注言论、出版自由议题。但是，他不同意布伦南在"罗森布鲁姆案"中的思路。他认为，如此一来，无论诽谤诉讼的原告是谁，都将适用"沙利文规则"，因为人类关注的任何领域，都可以被纳入"公众或一般人的关注"范围。马歇尔说，如果只关注案件主题，而非受害者身份，将使"个人无法免遭扭曲事实的曝光之侮辱"。

马歇尔的异议意见说明，尽管他和其他大法官也非常注重表达自由，但是，他们也很关注诽谤诉讼保护的另一项基本价值：公民个人的名誉权。布伦南大法官本人从未赞同过布莱克与道格拉斯大法官的观点，即根据第一修正案，人们不再拥有通过诽谤之诉，修复个人名誉的古老权利。早在"盖瑞森诉路易斯安那州案"中，布伦南就曾要求人们警惕"肆无忌惮"的"蓄意造假"行为。其他大法官也先后在判决中强调过名誉权的重要性。斯图尔特大法官有句常被后人引用的名言："一个人保护个人名誉免受不当侵害或不实中伤的权利，反映了人类不可或缺的基本尊严与价值。"[87] 这番话针对的，正是麦卡锡时代肆无忌惮地造谣中伤、捕风捉影行为。他后来还说过："压制诽谤行为，关系到个人人格权利和价值，并非只关乎私人利益，而是一项具有公共目的之举措。如果说，1950 年代教会了我们什么，那就是，在谎言泛滥的恶劣氛围下，整个社会都将走向堕落。"总之，对个人名誉的态度，关系到布伦南大法官是否会将"沙利文规则"适用到任何与公众关注无关的诽谤案件中。1974 年，最高法院形成新的多数意见，明确拒绝这么做。这起案件就是"葛茨诉韦尔奇案"，它生动表现了个人名誉与言论自由的冲突，引起人们对这个话题的多重思考。

从倡导新闻自由的立场出发，我们可以先从媒体角度讲述这个故事。1969 年，一份杂志刊登了一则报道，批评了一位芝加哥律师，这位律师随即控告这家杂志诽谤。结果，杂志发行人和编辑，被迫卷入一场漫无止境的官司。1970 年，陪审团判给律师 5 万元赔偿金。两年后，联邦巡回上诉法院撤销判罚，宣布律师的起诉条件不符合宪法要求。于是，律师上诉至最高法院，大法官们于 1974 年将此案发回重审，由下级法院按照最高法院确立的新规则，启动新的庭审。基于人们无法知晓的原因，联邦地区法院将此案延期，直到 1981 年才第二次开庭审理。这一次，陪审团判给律师 40 万元赔偿金。杂志社为提起上诉，不得不将办公大楼抵押给银行。1983 年，杂志彻底输掉这场官司，不得不卖掉大楼，支付赔偿。仅仅因为一篇批评性报道，这个杂志就耗去十四年光阴，除了支付巨额律师费，还得付出 40 万元赔偿金和 81808.09 美元的利息和诉讼费用。

现在，我们变更一下视角，从原告立场讨论这起案件。这名受到批评的律师，希望通过诉讼挽回名誉。攻击他的这份杂志名为《美国主张》，是"约翰·伯奇协会"发行的一份月刊，后者是罗伯特·韦尔奇创立的一个极右翼组织。被批评者名叫埃尔默·葛茨，他是一位民权律师，正在替被芝加哥警察理查德·努丘枪杀的一位年轻人寻求说法。伊利诺斯州政府起诉了努丘，法院判他二级谋杀罪。《美国主张》却宣称，起诉根本是共产党败坏警察名誉的阴谋。葛茨明明与刑事指控无关，文章却说他刻意"陷害"努丘，是本案的始作俑者。作者甚至将葛茨称为"列宁主义者"、"共产党的走狗"。这些报道自然是不实之词，《美国主张》的编辑也没有核对相关说法真伪。这位编辑出庭作证时，称自己完全信任文章作者艾伦·斯坦。斯坦其实是个政治写手，多次在文章中将他人称作马克思主义者、共产党人，或是被共产党操控的傀儡，连理查德·尼克松都被他这么骂过。

最高法院审理"葛茨案"时，布莱克大法官已经去世，其继任者小刘易斯·鲍威尔大法官撰写了本案的法院意见。判决虽由 5 票对 4 票达成，但最后形成的判决意见，影响却极为深远。首先，鲍威尔大法官用一段令人记忆深刻的段落明确指出，宪法禁止处罚任何思想、信仰的传播，无论在多数人眼中，这些思想或信仰有多么荒谬，多么危险。他写道："在宪法第一修正案项下，没有什么错误思想之说。无论一种思想看起来多么有害，我们赖以校正它的，不是法官或陪审团的良心，而是其他思想的竞争。"从这些话可以看出，鲍威尔大法官试图将霍姆斯大法官关于"思想市场"的说法转化为法律。1919 年，霍姆斯在"艾布拉姆斯案"的异议意见中早已指出："如果我们想确定一种思想是否真理，就应让它在思想市场的竞争中接受检验。"鲍威尔大法官用这种方式，肯定了霍姆斯和布兰代斯两位大法官的观点。当年，他们正是秉持这一立场，反对追惩安妮塔·惠特尼、本杰明·吉特洛，以及其他宣扬不被主流认可的和平主义、社会主义学说者。

但是，事实与思想是两码事，鲍威尔大法官说道："对事实的错误陈述没有任何宪法价值。"它们之所以被宪法保护，仅仅因为错误"在自由讨论过程中在所难免"。追惩错误，势必引发"难以容忍的自我审查"。鲍威尔大法官接着指出，如果不得不对错误事实陈述提供保护，法律就必须在保护言论自由与个人名誉间保持平衡，这种平衡的实现，有时取决于受害者是不是官员或公众人物。他说，公众人物更方便利用公共平台回应不实言论，就像哈伦大法官在"希尔案"中提出的，那些身居公职或声名显赫者，应当承担受到争议的风险。（哈里·杜鲁门总统说过："扛不住热，就别待在厨房。"）至于何谓公众人物，鲍威尔大法官将其划分为两种类型。第一种人本来就名气很大，他或她一直被视为公众人物；第二种人自愿将自己卷入特定公共议题，并在相关情境下接受各方评论。（哈伦大法官曾形容第二种人是主动将自己置于争议"漩涡"之中，法律专业人士遂将之称为"漩涡型公众人物"。）鲍威尔大法官认为，埃尔默·葛茨不属于上述任何一种类型的公众人物，他的起诉不需要接受"沙利文规则"的检验。

　　但是，鲍威尔大法官没有就此止步。他接着指出，个人提起诽谤诉讼时，举证内容不能仅限于被告的不实陈述对本人造成的侵害，至少还应当证明被告存在疏忽大意的过失。这一要求貌似克制，却是鲍威尔大法官和最高法院迈出的坚实一步。"葛茨案"1974年宣判时，全国多数州沿用的诽谤法律，仍源自古老的普通法，这些法律可没有上述要求。诽谤是一种民事侵权行为，被告通常要承担所谓"严格责任"，也就是说，如果某人的不实陈述损及他人名誉，哪怕他不存在任何过错，也必须赔偿他人损失。现在，最高法院增加了一项联邦标准，要求原告必须证明被告存在疏忽大意的过失，显然是延伸了"《纽约时报》诉沙利文案"确定的规则。从此以后，私人提起的诽谤诉讼，也需接受第一修正案的检验，就算不用证明对方蓄意造假或罔顾真相，至少应证明被告存在疏忽大意之过失。在之后另一起案件中，最高法院要求私人诽谤诉讼的原告必须证明被告陈述不实。最高法院的判决，推翻了传统普通法要求诽谤案被告证明陈述真伪的规则。怀特大法官被"葛茨案"判决激怒，发布了一份怒气冲冲的异议意见。他认为，新判决是对联邦主义赤裸裸的侵犯，中央政府与各州政府彼此尊重的默契就这么被打破了。许多州施行两百多年的法律，就这样被"几纸文书"废止了。宪法对各州诽谤法律的干预，只能局限在与政府官员或公众人物相关的案件上。他写道："'《纽约时报》案'的核心意义，乃至第一修正案对诽谤法的制约，针对的是诽谤政府罪，也就是说，批评政府或政府官员的自由，应凌驾于各州警察权之上。"

那么，"疏忽大意"与"玩忽放任、罔顾真相"究竟有什么区别呢？对一般人来说，这些抽象的法律术语没有太大意义，但在最高法院大法官心目中，二者的区别十分明显。在 1968 年的一起案件中，最高法院正式对"玩忽放任、罔顾真相"的含义作出界定，给予媒体更大的保护空间，哪怕是某些新闻伦理方面差强人意的报刊。令人们大跌眼镜的是，这起案件的判决意见正好由怀特大法官执笔，尽管略有些勉为其难，他还是扩大了"《纽约时报》诉沙利文案"的适用范围。他说，即使作者或编辑在文章刊出前，疏于查证报道真伪，也不能证明他们"玩忽放任、罔顾真相"，除非他们在文章发表前，已知道可能存在事实错误，却仍一意孤行，刊发报道。怀特大法官认为："某人的行为是否属于罔顾真相，不能仅看他是否在报道刊出前审慎核实真伪，必须有充分证据证明，被告视为真相出版的内容，之前已存在严重疑点。"

怀特大法官完全是以主观标准，作为判定是否构成"罔顾真相"的依据，即：特定作者或编辑在文章刊出前，是否已确切知晓事实有误。这与传统侵权案件的判断标准，有很大差异。传统侵权案件中，理性、审慎之人在被告所处情境下会怎么做，是可以被证明的。比如，如果一名外科医生因医疗事故而被告上法庭。法庭会传召专家证人，证明在同等情况下，正常操作应如何进行。但是，对于作者或编辑是否在文章刊发前已明知事实有误，完全是一个主观判断，无法靠专家证人说清楚。怀特大法官承认，未尽核实报道真伪的义务，当然也应因"疏忽大意而付出代价",但是,对之网开一面,完全是为确保对公共事务的公开讨论得以顺利进行。他强调,如果报道有明显疑点,当然应深入查证。比如,一名编辑如果刊发一则"明显不可能"的报道,或者是建立在"一通无法证实的匿名消息源打来的电话"上的报道,都是"罔顾真相"的行为。[88] 福塔斯大法官单独提出异议意见,他指出,越是发布对政府官员不利的报道,媒体越是应承担"查证真伪的义务"。他的语气,使人联想起"希尔案"中那份未发布的判决意见。末了,福塔斯意味深长地总结道:"公务员也是人啊!"

总之,查证真伪义务的内容,在两个宪法标准中也有很大差异。如果一个编辑在刊发报道前,未核实真伪,报道最终被证明有误,编辑应负疏忽大意之责。但是,如果他明知有误,仍然刊发,就是玩忽放任、罔顾真相了。

"葛茨案"最终通过划分公共与私人领域,决定了诽谤法的适用方式。几年后,鲍威尔大法官在另一起案件中主张,如果私人因为与公众关注无关的议题受到诽谤,就不能适用第一修正案。本案涉及一家财务报告公司,该公司因对五位订户,也就是本案原告,发布不实资讯,而被告上法庭。按照鲍威尔大法官的说法,这根本不是一项公共事务。

总而言之,这些与公共-私人关系议题相关的案件,留给我们一系列错综复杂的宪法规则。如果你是一位普通公民,平日远离公众视野,某人刊登一则与公益无关的不实报道,你就可以根据州法,要求法院以诽谤为由判他赔偿损失,你的案件也与宪法无关。如果你是一位普通公民,但因公众关切之事,而被人攻击,就像埃尔默·葛茨因共产党和警察议题被杂志诽谤那样,你必须根据州法,提起诉讼,同时还得按照第一修正案的要求,证明对方的不实报道是因为疏忽大意的过失。又比如，你是一位公众人物或政府官员，如果你打算提起诽谤之诉，必须先满足宪法要求，证明对方蓄意造假或罔顾真相。与1964年的"《纽约时报》诉沙利文案"判决相比，一切变得不那么直截了当，也不再简洁有力。

可想而知，"公众人物"这个界定，一点儿也不精确，也不可能精确。"葛茨案"之后几年中，最高法院多次驳回公众人物提起的诽谤诉讼，并通过诉讼程序逐步厘清"公众人物"的含义：但凡非自愿卷入争议而背负骂名者，都不算公众人物。最高法院判定，靠离婚官司博取名声的社交名媛玛丽·爱丽丝·斯通，算不上公众人物。[89]一位受联邦资助，研究猴类情绪反应的科学家，虽然被参议员威廉·普罗克斯迈尔以"金羊毛奖"讥讽，一样不能被视为公众人物。* 经过多年历练，法官和律师已学会逐步把握公共与私人的界限与分寸。

与此同时，学理上的困惑和争议仍然存在。亚历山大·米克尔约翰与詹姆斯·麦迪逊的观点当然毋庸置疑，宪法第一修正案的核心价值，确实在于保障人民讨论公共事务的自由。争议焦点集中在"葛茨案"确立的规则上，这项规则更加强调诽谤案原告的身份、声望，偶尔会忽略案件主题，有时又把案件受关注的程度放在首位。影星卡罗尔·伯内特曾起诉《国家询问者报》，理由是该报造谣说她在一家餐厅与亨利·基辛格发生争执，并暗示她当时已烂醉如泥。毫无疑问，伯内特小姐是一位公众人物。但是，她与《国家询问者报》之间的纠纷，和"沙利文案"中对公共事务的自由讨论有什么关系？有必要动用宪法规则，去保护八卦小报的胡说八道么？（伯内特小姐最终通过证明报社罔顾真相，赢得80万美元赔偿。）电影明星算得上美国最出

---

* 金羊毛奖：由威斯康辛州参议员威廉·普罗克斯迈尔于1975年3月创立，专门颁给那些浪费政府开支，内容荒谬不经的政府项目。

名的人，法律上也符合公众人物的条件，但他们几乎从来不是公共政策讨论的重心。为什么关于明星私生活的八卦报道，要受到宪法第一修正案的特别保护呢？

现在，让我们看看拉斯维加斯当红歌手韦恩·牛顿的案子。1980年，国家广播公司（NBC）旗下电台在夜间新闻栏目播出一则报道，暗示韦恩·牛顿与当地黑社会人物有关联。牛顿在拉斯维加斯联邦地区法院提起诉讼后，陪审团判给他1900万美元赔偿，其中包括补偿性赔偿金与惩罚性赔偿金。（法官后来将赔偿金额缩减为527.5万美元。）被告人上诉后，联邦第九巡回上诉法院宣布撤销原判，认为"几乎没有证据"表明NBC记者蓄意造假或罔顾真相，更别说清晰无误、令人信服的证据了。上诉法院的判决，开篇就援引了麦迪逊反对1798年《防治煽动法》时的言论。判决随后说："在'《纽约时报》诉沙利文案'中，最高法院确保媒体免受当地陪审团的报复风险，得以自由刊发报道。最高法院借'沙利文案'判决……推翻了阿拉巴马州清一色由白人组成的陪审团作出的支持当地官员，却对《纽约时报》和黑人民权领袖不利的判决。现在，我们认为，这起美国诽谤诉讼历史上赔偿金额最高的案件，是拉斯维加斯的陪审团为支持当地名人，而对纽约新闻机构发起的新一轮攻势。"

韦恩·牛顿怎么会与詹姆斯·麦迪逊扯上关系？第一修正案为什么要像保护批评政府的言论一样，保护对一名艺人的批评之声？理性公允地看待韦恩·牛顿这起案件，会发现它与阿拉巴马州当年的那起案件根本风马牛不相及。假如没有"沙利文案"，最高法院会受理韦恩·牛顿这样的案件，并动用宪法限制相关诽谤诉讼么？几乎肯定不会。正是基于历史的机缘巧合，诽谤案才与第一修正案的核心含义有了交集。由此导致最高法院通过一系列革命性判决，不断扩大宪法原则的适用范围。

对多数诽谤案件来说，第一修正案保护范围的不断扩大，导致一项新的危险：保护幅度过宽，保护力度趋弱。法官们多倾向于保护特定、明确的利益，而非宽泛无边、界定不明的对象。如果宪法对诽谤诉讼被告的保护，仅限于与政府和公共政策相关的案件，宪法保障的力度将更为坚实，适用将更为统一。另一方面，在社会和文化领域，有些人应当和政治领袖一样，接受检视和批评。如果一个演艺明星与黑帮有勾结，此事自然与我们的社会相关，媒体有权自由报道此事。这也是为追求第一修正案明晰、有力的保护，所必然付出的代价。

在与"《纽约时报》诉沙利文案"相关的一系列案件中，大法官们殚精竭虑，将今时今日美国社会的各种需求，纳入制宪先贤两百年前创立的基本大法中。他们的所作所为，源自他们对社会的真切感受。当今社会之传统、需求，乃至日新月异的文化变迁，都是他们判决的指引。他们的主要工作就是解释宪法，就像几个世纪以来，英美法官为发展普通法付出的孜孜努力。霍姆斯大法官曾在《普通法》中写道，法官们修正法律，很少依靠抽象的逻辑推演，更多依靠对"时代需求、主流道德和政治理论的感知，和对公共政策的直觉……"　"《纽约时报》诉沙利文案"宣判数十年后，最高法院一系列错综复杂的判决，显示了大法官们改造诽谤法的努力，使之逐渐向一项核心价值趋近："不得立法……侵犯言论自由或出版自由。"

第 十 八 章

"舞 已 结 束"

"《纽约时报》诉沙利文案"宣判后,毕生倡导言论自由的哲学家亚历山大·米克尔约翰曾感慨:"这是值得当街起舞的时刻。"二十年后,保守派法学教授理查德·爱泼斯坦写道:"一个时代过去了,舞已结束。"[90]相信许多编辑、记者对这句话都心有戚戚焉。1964 年,他们原本以为,美国人民从此可以纵论时事,对公共事务畅所欲言,不必顾忌巨额诽谤赔偿的威胁。然而,这种一厢情愿的奢望很快落空。与之相反,诽谤诉讼如雨后春笋般增多,索赔金额也越来越大。1984 年,罗伯特·博克法官*曾感叹:"过去几年来,诽谤诉讼如潮水般递增,诉讼金额随之暴涨,媒体受到重重威胁,不得不加强自我

---

* 罗伯特·博克 (1927—),毕业于耶鲁法学院,1973 年至 1977 年任首席政府律师,1982 年被罗纳德·里根总统提名为哥伦比亚特区上诉法院法官。博克在种族、堕胎事务上立场保守。1987 年,里根提名他接替退休的刘易斯·鲍威尔,出任最高法院大法官,被参议院以 58 票对 42 票否决。1988 年 2 月,博克从上诉法院辞职,在美国企业研究所任常驻学者。关于博克提名事件的详细分析,可参见〔美〕罗纳德·德沃金:《自由的法:对美国宪法的道德解读》,刘丽君译,上海人民出版社 2001 年版,第十三章"博克的失败意味着什么"。

审查……"[91] 今人或许难以想象，动辄百万的诽谤判决，当时竟成司空见惯的常态。过去，法院只不过判令《生活》杂志赔偿詹姆斯·希尔3万美元，布莱克大法官就警告说："这样的判决将对媒体产生震慑、吓阻效果，从此它们将再也不能以生动、易读的形式报道新闻。"如今，威胁到媒体的，可是五百倍于"希尔案"的赔偿金额了。

博克法官撰文示警期间，前怀俄明州小姐因怀疑《阁楼》杂志刊登的一则小说中的性感艳星影射她，将杂志告上法庭，陪审团判《阁楼》赔偿她2650万美元。[92] 随后，《华盛顿邮报》因报道美孚公司总裁威廉·塔沃拉里亚斯"把儿子安排进"一家与美孚素有业务来往的船运公司，被陪审团判罚205万美元。[93] 虽然这些判决最终都被上诉法院撤销，但之前的讼争，已给媒体们造成巨大负担。比如，"塔沃拉里亚斯案"中，《华盛顿邮报》的编辑、记者们为准备出庭应诉，竟耗费了数周时间。塔沃拉里亚斯当时估算，此案一审打到最后，自己预计会支出180万美元律师费，相信《华盛顿邮报》的花费，也不会低于这个数目。

诽谤诉讼中，被告花费之所以陡增，完全是"沙利文案"判决导致的意外结果。最高法院指出，被告惟有在明知报道内容有误，却"罔顾真相"，执意刊出时，才能被判处赔偿。如此一来，诽谤诉讼原告必须挖空心思，探知媒体刊出报道前的决策经过。其实，还有什么办法比直接质问媒体更便捷呢？所以，在这类案件中，律师必须竭尽所能，探究事实，比如，一家广播公司播出某条消息前，是否曾怀疑其内容的真实性，却未采取任何措施核实？编辑、记者向来厌恶外人介入采编流程，而"外人"的范围，并不仅限于律师。任何争议性议题刊登、播出前，采编者都会拿捏材料、选择重点、把握尺度。新闻从业者们相信，若外人插手此过程，并对采编行为指手画脚，将使他们无法自如工作。问题是，如果外人不介入采编过程，他怎么可能发现媒体明知真相，却置之不理呢？

媒体是否有权拒绝外界索取采编信息？"赫伯特诉兰度案"给出了答案。安东尼·赫伯特上校是位越战老兵，他对外宣称，自己因揭发美军屠杀行径，多次受军方迫害。哥伦比亚广播公司（CBS）电视台为此制作了一期名为"赫伯特上校的交易"的节目，质疑上校声明的真实性。赫伯特上校怒不可遏，起诉 CBS 制片人巴里·兰度诽谤。上校的律师向法庭提出申请，要求调取 CBS 的原始素材和母带，以了解节目制作方掌握了哪些素材，以及如何权衡取舍、剪辑制作。CBS当然不愿配合，并据理力争，说这么做会威胁到节目编导，进而导致"沙利文案"判决所竭力防止发生的媒体"自我审查"。1978 年，CBS最终在最高法院输了官司。怀特大法官主笔的法院意见指出，根据"沙利文规则"，公众人物和政府官员对出版者是否"罔顾真相"，负有举证之责，如果他们不能证明出版社明知故犯，就无权索取诽谤赔偿，既然如此，诽谤诉讼的被告当然有义务满足赫伯特上校的要求，向他提供与节目相关的诸种素材。[94] 布伦南大法官虽然发布了异议意见，但也感叹："这的确很不公平。既然规定原告只有在证明被告罔顾真相的情况下，才能获得赔偿，怎么可以禁止他们探知被告的意图呢？"

"赫伯特案"的判决结果，再次令诽谤诉讼的费用水涨船高。从此以后，只要原告们担负得起额外调查的费用，他们就可以启动对媒体报道采编、决策过程的调查。本来，就算被告允许原告开展调查，也不意味着原告就高被告一等。许多原告律师曾就此问题，抱怨受到大型报业集团的威胁。"赫伯特案"的判决，进一步强化了原告的举证权。1986 年，联邦第二巡回上诉法院宣布驳回赫伯特上校的诉讼请求，最高法院亦拒绝再次复审此案。[95] 截至此时，制片人兰度共出席过 28 次听证会，涉及 240 份证物，相关文字记录长达 3000 多页。此外，他不得不交出全部节目素材和采访母带。1982 年，即本案终结前四年，根据参与节目制作，同样是本案被告之一的著名主持人迈克·华莱士的估算，CBS 为此案支付的律师费用，大概在 300 万到 400 万元之间。

CBS 与其他传媒大佬，当然担得起诽谤诉讼的巨额费用。但是，对那些规模较小的媒体而言，诽谤官司就是把他们往死路上逼。《乳草》是威斯康辛州麦迪逊市的一份月刊，主要报道奶业市场行情，发行量不过 1300 册，采编、发行业务都由彼得·哈丁一人承担。1981年，纽约州雪城的一家奶业公司因《乳草》上刊登的一篇文章，将杂志告上法庭，并索赔 2000 万美元。幸运的是，一年后，雪城一位联邦法官驳回了原告的诉讼请求。但是，那一年间，哈丁耗费了四个月时间在这起案件上，他不得不在麦迪逊市与雪城间往返五次，复印了上百页卷宗，并为此花费了 2 万美元，其中大部分是律师费。与现代诽谤诉讼动辄百万的花费相比，这笔钱不但不算多，反而少得可笑。但是，若非哈丁公开向读者求援，《乳草》杂志早就关门大吉了。[96]

那些比《乳草》资金更为雄厚的媒体，一旦打起诽谤官司，往往受不了漫无边际的拖延，更不愿在诉讼中"烧钱"，甚至承担巨额赔偿的风险，所以，他们多半会选择庭外和解。*《华尔街日报》内部曾有政策，拒绝在任何诽谤诉讼中庭外和解，但是，在 1983 年的一场

---

* 阿瑟·奥克斯·苏兹贝格 1963 年出任《纽约时报》发行人后，确定了"诽谤政策"，即"绝对不与起诉'诽谤'的人和解，尤其是金钱方面的和解"。事实证明，这样的政策反而更有利于息诉止争，许多原告律师得知这一政策后，会劝说当事人撤诉，因为诽谤诉讼旷日持久，多数人没有那么多时间、金钱打这样的官司。

诽谤官司中，他们却以私下支付 80 万美元为条件，与原告达成和解。[97] 当然，这类妥协只是插曲，《华尔街日报》并未因此放弃对重大选题的调查报道。不过，其他钱包不如《华尔街日报》厚实的媒体，就没那么有魄力了，为免受诽谤诉讼骚扰，这些刊物往往会刻意放弃易引起争议的选题。奥尔顿《电讯报》就是其中之一。

奥尔顿位于伊利诺斯州南部，1837 年，美国报业英雄、废奴先驱伊莱亚·佩特许·洛夫乔伊就是在这里被支持奴隶制的暴徒杀害。《电讯报》素有揭露政府不法行径的传统，相关报道曾令伊利诺斯州最高法院两位大法官被迫辞职。1969 年，《电讯报》两位记者收到线报，称当地一位建筑商准备替人洗黑钱。为查证这一消息，他们写了份材料给一位联邦探员。这位探员将材料转给当地一家联邦银行监管机构的负责人，后者迅速切断了建筑商的贷款信用额度。结果，相关报道因证据不足而未见报，报社却因那份材料，被建筑商以诽谤为由起诉。一审中，陪审团判报社赔偿原告 920 万美元。原告上诉后，报社预计至少得为此案支出 1000 万美元，由于筹集不到那么多钱，《电讯报》不得不向破产法院申请破产保护。因为只有被裁定破产，才有可能免于赔付。此案最终以 140 万美元达成和解。由于事先投了"诽谤责任险"，100 万美元由保险公司垫付，余下部分靠报社举债偿付。后来，《华尔街日报》以"寒蝉效应：诽谤诉讼如何削弱小报斗志"为题，报道了此案经过。报道说，经此一役，《电讯报》斗志尽丧，从此放弃报道政府的不法行为，并要求记者给任何采访对象发函前，必先征求编辑意见，甚至销毁了所有日后可能引发诽谤诉讼的信函、便条。[98] 一次，有人向《电讯报》爆料说，当地一位警长涉嫌滥用职权，编辑不仅放弃这一选题，还语重心长地告诫记者："这次还是让别人去冒险吧。"

诽谤诉讼的威慑作用，以一种非同寻常的方式，体现在科斯塔-加华斯执导的电影《失踪》中。这部影片改编自托马斯·豪瑟的纪实作品《查尔斯·霍曼之死：美国的祭品》。查尔斯·霍曼是位年轻的美国作家，他于1972年来到智利，打算写一本关于左翼总统萨尔瓦多·阿连德·戈森斯的书。* 不久，阿连德政府被军事政变推翻，几天后，霍曼也失踪了。他的父亲埃德蒙·霍曼奔赴智利寻子。通过深入调查，老霍曼怀疑美国使馆正竭力掩饰真相。他由此深信，儿子是因获悉美国政府幕后操纵政变的阴谋才遇害的。几周后，查尔斯·霍曼的尸体被发现。老霍曼将包括国务卿亨利·基辛格在内的诸多官员一并告上法庭，要求他们对儿子的死负责。豪瑟的这本书，基本是以埃德蒙·霍曼的视角展开叙述。电影由杰克·莱蒙与茜茜·斯派塞克主演，情节动人，张力十足。电影还未下线，美国国务院就史无前例地发布声明，谴责此片。查尔斯·霍曼失踪时担任美国驻智利大使的纳撒尼尔·戴维斯与另外两名美国官员提起诉讼，将原作者豪瑟、导演科斯塔-加华斯和电影发行方环球公司、原著精装版发行商哈考特·布莱斯·乔瓦诺维奇、平装本发行商赫斯特集团一起列为被告，索赔金额高达1亿5000万美元。纳撒尼尔·戴维斯宣称，电影以近乎诋毁的方式，指责"我们与智利人沆瀣一气，杀害了查尔斯·霍曼"。

尽管第一修正案保护美国人自由讨论诸如政府在智利政变中的角色等公共事务，但是，诽谤诉讼的威慑效果，还是很快得以显现。1982年，赫斯特集团将豪瑟的原著再版，并借电影之春风，将之更名

---

* 萨尔瓦多·阿连德·戈森斯（1908—1973），智利前总统。1933年参与创建社会党，担任过总书记、主席等职。1970年，他领导的由社会党、激进党、共产党、社会民主党等组成的人民团结阵线在大选中获胜，出任总统。执政期间，他将铜矿收归国有，没收庄园，进行土改。1973年9月11日，皮诺切特发动军事政变，阿连德在总统府前中弹身亡。

为《失踪》。这本书也很快成为畅销书。但是，政府 1983 年提起诽谤诉讼后，出版商迅速决定停印此书。1985 年，这部影片进入全国电视网播映。按照常理，出版商本应趁此机会加印促销，可他们却按兵不动。豪瑟沮丧之余，要求收回版权，另觅书商出版。但是，出版商不但拒绝了他，甚至在政府一审败诉后，仍不同意转让版权。赫斯特集团的律师解释说，如果在对方上诉期间加印此书，仍可能带来麻烦，并滋生更多诉讼费用。[99] 一起原告胜算很低的诽谤诉讼，就这样让一本佳作停印多年。这起案件充分显示了诽谤官司的威慑作用，尤其是对那些不敢担当的出版商而言。所以说，不是法院，也不是政府在打压此书，是出版商自己在吓自己。

"《纽约时报》诉沙利文案"二十年后，诽谤诉讼竟成为美国一项欣欣向荣的产业。从演艺明星、商业大佬，到将军、州长、参议员，都踊跃成为诽谤官司原告。驻越南美军总司令威廉·威斯特摩兰将军曾指控 CBS 诽谤。以色列名将阿里尔·沙龙亦将《时代》杂志告上法庭。就连宾夕法尼亚州最高法院的大法官们，也曾集体控告《费城询问者报》诽谤。此外，《询问者报》花了近二十年的时间，应付检察官理查德·斯普拉格的起诉。(经过漫长的审判、上诉，1990 年，本案发回一审法院重审后，斯普拉格成功获得 3400 万赔偿金，《询问者报》决定继续上诉。) 地产名人唐纳德·特朗普因一篇嘲弄其建筑规划的专栏文章，愤而起诉《芝加哥论坛报》和相关评论员，并索要 5000 万美元的赔偿。幸好，特朗普最终输了官司。不过，照这个趋势，迟早有人会提起标的额超过 10 亿美元的诽谤诉讼。

诽谤诉讼的数量、金额，为什么会出现如此大规模的扩张？为什么这类诉讼多由公众人员或政府官员提起？其实，这一倾向与美国传统颇有些格格不入。1948 年，哈里·杜鲁门总统在写给姐姐的信中还在抱怨："白宫中的每一个人，都被所谓的自由新闻界折磨、纠缠，受到各类谎言、谣传乃至诽谤的困扰。除了一忍再忍，他们无计可施。"格兰特和其他内战名将当年遭遇批判的猛烈程度，估计威廉·威斯特摩兰做梦也难以想象，可他们从未想着要去起诉某人。直到 1947 年，深受霍姆斯大法官影响，精通第一修正案的查菲教授还曾撰文称："美国人受到诽谤后，多是靠勤勉踏实、积极向上的人生态度证明清者自清，而不是请律师打官司。"[100] 那么，这个传统到底是怎么了？

针对诽谤诉讼成风的现象，有人提供了这么一种解释："沙利文案"之后，媒体对政治人物的批评愈发不留情面，行文谋篇更是刀刀见血。1974 年，临近"水门事件"前，尼克松总统曾做过一次广播讲话，他说："对那些有兴趣参政者，应给予足够保护，以免他本人或家庭成员受诽谤行为伤害……很不幸，一些律师将最高法院新近作出的判决，尤其是'《纽约时报》诉沙利文案'判决视为撒谎许可证，肆意诽谤政治候选人和他们的家人、支持者、朋友，这么做是大错特错的。"

也有人提出类似解释，但他们的观点不像尼克松那样，受到太多个人感情色彩的影响。沃尔特·谢弗是伊利诺斯州最高法院一位声名卓著的法官，他曾在 1980 年指出，"沙利文案"宣判后，公务员的声誉"迅速贬值"。[101] 但是，这一关于政府官员自 1964 年之后就备受媒体打压的论断，却经不起史实检验。第一修正案通过后数十年间，政治领袖经常收买媒体，利用报刊文章攻击政敌。极力倡导出版自由的杰弗逊曾在 1787 年说："如果让我在没有报业的政府和没有政府的报业之间选择，我将毫不犹豫地选择后者。"[102] 但是，到了 1807 年，已经做了六年总统的杰弗逊却在给朋友的信中说："报纸上现在登的消息，没有一样可以相信。置身于这摊浑水中，连真相本身都值得怀疑。"[103]19 世纪末的那些"黄色新闻"，则将新闻业的声誉拖到谷底。*

那么，到底该如何解释博克法官谈到的"诽谤诉讼如潮水般递增"现象呢？毫无疑问，那一时期，暴增的不止是诽谤案件，各类侵权案件的数量都在急遽增加。许多大规模诉讼都与医疗事故、质量纠纷有关。20 世纪后半期的美国人，普遍信奉法律中的"免费午餐"理论。他们认为，只要自己的不幸可归咎于他人，即可获得金钱补偿。如果恰好是诽谤案件，可能会比普通侵权诉讼捞得更多。

更具说服力，也更加睿智的解释，来自罗德尼·斯莫拉教授。他认为，现代美国人的"脸皮越来越薄"。在"我世代"（Me Generation）中，人们更加以自我为中心。他们会花费更多时间、金钱，自恋似地陶冶情操，提升自我。斯莫拉总结道："一个人不会为重塑自我，付给心理分析师几千美元，却愿傻傻坐在那里，让《60 分钟》或《国家询问者报》的访谈，毁了之前在塑造自我形象方面的全部投入。"另一方面，媒体的性质也发生很大转变。过去，记者多是低收入阶层，没受过太多高等教育。就像电影《头条新闻》表现的那样，这些人常常缩在狭小的格子间里，一边喝着威士忌，一边琢磨着如何杜撰出一个好故事。谁会在乎一个无赖说了自己什么呢？如今，他们被称为新闻工作者，大学毕业，穿着名牌，喝的是白葡萄酒。更重要的是，过去的报纸非常之多，《世界报》甚至可能与《论坛报》刊登截然相反的新闻。如今，报纸数量变少，影响力却越来越大。按照斯

---

* 黄色新闻：源自 19 世纪末，《纽约客》著名记者华德曼对报业巨头威廉·赫斯特与约瑟夫·普利策以不正当方式进行恶性竞争的批评。泛指用极度夸张、捏造情节的手法渲染新闻事件，尤其是关于色情、暴力、犯罪方面的事件，以达到耸人听闻，进而扩大销量之目的的新闻报道。

莫拉的说法："媒体们太把自己当回事，仿佛自己发布的不是新闻，而是真理。陪审团的某些反应，代表了公众对自以为是的媒体的普遍反感。"[104]

电视业的影响力就更大了。它触角更广，无所不及。男女主播、王牌记者，瞬间即可成为人尽皆知的明星。对公众来说，电视强大的传播力本身就是一种权力，一种不可思议、近乎傲慢的权力。全国电视网、各大报刊提出问题，索取答案，但当外人想了解他们的内部事务时，他们却用宪法第一修正案把自己裹得严严实实，拒绝回答任何问题。对于这些，公众仿佛司空见惯。但媒体自身非常清楚，一旦需要捅破公权力内幕，媒体权力其实脆弱不堪。1988 年，当 CBS 主持人丹·拉瑟试图询问时任副总统的乔治·布什在"伊朗门事件"中扮演的角色时，布什顾左右而言他。而布什的闪烁其词，反显得拉瑟过于咄咄逼人。这一事件给公众的印象是：媒体自恃持有舆论利剑，高高在上，不可一世。因此，诽谤诉讼迅速成为遏制媒体的最佳手段。

由于多数媒体很少承认犯错，媒体傲慢自大的形象因此更加深入人心。其实，许多提起诽谤诉讼的人承认，只要媒体撤回错误报道，甚至愿意就此协商，他们也不想过分纠缠。《时代》杂志与阿里尔·沙龙的那场官司，正是媒体冥顽死硬态度的最好例证。1982 年，以色列国防部长沙龙将军指挥了入侵黎巴嫩的军事行动。以军违反与美国的协定，攻入贝鲁特西区穆斯林聚居地。随后，极右翼组织基督教长枪党侵入巴勒斯坦难民营，屠杀了数百难民，受害者多数是妇女与儿童。以色列抗议者要求司法委员会就此展开调查，调查结果表明：沙龙将军对屠杀事件负有"间接责任"。《时代》杂志嫌调查报告正文内容不够"解渴"，便在报道中加了些"猛料"。报道说，"据《时代》记者了解"，司法委员会调查报告附有一份秘密的"附件 B"。

这份附件显示，沙龙战前曾与长枪党领袖秘密会晤，要求"长枪党负责实施复仇行动"。沙龙为此提起诉讼，向《时代》索赔 500 万美元。庭前调查与庭审持续两月之久，《时代》承认报道是根据匿名消息源所写，但拒绝透露爆料者姓名。为此，以色列政府同意律师在监控下查阅"附件 B"，结果，律师没有发现任何与沙龙密会长枪党领袖有关的内容。《时代》随即提出，他们只是在"个别情节上犯了点儿小错误"。但是，"附件 B"的查证结果，已说明《时代》报道的可信度值得怀疑。真相就是，《时代》根据不可靠的信息源，刊出了一篇完全错误的报道，更重要的是，《时代》连承认错误的度量都没有。事实上，在这场耗资甚巨的诉讼结束前，沙龙曾多次表示，只要《时代》刊登一则更正启事，他就同意撤诉。陪审团经过 11 天的商议，认定《时代》刊登了不实报道，但并非蓄意为之，所以无需对沙龙作出赔偿。但是，《时代》因为自己的傲慢表现，公信力从此大打折扣。

有时，媒体过分强调宪法权利的方式，会加重自己在公众眼中的傲慢印象。诸如"新闻自由"、"第一修正案权利"之类的提法，颇有些排他主义的教条意味。在一些编辑或发行人心目中，宪法第一修正案中的出版自由条款，仿佛是为他们量身定做，甚至凌驾于其他宪法权利之上，但是，这类想法根本没有任何逻辑或历史依据。约翰·弥尔顿首度提出"出版自由"的概念时，世界上还没有定期发行的报纸。弥尔顿当年担心的，主要是政府对书籍、传单的出版审查制度，后来美国各州制定州宪，乃至第一修正案设置出版自由条款时，都建立在弥尔顿的理论基础上。没有人可以武断地说，宪法出版自由条款保护的只是报纸的自由，而不是书籍的自由。第一修正案同时保护言论、出版自由，意味着制宪先贤倾向于保护各种形式的表达，无论是口头的，还是书面的。即使在宪法其他条款中，也看不出对新闻业的特别保护。比如，宪法第六修正案就规定，刑事被告均享有接受公平审判的权利。

当最高法院的判决伤及媒体利益时，编辑和发行人会表现出一副"宪法已死"的悲情姿态。最高法院在赫伯特上校的案件中，宣布媒体作为诽谤案被告，必须回答对方关于采编流程的询问后，《洛杉矶时报》立刻宣布：这完全是乔治·奥威尔笔下的极权社会的判决。《圣路易斯邮讯报》的编辑声称，判决"完全可能达到禁绝报业的效果，除了独裁或法西斯国家，这样的判决在哪儿都十分罕见"。事实上，就连新闻自由最坚定的支持者布伦南大法官，也警告过这种夸大其词的论调。他在"赫伯特案"之后指出："本案对媒体造成的伤害，绝对无法和他们的辛辣批评引起的轩然大波相提并论。……媒体或许会受一些委屈，少一些赞许，但是，像其他机构一样，媒体也应兼容并包，兼顾复杂多元的重要社会利益。"[105]

许多新闻从业者在一项法律议题上，态度都非常坚决，而且坚持认为这是本行业的宪法权利。他们主张，新闻界有拒绝透露秘密消息来源的特权。1972 年，最高法院审理了与这一话题相关的案件。[106] 在这起案件中，一名记者握有证明被告有罪的重要线索。一审期间，检察官传唤记者到大陪审团前作证。记者拒绝出庭，说已答应为爆料者保密，出庭作证会损害与匿名消息源的关系。最高法院最终以 5 票对 4 票，宣布新闻从业者无权以宪法第一修正案为依据，拒绝出庭作证。随后，下级法院又陆续有类似案件出现。比如，刑事被告要求传唤记者出庭，又或者，诽谤案原告要求了解报道中引述的匿名消息源的真实身份。

在许多情况下，记者确有必要为匿名消息源保密。在"水门事件"中，如果没有"深喉"勇敢爆料，以及记者们信守秘密的承诺，

《华盛顿邮报》根本不可能把总统扳倒。记者、编辑如果不保守秘密，就会损害自己的信誉。但这并不能说明，第一修正案保障记者拒不向法庭透露消息源的权利，甚至将这一权利凌驾于其他宪法权利之上。比如，根据宪法，刑事案件的被告有权传唤对自己有利的证人出庭作证，如果记者握有证明被告无罪的关键信息，他拒绝作证的行为，难道应受宪法保护么？有时，只是在非常偶然的情况下，记者会因为信守保护匿名信息源的承诺，而被判藐视法庭罪，甚至因此坐牢。这种情况虽然很少发生，但对记者而言，也是不得不付出的惨痛代价。而且，即使发生这类情形，它给法律系统带来的负面影响，远远不及赋予媒体保密特权来得大。

或者，让我们设想一下，这类特权在诽谤案中的遭遇。假如有一家报纸或杂志，在没有列明消息来源的情况下，说某人是恐怖分子。难道这位受到指控的人，无权根据宪法，要求媒体提供认定自己是恐怖分子的依据么？在南非的一起诽谤案件中，某新闻杂志报道，一位黑人牧师公开场合倡导和平共处，私底下却鼓吹以暴力手段推翻种族隔离政策。牧师起诉后，要求杂志提供消息来源，但编辑拒绝这么做。法院据此要求杂志赔偿牧师损失。后来人们才发现，这家杂志其实受政府幕后资助，而报道此事的记者居然是警方卧底。[107] 好吧，现在同样的剧情，已换到美国上演。在麦卡锡时代，美国的情况也好不到哪儿去。媒体常常根据匿名消息源，给某位公民扣上"亲共"的帽子。所以，媒体并非永远扮演正面角色，他们偶尔也会作恶。

许多新闻从业者信奉"媒体例外论"，认为新闻界有异乎寻常、超越一切的宪法地位。这种论调，不仅无法令人信服，也极易招致危险。普通公民很难了解，为什么媒体拥有比他们更多的权利。更何况，从长远来看，媒体的这种权利，实际上取决于广大人民的理解与支持。还是博克法官说得好："媒体独享某种自由到什么地步，这种自由所受的威胁，就达到什么程度。"[108]

媒体总喜欢借第一修正案撑腰，可这条修正案的核心目的，是保障人民自由无羁地讨论公共事务，而非只为媒体一家服务。建国伊始，美国就是一个鼓励人民自由争论重要事务的国家。从内战前的废奴之争，到今天的环保争议，公民运动在我国历史上留下深刻烙印。1980年代，数量剧增的诽谤案件，对媒体和公众都敲响了警钟，没有什么比诽谤官司更能影响到人们自由讨论公共事务了。

公民想就某项公共议题发表意见时，给报社编辑写读者来信，是现实中颇为常见的做法，然而，就连这种传统表达方式，也引发越来越多的诽谤官司。1983年，《灵长类动物医学杂志》刊登了一封读者来信。这份杂志是面向猿类或其他灵长类动物研究者发行的一份学术期刊，发行量仅三百本。来信者是"国际灵长类动物保护协会"主席雪莉·麦格雷尔博士，她批评总部位于奥地利的伊穆诺公司涉嫌虐待动物。这家公司用从非洲塞拉利昂捕来的黑猩猩进行肝炎疫苗实验。麦格雷尔指出，伊穆诺公司为规避对跨国贩运黑猩猩的国际限制，故意将实验基地设在塞拉利昂；此外，这项实验可能导致黑猩猩濒临灭绝，因为猎人们通常在杀死母猩猩后，才能捕获供实验用的小黑猩猩；最后，一旦接受过实验的黑猩猩返回野外，很可能将肝炎传染给同类。伊穆诺公司随即提起诽谤诉讼，将麦格雷尔博士、杂志编辑简·摩尔-扬科夫斯基博士等八人一并告上法庭。伊穆诺公司援引了麦格雷尔的读者来信，和摩尔-扬科夫斯基博士的评论，后者引述英国《新科学》杂志的说法，将伊穆诺公司的计划称为"科学帝国主义"，并警告说，这种肆无忌惮的行为，会对善意利用黑猩猩进行实验的研究者产生恶劣影响。

伊穆诺公司于1984年提起诉讼。此后几年间，除摩尔-扬科夫斯基博士外，其他人都承受不住与大公司对阵导致的巨额诉讼费用，不得不选择庭外和解，并支付了相应的赔偿费用。这些人同时承认，他们并非有意批评伊穆诺公司在塞拉利昂的计划。麦格雷尔博士的保险公司代她赔付了10万美元，在此之前，她已为此案花费了25000美元，但是，麦格雷尔并未撤回自己的发言。八名被告中，只有摩尔-扬科夫斯基博士仍在孤军奋战，应对伊穆诺公司400万美元的索赔要求。诉讼中，他向初审法院法官提出申请，请求按简易程序进行即决裁判，以尽早结束这起案件。即决裁判，是在缺乏充分事实证据情况下，未走完全部诉讼程序，由法官迳行裁判的程序。* 也就是说，即使证据完全由对方提供，另一方也有可能胜诉。在诽谤案中，即决裁判对被告更为有利，否则的话，他们得耗上几年时间举证质证，还得应付漫长的庭审。但是，初审法官驳回了摩尔-扬科夫斯基博士的申请。法官认为，陪审团必须审查麦格雷尔博士的读者来信是否存在不实陈述，如果确有不实陈述，还得审查编辑是否蓄意造假或罔顾真相。不过，摩尔-扬科夫斯基博士据此上诉至纽约州最高层级的法院——纽约上诉法院后，法官们一致同意对此案进行即决裁判。

朱迪斯·凯法官代表上诉法院，撰写了一则令人印象深刻的判决意见，她说："对多数民众而言，投书报社编辑，或许是表达自己对公共事务看法的唯一途径。"她援引一则英国判例后指出，公民若被"政府的不当行为困扰"，只有写信给报社，并请报社刊出来信，"才可能纠正错误"。她写道："这一平台之所以重要，不仅因为它允许个人或团体发表对公共利益的不同见解，进而说服更多的人，还因为他

---

　* 即决裁判（summary judgment）：当事人对案件中主要事实不存在真正的争议，或案件仅涉及法律问题时，法院可不经开庭审理，就可作出即决裁判。

允许读者获知投书者的委屈、不满，或许，这些人传播的仅仅是谣言，但这样的平台，显然能用辩论或讨论取代恶意、无赖的漫骂。……向公共平台投书所起到的作用，接近于'思想市场'……"

凯法官也强调了即决裁判在诽谤诉讼中的重要性。她说，这起案件"卷宗厚达数千页，其他被告已纷纷选择庭外和解"。如果一直拖下去，"会影响到第一修正案权利的自由行使，就像诽谤诉讼本身所导致的恐惧那样"。[109]

对摩尔-扬科夫斯基博士来说，上诉法院的判决当然是一场值得拍手相庆的胜利。只可惜，这并非这起案件的最终结局。凯法官的判决，是以州法和联邦法为依据。她认为，麦格雷尔博士的投书，完全是一种意见表达行为。虽然，纽约州法律与许多州沿用的诽谤法相似，认为前述判决不得适用于诽谤案，因为如果不认定事实，将无法判定言论对错。但是，凯法官将鲍威尔大法官在"葛茨案"中的主张作为判决依据，即："在宪法第一修正案项下，没有什么错误思想之说。无论一种思想看起来多么有害，我们赖以校正它的，不是法官或陪审团的良心，而是其他思想的竞争。"许多下级法院将这段话理解为，某种言论如果可以视为意见表达，即可在诽谤诉讼中获得宪法意义上的豁免。但是，几个月后，最高法院却在另一起案件中宣布，联邦宪法中，并不存在这么宽泛的规则。最高法院指出，即使某种言论完全是意见表达，但如果它所依据的事实是错误的，仍可能被视为诽谤。不久，"伊穆诺公司案"上诉至最高法院，并被发回纽约法院，根据新的联邦规则重审。上诉法院最终决定维持原判。凯法官代表法院指出，即使根据最高法院新近作出的判决，麦格雷尔博士向报社投书的行为仍受第一修正案保护。凯法官明确提出，无论如何，这类诽谤诉讼是被纽约州宪法禁止的。摩尔-扬科夫斯基博士最终获胜，却为此案受尽折腾，身心俱疲，他后来致信《纽约时报》，讽刺自己是一名"侥幸取胜的被告"，并形容了这场官司对本人生活的影响。他说[110]：

> 我是纽约大学医学院的全职教授，并免费担任一家名为《灵长类动物医学杂志》的小型国际杂志的编辑。在过去七年间（美国男性预期寿命的十分之一），我官司缠身……截至目前，我的诉讼花销已超过100万美元。一年半以来，我有14天在本国出席各种听证，还应下级法院要求，飞去奥地利和塞拉利昂作证，光路费就耗资甚巨……七年诉讼浪费了我大量时间，科研工作也受到很大影响。虽然我在法庭获胜，但是，这些并不能保护我或其他小型专业杂志的编辑，免受大企业提起的诽谤诉讼打压。我们需要立法禁止这类代价惊人、毫无价值的诽谤诉讼，以免我们的司法制度被某些人滥用，成为侵蚀第一修正案的工具。

"伊穆诺公司案"的一波三折，让人们见证了"沙利文案"二十五年后，各州诽谤法的变化。我们看到，除非法官敏锐地选择即决裁判，否则，财大气粗的公司、财团将用拖沓冗长的诉讼程序、令人咋舌的索赔金额，将拒绝妥协的被告逼到破产境地。我们也看到，诽谤诉讼既能打压《纽约时报》这样的传媒大鳄，也会威胁到发行量极低的学术期刊的生存。我们了解到，公民投书报社，本是履行麦迪逊倡导的公众批判职责的方式之一，但是，她却可能为此受到指控。我们注意到，如果思想市场正常运转，类似麦格雷尔这样的人，就可以与《纽约时报》的专栏作家一样，自由表达观点。麦格雷尔博士的"国际灵长类动物保护协会",是媒体的重要消息来源,即使媒体没有被卷入诉讼,"麦迪逊规则"仍可适用在他们身上。比如,就算麦格雷尔博士没有投书报社,而是选择在公共论坛上发言,又或直接向政府建言,这些都是她表达意见的方式,不应受到诽谤诉讼的威胁。

奇怪的是,关于诽谤的宪法理论,并未跟上思想市场的发展进程。人们纷纷追问,最高法院"沙利文案"判决在保护媒体的同时,是否也给予被控诽谤的普通公民同样的保障?1974年,鲍威尔大法官在"葛茨案"中,宣布公众人物与政府官员一样,只有证明对方蓄意造假或罔顾真相,才能提起诽谤赔偿请求。这一原则,当然适用于报业或其他新兴媒体。很明显,在他心目中,对媒体应给予特别保护。在接下来一些案件中,包括布伦南在内的其他大法官都认为,在诽谤案件中,被起诉的公民个人,也应与媒体享有同样的宪法地位。但是,在"沙利文案"判决之后的三十年间,最高法院并未就这一问题形成多数意见。

其实,我们也可以说,"沙利文案"判决已经解决了这个疑问。毕竟,当时被警察局长沙利文起诉的,除了《纽约时报》,还有四位黑人牧师。布伦南大法官确立的新宪法规则,自然也适用于他们。本案庭审进程中,戈德堡大法官与代表《纽约时报》出庭的韦克斯勒教授,曾有如下对话:

> 戈德堡大法官:"你的意思是,批评官员的自由不仅适用于报纸,任何人均有此自由?"
> 韦克斯勒:"当然了,的确如此。"
> 戈德堡大法官:"换句话说,你现在坚持的立场,并不是只为报纸代言?"

韦克斯勒："当然不是。"

布伦南大法官在"沙利文案"判决中说，最高法院"首度被要求去判定，宪法对言论、出版自由的保护，是否意味着应当限制一州以诽谤为由，要求批评政府官员者支付赔偿。"他提到的是言论"和"出版，而非单指出版。他也没有说，宪法只保护媒体批评政府的自由，不保护公民批评政府的自由。一年后，挟"沙利文案"判决之余威，最高法院又撤销了密西西比州一名警察局长对一位民权运动领袖提起的诽谤诉讼。这位民权人士遭逮捕时，公开发布了一则声明，宣布自己的被捕根本是一桩"政治阴谋"。最高法院并未过分强调被告身份，而是直接将"沙利文规则"适用至公民个人言论。

如果，成千上万公民中，每年都有一人因评论公共事务而被控诽谤，案件又辗转上诉至最高法院，相信大法官们很难拒绝用第一修正案保护他或她。至少，在这个问题上，媒体也乐于采取大公无私的态度，同意一个势单力薄的散发传单者，与全国电视网一起，享受第一修正案的同等保护。1989 年，《费城询问者报》著名编辑小尤金·罗伯茨就诽谤诉讼对普通公民的危害，提出了自己的看法。他说："在美国，新闻自由之所以不能兴旺发展，是因为这项权利被传媒大佬们垄断。如果它真能开枝散叶，逐步发展，定是因为人民将新闻自由视为公民自由的延伸。他们可以自由质疑、挑战、控诉自己选出的立法者，他们也将乐于让媒体代他们行使这一自由。"[11]

伊穆诺公司与摩尔-扬科夫斯基博士之间的对抗，是现代诽谤诉讼的一种极端表现，就像用千斤大锤去砸一粒小小坚果，被告是仅有几百名读者的学术期刊。"威斯特摩兰诉 CBS 案"则是另一种极端表现。这场激烈冲突，发生在越战名将与拥有百万观众的电视巨鳄之间。

1982 年 1 月 23 日，CBS 播出一部 90 分钟的纪录片，指控在越战期间，"美军高层情报部门策划了一起阴谋"，"隐瞒、篡改敌军重要情报"。这部名为《未被算入的敌人：越南骗局》的纪录片指出，美军司令威斯特摩兰将军在给华盛顿的报告中，少报了 1968 年"新春攻势"前，渗透到南部的北越军队数量。（"新春攻势"中，北越军队与越共游击队攻占了越南南部许多城市，逼近位于西贡的美国大使馆。从战术角度看，北越军队此次行动并未成功。但美国民众据此发现，敌人的损失并没有约翰逊总统和军方描述的那么惨重，民意就此扭转，反战情绪抬头。）纪录片显示，战前渗透到越南南方的北越军队数量，远远高于美军预先估计的规模，为避免自曝其短，激怒总统，军方情报人员刻意压低了越军的渗透人数。

威斯特摩兰将军义愤填膺，指责这部纪录片歪曲事实。《电视指南》也发表了一篇名为"解剖谎言"的长文，力挺威斯特摩兰。文章说，节目制片人违反了 CBS 的内部规定，竟然允许收取费用的顾问充当证人。CBS 随即开展内部调查，证明节目制作确实违反了规定，但 CBS 仍然支持纪录片得出的结论。不过，为缓解矛盾，CBS 同意提供 15 分钟不剪接时段，供威斯特摩兰将军在全国电视网上回应此事（即使从当时的录播标准来看，15 分钟的时段也相当可观）。但是，威斯特摩兰的律师认为，这么做是对"谎言的纵容"。将军随即提起诉讼，向 CBS 索赔 1 亿 2000 万美元。*

此案在证据调查阶段，相关卷宗即达 40 万页。1984 年，CBS 的

---

* 关于此案详情，可参见 CBS 主持人迈克·华莱士的回忆录，即〔美〕迈克·华莱士、加里·保罗·盖茨：《你我之间：迈克·华莱士回忆录》，徐琳玲译，中信出版社 2009 年版，第七辑"将军和吹哨者"。

律师申请即决裁判时，相关诉状和法律文书亦有 1342 页。威斯特摩兰的律师回应 CBS 的申请时，也提交了 1380 页的材料。本案的初审法官，是纽约南区地区法院的皮埃尔·勒瓦尔法官。他驳回了 CBS 的即决裁判申请，并决定于 1984 年 10 月开庭审理此案。在此之前，双方的花费都已超过两百万美元。审判历时近四个月，辩论或质证，都围绕节目制作方如何取舍材料进行。威斯特摩兰将军几经斟酌，确定手头掌握的证据，已无法令陪审团相信 CBS 蓄意造假或罔顾真相，最终还是选择了撤诉。[112]

诉讼双方都因本案受到非议。威斯特摩兰将军的举动，颇似英国童谣中讽刺的老约克公爵：劳师动众，率领一万大军攻上山头，又一无所获，悻悻下山。至于 CBS，在本案中也是立场摇摆、瞻前顾后，就算不能被证明罔顾真相，也可能输掉官司。甚至连法律本身，看起来也愚蠢不堪。耗费那么多人力财力，只是为了证明一件几乎无法证明的事情：越南战争中的某个"真相"。就连越共游击队人数是否应算入北越正规军数量，都成为案件争议焦点。其实，这样的事情，哪儿有什么真相可言，更不是陪审团能够弄清楚、下判断的。越南发生的每一件事，都与政治决策有关。所谓真相，也只是政治的真相，该由政治解决，而非法律。

勒瓦尔法官审理此案时，可能会想起哈伦大法官当年在"《时代》周刊公司诉希尔案"中的谆谆告诫："在公共讨论领域，'真相'是一个难以界定的概念，如果让事先已存偏见的陪审团去认定何为'真相'，很可能催生新闻审查制度。"威斯特摩兰将军在谴责节目内容不实时，其态度显然是十分真诚的。但他还是放弃了最适当的补救方法：答应 CBS 的条件，在全国电视网上解释真相。事实证明，由于将军庭审前后频繁在电视台亮相，他的公众印象明显得到改善。言论的市场，终究是管用的。

审判的突然收场，令陪审员们也有些失望，毕竟，他们失去了裁决此案的机会。勒瓦尔法官不得不进行一番评论，以"安抚他们的失落情绪"。他说："对史实的判断，过于微妙，也过于复杂，单靠陪审团，很难得出一个令各方满意的答案……所以，我建议你们还是把这个案子留给历史裁断吧，这或许是最好的选择。"诚哉斯言。但是，真若如此，这案子当初就不该进入审判程序。既然如此，勒瓦尔法官当初还不如同意 CBS 的即决裁判申请呢。

"威斯特摩兰案"之所以被广泛宣扬，是因为人们对诽谤法日益不满，或者说，是对"《纽约时报》诉沙利文案"确立的宪法规则不满。媒体和富有公共意识的公民们发现，虽然"沙利文案"判决倡导言者无罪，可他们仍有可能遭受诽谤官司与巨额诉讼费用的打击、拖累。

而对那些的确受到不实之词伤害的原告们来说，诽谤诉讼的繁冗程序，也令他们沮丧不已、身心俱疲。舞，已经结束了。

第十九章

重绘蓝图？

　　1964 年 9 月，"《纽约时报》诉沙利文案"宣判六个月后，赫伯特·韦克斯勒收到一封载满疑虑的来信。来信者是《纽约时报》副主编莱斯特·马克尔。马克尔是位很有主见、自律甚严的编辑，他说，虽然报社在"沙利文案"中取胜，但自己却非常忧虑，担心"此例一开，媒体愈发缺少责任感，也愈发不受约束"。他问韦克斯勒，如果报纸"蓄意刊登不实报道"，受害官员难道不应"诉诸法律"么？事实上，这正是韦克斯勒在最高法院出庭时提出的观点，虽然这一想法并未被多数大法官采纳。韦克斯勒在回信中指出，根据最高法院的判决，官员只能在媒体蓄意造假或罔顾真相，刊出不实报道时，才能获取赔偿。但是，他仍然认为，媒体应拥有绝对豁免权。在他看来，官员能否在媒体蓄意造假的情况下获取赔偿，取决于"陪审团掌握信息的可靠性"。换句话说，陪审团判定一家报纸是否应承担责任，得看他在刊出报道前"知道"些什么，以及"知道"到什么程度？韦克斯勒说，麦迪逊当年就是因为质疑陪审团的判断能力，才主张对媒体提供更广泛的豁免权，"即使在今天看，这一论点也经得起理论与实践检验。……所以，只要诽谤法仍保留其惩罚性，就会严重威胁到人们对官员职务行为的公开讨论。这也是我在本案中坚持这一立场的原因。"

马克尔回信建议，"在南方，如果有个靠谱点儿的陪审团"，或许可以避免上述问题。他同时问道，是否"因为正义在美国偏居一隅"，新闻工作者的责任感才有所欠缺。韦克斯勒回应，他并不认为所有问题都局限于南方。他说，长远来看，"南方现在这些令人瞩目的难题，将来很可能蔓延至全国"。

韦克斯勒一语成谶，时间果然验证了他的悲观预言。诽谤法的"惩罚效应"，也即诽谤诉讼引发的巨额索赔和沉重讼负，令被告的处境愈加艰难。南方以外地区的陪审团，在审理原告是本地贤达或社会名人的诽谤案件时，出手与"沙利文案"中的阿拉巴马州蒙哥马利市陪审团同样慷慨大方。费城一个陪审团判给理查德·斯普拉格 3400万美元，拉斯维加斯的陪审团判给韦恩·牛顿 1900 万美元。全国各地的陪审团，好像都格外倾向于那些起诉媒体诽谤的原告。根据"预防诽谤资源中心"的统计，在四分之三的诽谤案件中，陪审团会作出不利于媒体的裁决。"预防诽谤资源中心"是一家为正被诽谤诉讼困扰的媒体服务的研究机构，它的存在本身就说明，人们对诽谤案件的关注正与日俱增。在这类案件中，陪审团不仅偏向原告，还常常要求被告作出巨额赔偿。"预防诽谤资源中心"的调查结果显示，1980 年至 1983 年期间，各地陪审团在诽谤诉讼中，要求媒体赔付的金额，平均为 217463 美元，是同期医疗事故平均赔偿数额的三倍。简言之，在陪审团心目中，名誉受媒体损害的公民所应获取的补偿，应当是身体被庸医误诊所害的人的三倍。为什么陪审员会如此敌视媒体，却同情那些自称受害的人们？一个合理的解释是，在诽谤案件中，媒体被告多是广播电视网、主流大报大刊，他们给人的印象，往往就是财大气粗、不可一世。而在个人对抗大公司的讼争中，美国人总喜欢把个人视为受打压者，即使此人是演艺明星或达官贵人，看起来不那么像一个被打压的对象。不管怎么说，权力总是令人质疑和担忧的，媒体动辄吹嘘能把总统拉下马，虽然此话略显夸张，但传媒的力量谁也不敢小觑。既然大家都觉得传媒大佬们付得起这个钱，为什么不让他们多赔一点儿呢？

根据"预防诽谤资源中心"的观察，陪审团对媒体判处的赔偿金额，到了上诉阶段，绝大多数会被上诉法院撤销或减少，削减掉的额度约为原判的六成或七成。1984年，最高法院为确保批评言论免受打压，再次强调了"沙利文案"判决确定的规则，要求上诉法院法官审理诽谤案时，应加强对案件认定事实、适用法律情况的独立审查，直接强化了上诉法院的复审功能。[113] 在初审案件中，法官会在审前对案件进行筛选，媒体被告提出的即决裁判申请，约有四分之三会得到批准。1986年，最高法院宣布，对于政府官员或公众人物提起的诽谤诉讼，如果原告在审前程序中，不能拿出确凿证据，证明被告蓄意造假或罔顾真相，法官应当批准被告的即决裁判申请。[114] 不过，尽管媒体作为诽谤被告时，可能在初审诉讼程序中占上风，相关判罚亦有可能在上诉中减缓，但他们的诉讼负担仍然很重。根据一家承保媒体诽谤责任险业务的保险公司的报告，在诽谤诉讼引发的理赔中，80%的理赔金额耗在诉讼费用上，其中多数是律师费用，只有20%属于赔偿金。[115] 经常充当被告的《费城询问者报》编辑尤金·罗伯茨后来说，"沙利文案"判决催生出一种打压媒体的新做法："让媒体闭嘴沉默的现代方法，就是用漫长的诽谤官司拖垮他们。"[116]

许多法律学者对"沙利文案"创制的新规则并不满意，这也促使他们进一步反思该案判决存在的问题。批评者们承认，最高法院1964年审理此案时，是在迫不得已的情况下，才将宪法限制强制适用于州诽谤法。阿拉巴马州蒙哥马利市的陪审团，仅仅因为一则没有指名道姓的广告，就要求《纽约时报》赔偿沙利文局长50万美元，南方各地的其他待决案件，亦涉及百万美元的赔偿。如果最高法院支持沙利文一方，美国媒体和民权运动必受重创。在这种情况下，最高法院别无选择。但是，批评"沙利文案"判决的人却认为，布伦南大法官要求提起诽谤之诉的官员证明媒体蓄意造假或罔顾真相的做法，未必是最适合的方案。

理查德·爱泼斯坦教授提出，最高法院应将审理重点集中在阿拉巴马州陪审团认定广告"指涉且关系到"沙利文的问题上，毕竟广告并没有提到沙利文的姓名。爱泼斯坦说，最高法院可以据此认定，陪审团的认定曲解了多数州沿用的普通法诽谤法。它可以告诉阿拉巴马州法院："你们没有遵守你们自己的规则。"这样可以将普通法关于要求原告证明相关言论"指涉且关系到"自己的规定，纳入宪法层面规范。[117]爱泼斯坦和其他学者认为，这么做至少不会有干预州法之嫌。但是，稍事思考就可发现，上述观点根本站不住脚。因为，就算最高法院只是告诉阿拉巴马州法院，说他们错误适用了诽谤法，这同样是干预州法的表现。这就相当于最高法院说："我们打算审查你们适用法律的方式，方便我们成为对诽谤法含义说了算的机构。"而且，这种审查也不仅限于"指涉且关系到"原则。

事实上，那一时期，南方陪审团本打算在另一起案件中，对《纽约时报》判令巨额赔偿。当时，伯明翰市警察局长"公牛"康纳因为哈里森·索尔兹伯里发表在《纽约时报》上那则报道当地种族主义气氛的文章，也将《纽约时报》告上法庭。"沙利文案"宣判后，他的起诉亦被驳回。如果该案审判得以继续，全部由白人组成的陪审团将毫无悬念地判给他巨额赔偿。最高法院不得不再次将对诽谤法的解释作为政治工具，平息公众对白人至上主义的批评。如果最高法院在"沙利文案"中只考虑规范"指涉且关系到"的条件，未来将不得不穷于应付其他误用普通法的情形。相反，如果通过审理此案，确立一条新的联邦规则，要求原告必须证明对方蓄意造假或罔顾真相，在当时或许显得颇有戏剧性，但是，时间证明，这么做比逐案纠正各州法院依据州法作出的违宪判决，干预性要少得多。

爱泼斯坦和其他学者还提出，最高法院应当从赔偿金额问题切入，审理"沙利文案"。比如，大法官们可以主张，在诽谤案件中，第一修正案禁止判处惩罚性赔偿金。这类赔偿金侧重于警示后人，而非补偿伤害。既然"沙利文案"一审判处的50万美元赔偿可能包含惩罚性赔偿金，大法官们可以据此撤销原判，发回重审。学者们还提供了另一个方案，即：最高法院可以进一步宣称，第一修正案禁止对诽谤案被告判处赔偿，除非原告证明自己确实存在实际经济损失，如因遭遇诽谤而失业。

关于最高法院对诽谤诉讼中的赔偿金额进行宪法限制的想法，听上去好像颇为诱人，却只是事后一种一厢情愿的提法，因为自那以后，诽谤诉讼赔偿金数量剧增，已达到令人匪夷所思的天价。但是，就算韦克斯勒或其他人在1964年就此问题提出抗辩，也全无胜算。因为最高法院早些年就已表态，反对废除惩罚性赔偿金。几个世纪以来，诽谤诉讼中的损害赔偿从来不需要提出损失证明，因为人们普遍认为，名誉损失的情况非常复杂，很难具体量化。

韦克斯勒在"沙利文案"的诉状中，把50万美元的判罚称作"难以置信的荒唐裁判"，并提到限制诽谤诉讼判罚额度的可能性。但是，他在这一问题上着墨不多，而且，当戈德堡大法官在庭审中问他惩罚性赔偿金是否违宪时，他给出了否定回答。许多年后，韦克斯勒忆及此事，说道："这些年来，我一直在思考这个案子，有一个问题一直困扰着我。当时，我是不是应该把矛头对准惩罚性赔偿金，要求宪法限制惩罚性赔偿，仅限于赔偿原告的实际经济损失呢？我也时常猜想，如果'沙利文案'判决对诽谤法进行这样的处理，对现在的人们是不是更有裨益？不过，从诉讼策略上看，我的决策是正确的。既然整个英语世界的国家都认同那样的损害赔偿标准，轻易否定显然是不智之举。诉讼效果也可能适得其反。"

后来，最高法院确曾尝试通过第一修正案限制诽谤诉讼赔偿，却收效甚微。在1971年的"罗森布鲁姆诉大都会传媒案"中，马歇尔大法官即提议以宪法限制损害赔偿金额。此案原告是一位书商，他控告一家广播电台诽谤，因为后者在节目中说他销售淫秽书刊。陪审团判给这位书商25000美元补偿性赔偿金，725000美元惩罚性赔偿金。马歇尔大法官认为，惩罚性赔偿金应从赔偿金额中排除，因为这类判罚性质上与刑罚相同，是为惩罚被告，警示后人，但本案只是私权争议，赔偿金额也由陪审团随意确定。他总结说："这类巨额判罚会催生恐惧……进而侵犯到新闻自由，就像我们在'沙利文案'中见到的那样。"此外，马歇尔大法官也指出，最高法院应当根据第一修正案，取消普通法中关于诽谤诉讼损害认定的推定方式，将损害赔偿"限定在实际损失之内"。他进而补充道，这类损失必须是"可以证明的"，但并不局限于直接经济损失。斯图尔特大法官支持马歇尔的意见，但哈伦大法官却表示反对。哈伦认为，完全可以保留损害推定和惩罚性赔偿金，但只能在原告（无论是政府官员还是公众人物）证明对方蓄意造假或罔顾真相时，方能适用。换句话说，哈伦是想将"沙利文规则"也适用到赔偿问题上。

在 1974 年的"葛茨诉韦尔奇案"中，最高法院的多数意见也提到损害赔偿问题。鲍威尔大法官主笔的这则意见指出，诸如政府官员这样的公众人物，若想提起诽谤之诉，必须证明被告蓄意造假或罔顾真相。但如果原告只是普通公民，只需证明被告存在疏忽大意的过失即可。他进而讨论了普通法关于诽谤诉讼损害认定的推定方式，以及陪审团确定惩罚性赔偿金数额的随意性。鲍威尔大法官说，以推定方式确定损害数额，完全是"侵权法中的异端"，如果允许陪审团"任意确定赔偿金额"，就是无限扩大媒体责任，压制第一修正案维护的自由。他补充说，这么做，就是"鼓励陪审团惩罚那些不受人欢迎的意见，而不是补偿受到不实报道伤害的个人"。更糟糕的是，惩罚性赔偿金还会纵容陪审团用"令人意想不到的天价"，打压不合时宜的言论。看到这里，人们或许会以为鲍威尔大法官打算将诽谤诉讼赔偿范围限定在原告可证明的经济损失内，或者支持废除损害推定或惩罚性赔偿金。但他并没有这么做。他只是说，诽谤诉讼原告若想获取补偿性赔偿金，必须证明自己确实受到损害。但他随即指出，这种损害"不限于金钱损失"，还包括"个人名誉和社会地位受到的伤害、人格侮辱与精神损害"。但是，谁都知道，这样的伤害很难界定，不便计量。为此，鲍威尔提出，对这类损失完全可以推定，原告只要证明被告蓄意造假或罔顾真相，就无须就此举证，并可获取惩罚性赔偿。他实际上是采纳了哈伦大法官在"罗森布鲁姆案"中的提议，将"确有恶意原则"适用到损害赔偿的计算过程中。

鲍威尔大法官确定的新规则，貌似可以变相取消损害推定和惩罚性赔偿金，实际效果却并非如此。按照"沙利文案"判决，公众人物或政府官员若想获取赔偿，本来就应证明对方蓄意造假或罔顾真相，既然如此，他们什么都不用做，就可以轻易越过"葛茨案"设定的判处惩罚性赔偿金的新标准，如此一来，只要这些人胜诉，获取巨额赔偿几乎没有任何法律障碍。韦恩·牛顿能获得 1900 万美元赔偿，理查德·斯普拉格之所以轻松斩获 3400 万美元，都是拜"葛茨案"判决所赐。

哈伦大法官曾在"罗森布鲁姆案"中指出："诽谤法的功能，主要是补偿个人经受的，可以计量的实际损害。……如果原告并未因不实报道受到任何损害，陪审团却判令被告赔偿……只会起到与第一修正案目的相抵触的效果。"这一评价实在再恰当不过。在一个倡导自由讨论的国度，诽谤法本应仅限于补偿损失，绝不能成为威胁新闻自由或打压改革言论的工具。但是，理想终究照不进现实。在多数情况下，诽谤诉讼中的赔偿金额要远远超过原告的实际损失。

研究第一修正案的权威学者戴维·安德森教授曾评价说，许多著名诽谤案件中的原告，名誉其实未受任何损失，却能得到巨额赔偿。警察局长沙利文就是其中之一。沙利文的阿拉巴马同乡，布莱克大法官就预测说，如果沙利文在蒙哥马利市的亲朋好友，相信他曾像《纽约时报》广告描述的那样镇压民权运动，反而会提升沙利文的"政治、社会和经济地位"。"葛茨案"的后果也与此相似。本案中，由于罗伯特·韦尔奇主办的《美国主张》杂志给民权律师埃尔默·葛茨贴上"列宁主义者"的标签，陪审团判令杂志赔偿葛茨 40 万美元。七十六岁的葛茨性格风趣，对判罚金额也十分满意。他决定用这笔钱与妻子一同乘游轮环游世界，他在临行前说："我打算每到一处港口，就给韦尔奇先生发一封电报。"葛茨有理由这么欢乐，人们也没必要对他获得的赔偿指手画脚，但从某种角度来说，杂志对他的名誉其实没有造成什么伤害。安德森教授调侃说，如果《美国主张》这样的右翼杂志赞美葛茨，"才是对他真正的伤害"。[118]

如果一个人确实被媒体蓄意或疏失导致的不实报道所伤害，即使从社会利益角度，也应对其进行补偿。第二巡回上诉法院的亨利·弗兰德利法官曾在1967年写道："报纸、杂志和广播公司都是营利企业，有时甚至能牟取暴利。与食品、建筑、制药领域的许多大企业一样，他们在服务大众的同时，也可能造成损害，当然也应为此付出对价。"[119] 但是，无法预测的诽谤赔偿数额，乃至与实际损失毫无关联的判罚，已严重影响到这类企业的有效运转。媒体固然可以在保险公司投保诽谤责任险，但如果陪审团在原告无法证明实际损失的情况下，动辄作出上千万美元的判罚，保险公司也将被迫提高保险费率。如此一来，可能只有财大气粗的媒体才负担得起这个费用。

布伦南大法官在"《纽约时报》诉沙利文案"判决中曾指出，一连串"这样的判决"——比如，判给沙利文50万美元——将使报业"蜷缩在畏惧和胆怯的阴影之下"。"沙利文规则"确立后，这样的阴影仍然笼罩在媒体头顶。"沙利文案"判决固然对传统诽谤法进行了有效改革。比如，原告再不能因为被告的无心之失，轻易获取巨额赔偿。但是，除此之外，仍有其他不正常的现象存在：陪审团仍然可以在原告未提供任何损失证明的情况下，毫无约束地判定赔偿金额。清除这一现象，是诽谤法改革尚未完成的使命。其实，州可以通过普通法来限定赔偿金额，一些州也是这么做的，但是，归根结底，还是得靠最高法院从宪法上施以限制。既然最高法院已经在1964年，警惕地发现普通法中的部分规定，可能压制新闻自由，进而作出变革，那么，或许有一天，他们会再次通过解释第一修正案，将诽谤诉讼原告应得的赔偿金额，限定为可以查明的金钱损失。

毫无疑问，在某些案件中，如果对损害赔偿金额进行限制，会使维护个人名誉的努力更加艰难。无论原告输赢与否，百万美元的诉讼请求，本身就是他们在名誉受损后的愤怒发泄。威斯特摩兰将军提出1亿2000万美元的赔偿，显示出他当时有多么恼火。一名曾代表诽谤原告出庭的律师说过："如果我们不索赔100万美元，客户会觉得我们不在乎这场官司。"不过，有些公众人物或政府官员，即使因明显不实或错误的报道而受到伤害，也不能获取赔偿，因为他们无法证明对方蓄意造假或罔顾真相。"沙利文案"虽然阻止了某些人压制舆论的努力，却使一些试图从谎言、污蔑中挽救个人名誉的人灰心丧气。约翰·戈德马克就是其中之一。

约翰·戈德马克是来自华盛顿州的一位议员，曾三度连任众议院筹款委员会主席。1962年，他在民主党内的初选对手，却给他扣上一顶"红帽子"，硬说他是"亲共组织"美国公民自由联盟的成员。此举果然在选战中奏效，戈德马克失去了第四次蝉联的机会。他决定起诉那些抹黑自己爱国热情的家伙。1964年1月，经过两个多月的审判，陪审团认定戈德马克的对手的确诽谤了他，并要求这些人赔偿。法院的判决，受到各界广泛认可。波特兰市《俄勒冈人报》一位编辑说："要是这样的判决能多一些，人们或许会对这个自由国家应有的宪法自由保持更加宽容的态度。"但是，两月后，最高法院就"沙利文案"作出判决，却连累到戈德马克的官司。由于此案一审过程中，陪审团未能认定被告蓄意造假或罔顾真相，西奥多·特纳法官宣布原审判决无效。戈德马克的律师威廉·德怀尔后来在关于此案的一本书中感叹，这真是一个令人啼笑皆非的结果。他说，那些败坏戈德马克清誉的极右翼势力，"本来对阿拉巴马州惩罚自由派倾向的《纽约时报》的判决弹冠相庆"，如今，"却又为最高法院撤销原判的决定欢呼雀跃"。德怀尔指出，更加讽刺的是，极右翼势力的死对头"美国公民自由联盟"，也曾上书最高法院，建议撤销阿拉巴马州的判决。[120]

但是，特纳法官并不打算就此结案。他公开发表了对本案事实的看法，或者说，是用另外一种方式，作出了裁决。他说，陪审团已经认定，"原告约翰·戈德马克既非共产党员，也不是亲共分子，……'美国公民自由联盟'……也和共产党组织没有关联……法院根据现有事实可以认定，被告蓄意将戈德马克描述成共产党或同情共产党者……目的就是为了从政治上打击原告，使他竞选失利。"

"《纽约时报》诉沙利文案"以后，人们提出许多改革诽谤法的方案，建议将特纳法官在"戈德马克案"中的非正式做法纳入常例：恢复被害人名誉，但不判处损害赔偿金。这个方案建立在布伦南大法官在"沙利文案"判决提出的论点基础上，即：巨额损害赔偿会导致"寒蝉效应"，令"畏惧和胆怯的阴影"笼罩媒体。如果说，最高法院当时要求原告证明被告确有恶意，就是为防止巨额赔偿，那么，只要不存在赔偿金的问题，就没有必要对举证提出要求。也就是说，不实报道的受害者只要发现对方有不实陈述，就可以提起诉讼，不用费尽心力证明对方之前知悉的内容。

回到 1964 年，韦克斯勒回信给《纽约时报》的莱斯特·马克尔时，提到了另一种可能性。他写道："如果你相信官员享有法律救济的权利，那也不应是提起诽谤之诉，而是法定答辩权，可以规定报纸有义务以合理篇幅刊登他的驳斥或回应。"但是，1971 年，人们将规定这项答辩权的州法交最高法院审查时，却被宣布违宪。在这起名为"《迈阿密先驱报》诉托恩尼诺案"的案件中，佛罗里达州的一部法律规定，被媒体批评的政治候选人，有答辩回应的权利。一位被《迈阿密先驱报》社论批评过的候选人，要求报社提供版面，刊登自己的回应文章。最高法院认为，政府（在这起案件中，特指佛州政府）指

277

定媒体必须发表某类文章的行为，违反了宪法第一修正案。最高法院的判决意见由九位大法官一致通过。但是，布伦南大法官在协同意见中建议，若媒体报道确实有误，要求他们登载法院认定结论的行为，应符合宪法规定。刚刚接替约翰·哈伦的新任大法官威廉·伦奎斯特加入了布伦南的意见。[121]

1983年，马克·富兰克林教授针对布伦南与伦奎斯特的意见，提出了另一种可能。他建议，可以让不实陈述的受害者向法庭申请一份法律公示，以澄清事实，恢复名誉。在这类特别程序中，原告将得不到损害赔偿金。但如果作此规定，原告不必费力证明被告罔顾真相或疏忽大意，只要证明报道存在错误即可。当然，如果一方获胜，败诉方应承担对方的律师费用。富兰克林教授认为，没必要命令报纸必须刊登法院公示的内容，否则，就和"托恩尼诺案"一样，存在违宪嫌疑了。

1985年，纽约布鲁克林区参议员查尔斯·舒默提出一项新的联邦诽谤法案。法案要求，公众人物或政府官员诉请报纸或广播媒体刊登更正启事时，无需证明媒体存在过错。但是，舒默提出的法案同样允许，纸媒或广播媒体一旦成为诽谤诉讼被告，可以申请将损害赔偿之诉，转换为无需赔偿的刊登更正启事之诉。

1988年，一个研究机构提出第三种改革方案。他们建议各州采纳《诽谤法改革草案》。新法案规定，诽谤诉讼原告首先应要求对方撤回不实陈述，或提供答辩机会。如果媒体撤回陈述，或提供在纸媒或电子传媒上答辩的机会，即可结案。否则，受害者可以申请损害赔偿，或要求对方刊登更正启事，后者得不到赔偿，也无需证明媒体存在过错。但是，如果原告要求损害赔偿，被告仍可申请将诉讼请求变更为刊登更正启事。新法案还包括其他改革内容，如将读者来信排除在诽谤诉讼的受理范围之外。如果改革真能付诸现实,雪莉·麦格雷尔博士当年就没必要陷入与伊穆诺公司漫长的诉讼"拉锯战"了。

最后,当年主持威斯特摩兰将军诽谤案庭审的皮埃尔·勒瓦尔法官,也提出了自己的改革方案。他建议,如果诽谤原告不请求损害赔偿,只要求对方刊登更正启事,就不必适用"沙利文规则"。总之,上述种种方案,体现了美国改革者们的理想,他们希望像其他欧洲国家一样,将诽谤法制度化。他们认为,处理诽谤案件,关键还是还原真相,至于金钱赔偿,仅具有象征意义,甚至根本没有必要。

不过,所有这些改革方案,最终都只是纸上谈兵。没有一个州采纳富兰克林教授们的提议,舒默的法案甚至没能进入国会审议。但是,在最高法院内部,怀特大法官的一则判决意见,体现了大法官对现行诽谤法的极端不满。他在 1985 年的"邓 & 布拉德斯特里特诉格林玛斯建筑公司案"中,几乎要全盘否定"沙利文案",以及此案确立的宪法规则。[122]

怀特大法官在诽谤问题上的立场一直摇摆不定。他赞同并加入了布伦南大法官在《纽约时报》诉沙利文案"中的意见。三年后,1967 年,在"柯蒂斯出版公司诉巴茨案"中,他支持布伦南大法官将"沙利文规则"的适用范围从官员扩展到公众人物。第二年,他亲自撰写了"圣阿曼特诉汤普森案"的判决意见,认定疏于校核不算罔顾真相,进一步加大了对媒体的保护力度。[123] 1979 年,在"赫伯特诉兰度案"中,怀特大法官再次强调,"沙利文案"判决"符合第一修正案精神"。

但是,六年之后,他在"邓 & 布拉德斯特里特案"发布的协同意见中,立场却发生了逆转。他说:"在'沙利文案'中,最高法院未能成功地在满足公众对公共事务的知情权和维护公众人物名誉权之间实现平衡。"怀特大法官认为，最高法院"矫枉过正……没必要让原告承担其几乎不可能实现的举证责任，我们只需将损害赔偿金额限定在合理范围内，使之不致不当威胁到媒体就可以了。"

简言之，现在的怀特大法官已打算放弃"《纽约时报》诉沙利文案"，转而通过对损害赔偿施加宪法限制，实现原来的目标。这样一来，公众人物或政府官员无须证明媒体蓄意造假或罔顾真相，就可以赢得诽谤官司。怀特大法官说："这样既可以维护他的名誉，又能抑制流言飞语。他也能获取适当赔偿，但也许应仅限于诉讼开支。"但是，到底该如何限制赔偿金额，怀特没有从宪法上给以解答。他没有解释怎么才算"适当赔偿"，以及什么是"不当威胁到媒体"。他也没有说明，最高法院该如何适用第一修正案，才能限定赔偿金额。总之，怀特大法官提出的问题，远多于他给出的答案。

布伦南大法官不太满意怀特在"邓 & 布拉德斯特里特诉格林玛斯建筑公司案"中的意见。他在自己主笔的意见中，语带讽刺地说："怀特大法官甘冒风险，提出适度方案，拟重组第一修正案在诽谤诉讼中对被告的保护方式。"这句嘲讽也透露出，布伦南大法官十分在意，并略有些担忧自己在"沙利文案"中提出并引以为荣的宪法规则。"邓 & 布拉德斯特里特案"中，首席大法官伯格也发布了一份意见，赞同怀特大法官关于应当"重新检讨沙利文案"的提法。伦奎斯特则从另外一个角度对"沙利文规则"提出质疑，他对第一修正案保护的言论、出版自由持狭义解释立场。

其实，媒体和律师们与布伦南大法官一样，也关注到"《纽约时报》诉沙利文案"存在的明显缺陷。这一缺陷，很可能导致本案被二十年之后的最高法院撤销。但是，对他们来说，"沙利文案"判决是一部自由宪章，是现代媒体监督政府、检举不法的有力保障。在媒体心目中，重要的不仅是布伦南大法官确定的保护规则（只有蓄意造假或罔顾真相导致的错误才不受保护），而是让更多人们了解到，要避免错误有多么难，媒体对自由呼吸空间的需求有多么大。许多编辑和律师们相信，如果未经论证，轻易用模棱两可、异想天开的损害赔偿限制替代"沙利文规则"，将会给新闻业带来一场灾难。

1986 年，沃伦·伯格宣布退休，伦奎斯特出任首席大法官，"《纽约时报》诉沙利文案"的前景愈加黯淡。里根总统提名另一位保守派法官安东宁·斯卡利亚，填补伦奎斯特留下的联席大法官席位空缺。两年后，最高法院审理了"《好色客》诉福尔韦尔案"。这是一起极为有趣、也非常重要的案件，在滑稽色彩下，隐含着一个严肃的议题：美国社会对言论自由，到底能容忍到什么程度？

《好色客》是拉里·弗林特创办的一本色情杂志。1983 年，为配合堪培利开胃酒的推广活动，杂志开辟了主题为"第一次"的广告专栏，专栏"虚拟"了一些名人访谈，让名人们"畅谈"在性事上初尝禁果的经历，最终把话题扯回到第一次品尝堪培利开胃酒的体验。《好色客》"虚拟"访谈调侃的名人之一，是以在电视上布道而闻名全国的极右翼团体"道德多数派"组织领袖，杰瑞·福尔韦尔牧师。广告标题是"杰瑞·福尔韦尔谈他的第一次"，底端以小号字体写着："戏仿之作，请勿当真"。在这篇"访谈"中，福尔韦尔说，他的第一次发生在洗手间内，是与母亲的酒后乱伦。福尔韦尔随即控告《好色客》诽谤，以及"故意导致精神损害"，这也是部分州承认的一种侵权类型。陪审团以"戏仿"不能当真为由，驳回了诽谤指控，但认定《好色客》的行为属于故意导致精神损害，要求杂志赔偿福尔韦尔补偿性赔偿金和惩罚性赔偿金各 10 万美元。《好色客》上诉后，联邦第四巡回上诉法院宣布维持原判。

官司打到最高法院后，庄严肃穆的庭辩过程，也因本案案情染上几分娱乐色彩。* 斯卡利亚大法官如此评述此案："第一修正案并不包含所有的言论。它的确承载着非常重要的价值，但是，却不是我们社会的唯一价值……如果按照你的说法，仅仅因为你是公众人物或政府官员，就无法保护自己或你的母亲，免遭母子在洗手间乱伦的'戏仿'……你认为乔治·华盛顿还愿意出任公职吗？如果第一修正案不保护这些价值，还有人愿意为公众服务吗？"《好色客》的律师艾伦·艾萨克曼回答，在华盛顿时代，也有人在漫画中把他画成一头驴。斯卡利亚回应："这个我不介意。我想，华盛顿也不会介意。但本案情形要过分得多，这可是说你和你母亲在洗手间乱伦啊。"艾萨克曼说："我们这里讨论的是格调高低问题吗？就像您之前说的，没有人会因此相信杰瑞·福尔韦尔乱伦过。"以政治漫画嘲弄公众人物或政客，本来就是美国延续至今的一项古老传统。

代表福尔韦尔出庭的，是诺曼·罗伊·格鲁曼律师，他开场即称："对人格的恶意中伤是不受第一修正案保护的。"这一时期，斯图尔特大法官已退休，在审判席上替代他的，是1981年履任的桑德拉·戴·奥康纳大法官，她也是美国第一位女性大法官。奥康纳问："你认为，漫画家应当为他那些辛辣刻薄的作品，承担潜在的法律责任吗？"格鲁曼回答："是的，只要他的画被一般公众认为是文明人不能容忍的。"另外几位大法官同时问道，陪审团该怎么理解"不能容忍"这样的标准呢？斯卡利亚大法官感慨："也许咱俩见过的政治漫画不太一样，我们有些传统，可以追溯至英国时代。……我见过一些

---

* 关于本案详细案情和庭审实录，参见〔美〕迈克尔·利夫、米切尔·考德威尔：《摇摇欲坠的哭墙：改变我们生活方式的终结辩论》，潘纬杰等译，新星出版社2006年版，第六章"色情书大亨与传教士之战"。

法庭画家笔下，伦奎斯特法院开庭时的场景

从左至右依次为：克拉伦斯·托马斯、安东尼·肯尼迪、桑德拉·戴·奥康纳、哈里·布莱克门、威廉·伦奎斯特、约翰·保罗·斯蒂文斯、安东宁·斯卡利亚、戴维·苏特、露丝·巴德·金斯伯格

漫画，政治家被描绘成面貌狰狞的禽兽，也有人像你说的那样，被描绘成行苟且之事者。说实话，如果政治漫画不把一个政治人物描绘成妓院里弹钢琴的，我还觉得奇怪呢。"

最高法院以 9 票对 0 票，一致同意撤销使福尔韦尔获得 20 万美元赔偿的判罚。首席大法官伦奎斯特亲自撰写了判决意见。他在意见开头，回顾了最高法院关于表达自由的几则经典论证，包括霍姆斯大法官 1919 年在"艾布拉姆斯诉美国案"中的异议意见，即"如果我们想确定一种思想是否真理，就应让它在思想市场的竞争中接受检验"。首席大法官说，福尔韦尔一方主张，第一修正案不应保护令人难以容忍的蓄意精神伤害，"但是，在就公共事务进行辩论的领域，宪法第一修正案保护许多不值得称道的行为"。他补充说，如果不是这样，政治漫画家或讽刺作家必然寸步难行，无所作为。他进而提到美国历史上比较著名的几则政治漫画，包括将华盛顿画成驴的那幅。伦奎斯特不赞同格鲁曼关于只有"令人不能容忍"的言论才应受追惩的说法，因为在政治或社会领域，"令人不能容忍"是一个非常主观的判断，"会让陪审团根据他们的品位或立场，有时甚至是个人好恶进行裁判"。意见最后说，被《好色客》"戏仿"广告伤害的人，不管遭到多大冒犯，都不能仅仅因为受嘲弄而要求损害赔偿。他必须证明对方进行了不实陈述，而且是基于蓄意造假或罔顾真相而为之。既然没有读者认为《好色客》对福尔韦尔的"戏仿"陈述是描述真相，那他就应该输掉这场官司。[124]

"《好色客》诉福尔韦尔案"对言论自由的意义十分重大。它充分显示，在最高法院，即便是保守派大法官，也深刻意识到，宪法要求美国社会对公共事务的讨论保持宽容态度——这其中，不仅包括被画成驴的乔治·华盛顿，也包括"与母亲在洗手间乱伦"的福尔韦尔。

　　"《好色客》案"判决对诽谤诉讼和"沙利文案"，也有特别的意义。首席大法官伦奎斯特在讨论本案的精神损害指控部分时，再次强调了"沙利文规则"，要求原告证明被告蓄意造假或罔顾真相。他在分析言论自由的价值时，援引了布伦南大法官的判词，即公众人物应容忍"激烈、刻薄，甚至尖锐的攻击"，以及表达自由需要"赖以生存的呼吸空间"。他援引了"沙利文案"后的六起诽谤判例，其中有两起发生在他担任联席大法官期间，他当时还为此发布过异议意见。这一行为，仿佛是在宣示：我现在是首席大法官了，正带领最高法院集结在我们的里程碑判例之下。除了怀特大法官，其他大法官都加入了伦奎斯特的意见。这也预示着，在可预计的将来，"《纽约时报》诉沙利文案"判决仍将是法院审理诽谤案的宪法基础。

第二十章

乐观主义者

任何一种民主政体，若无畅通资讯，或获取资讯之途径，只会沦为闹剧或悲剧的序幕。知识将永远统治愚昧；人民若想当家做主，必须用知识的力量武装自己。

——詹姆斯·麦迪逊，1822 年[125]

"《纽约时报》诉沙利文案"之后，与第一修正案相关的法律，发生了天翻地覆的变革。最高法院通过判决，不断丰富修正案内寥寥数语的含义。第一修正案 1791 年并入宪法后，一百多年来，它对言论、出版自由的保护功能，完全处于休眠状态。第一次世界大战期间，各州与联邦纷纷出台立法，压制言论自由，最高法院对此亦麻木不仁，甚至容许追惩反战或激进言论。之后四十年间，最高法院才逐步适用言论、出版自由条款，保护某些异见或非主流言论。但是，对那些颠覆或挑战现行秩序的言论，大法官们仍刻意排斥，不愿将之纳入第一修正案的保护范围。

但是，"沙利文案"之后，最高法院开始彻底践行第一修正案的承诺：在美国，"不得立法侵犯……言论自由或出版自由。"最高法院裁判时，并未专门以布伦南大法官在"沙利文案"判决中的历史分析为依据。按照布伦南的说法，杰弗逊成功抵制 1798 年《防治煽动法》的行为，宣示了第一修正案的首要目的。但是，大法官们对第一修正案含义的解读，却与杰弗逊、麦迪逊不谋而合，那就是：确保公民拥有批评政府的权利——哪怕这些异议激烈刺耳、放荡不羁。

围绕越战而发生的一系列案件，成为验证这场司法变革的最佳样本。朱利安·邦德是南部民权运动的一位黑人领袖，并于 1964 年当选为佐治亚州议员。但是，州议会因为邦德发表过反战言论，拒绝他履任。邦德曾对"学生非暴力协调委员会"的一项反战声明表示支持，他说："我们同情并支持本国那些拒绝应征入伍的人们。我承认自己是一个和平主义者，也反对以任何名义发起的战争。"当佐治亚州议会为此举行听证会，询问邦德对烧毁征兵令行为持何看法时，他说，他佩服这样的勇气。提问者请他解释这一说法，他说："我从未建议、劝说或倡导别人去焚烧征兵令。事实上，我口袋里就揣着一张征兵令，如果您想看，我也可以出示。我不会倡导别人做犯法的事。我只想说，我由衷佩服那些宁折不挠，明知后果不利，仍义无反顾者的勇气。"

第一次世界大战期间，尤金·德布斯说过与邦德差不多的话，却被冠以破坏征兵的罪名，并领刑十年。最高法院宣布维持原判，霍姆斯大法官主笔的判决意见，对德布斯根据第一修正案提出的抗辩意见置若罔闻。但是，到了 1966 年，最高法院一致判定，佐治亚州议会拒绝朱利安·邦德履任的行为，违反了第一修正案。首席大法官沃伦说，根据联邦法律，教唆或帮助他人逃避兵役是犯罪行为（当年，德布斯即因这一规定入狱），但是，若据此对邦德定罪，将是违宪之举。

沃伦写道："正如'《纽约时报》诉沙利文案'判决所述，第一修正案的核心承诺，即'对公共事务的辩论应当不受抑制、充满活力并广泛公开'，依循'沙利文案'的裁判逻辑，邦德的言论应当受第一修正案保护。"[126]

在 1927 年的"惠特尼诉加利福尼亚州案"中，最高法院宣布加州《工团主义犯罪法》合宪，布兰代斯大法官据此发布了关于言论自由的经典意见。1917 年至 1920 年间，许多州制定法律，宣布教唆或倡导以暴力方式推动社会变革是犯罪行为。1969 年，最高法院借助"布兰登伯格诉俄亥俄州案"的判决，推翻了"惠特尼诉加利福尼亚州案"，对如何认定鼓吹暴力或不法行为的言论，确立了更加严格的新标准。[127]这起案件中，原审被告并非安妮塔·惠特尼那样的思想激进者，而是遭人痛恨的三 K 党党徒。在俄亥俄州汉密尔顿郡举行的一次三 K 党内部集会上，一名蒙面者声称："我坚信黑鬼应该滚回非洲，犹太人应该滚回以色列。"此人的身份后来被当局确认，政府随即控告他煽动恐怖主义，违反了俄亥俄州《工团主义犯罪法》。在一则未署名的判决意见中，最高法院决定不再以"明显而即刻的危险"标准认定鼓吹暴力的言论。这项标准当年由霍姆斯和布兰代斯提出。直到 1951 年，最高法院还延续该标准，维持了对几位共产党领导人的有罪判决。如今，最高法院却以新的标准取而代之："宪法对言论、出版自由的保障，要求各州不得禁止或查禁公民鼓吹暴力或倡导不法，除非煽动行为直接激发或导致违法之举，或者类似的行为。"

勒尼德·汉德法官的传记作者杰拉尔德·冈瑟指出，最高法院将"直接激发或导致违法之举"作为新标准，恰恰延续了汉德法官当年的司法立场。1917 年，汉德法官在"《群众》杂志案"中，曾试图确立这样的标准，却以失败而告终。他认为，哪怕是反对现行社会制度或政府政策的言论，只要不直接煽动不法行为，就不得予以查禁。"布兰登伯格标准"同时要求不法行为确实即将发生，这与仅有预兆的"明显而即刻的危险"标准相比，在认定上要更为严格。总之，"布兰登伯格诉俄亥俄州案"判决对煽动颠覆政权言论方面的保护力度，超过了美国历史上任何一个时期，甚至世界上任何一个国家。这一判决集中反映了麦迪逊关于第一修正案的看法，也体现了杰弗逊在总统就职演说中表达的政治理念："如果我们当中有任何人试图令联邦解体，或者改变共和政体，就让他们不受任何干扰地畅所欲言吧。容忍错误意见的存在，让不同观点辩驳交锋，正是我们得享安全的基石。"

1971 年，最高法院首度审理与冒犯性言论有关的案件。问题争议的焦点在于，第一修正案是否保护冒犯到听众的政治言论。这起名为"科恩诉加利福尼亚州案"的案件在最高法院审理期间，首席大法官伯格唯恐案件事实冒犯到法庭内的听众。[128] 为此，他在科恩的律师梅尔维尔·尼姆尔教授发言前，就告诫说："最高法院已完全熟悉这个案子的背景，你就不需要再详细说明案情了。"尼姆尔教授可不是省油的灯，他回应说："我想，我还是应该简要介绍一下案情。"他说，科恩因涉嫌扰乱社会治安，而被加州法院定罪，并补充道："这个年轻人穿过洛杉矶郡政府走廊时……穿着一件夹克衫，后背上写着：'操他妈的征兵制度'（Fuck the Draft）。"

尼姆尔这么做，需要很大勇气，因为首席大法官伯格已一再制止，不许他说出那个由四个字母组成的不雅词汇。但是，他必须说出来，因为，若刻意回避，说明连他都认为这些字眼犯忌，所持立场必受质疑。尼姆尔认为，即便是冒犯性言论，也应在思想市场中占据一席之地，并受第一修正案保障。

最高法院以 5 票对 4 票，撤销了对科恩的有罪判决。* 哈伦大法官主笔的判决意见，成为最负盛名的判决之一。其实，约翰·哈伦是位作风保守的旧派绅士，但他履行法官职责时，却很少掺杂个人好恶。他把类似"操他妈的征兵制度"之类"不体面的感叹"，视为一种政治性言论。他说："虽然这个四字词汇令人反感，但不容忽视的是，一个人的粗鲁言语，也可能是其他人的抒情诗句。"** 相关言语越是粗鄙，越能显示第一修正案的价值：

> 宪法保护的表达自由权利，在这个人口众多，日趋多元的社会里，无疑是一剂良药。创设这一权利，就是为了解除政府对公共讨论施加的种种限制，将讨论何种议题的决定权，最大限度交到我们每个人手中。我们希望，表达自由最终能够创造一个更有力的公民社会、更优良的政治制度。我们也相信，对言论自由的任何限制和约束，都与我们的政治体制所依赖的个体尊严和自由选择格格不入……从这个意义来说，允许这一自由的存在，或许会导致尘世喧嚣，杂音纷扰，各类不和谐之声不绝于耳，有时甚至会有一些冒犯性的言论。但是，在既定规范之下，这些仅是扩大公共讨论范围

---

* 值得一提的是，在维护言论自由方面立场最为坚决的雨果·布莱克大法官，居然在这起案件中发布了异议意见。布莱克性格古板、保守，从来不说脏话，他在异议意见中指出，科恩的做法是"荒唐幼稚的哗众取宠之举……更像行为而非言论"。

** 尽管约翰·哈伦大法官也讨厌"那个词"，但他认为该词仍受言论自由条款保护。在该案宣判前，首席大法官伯格生怕哈伦把"fuck"读出来，趁哈伦穿法袍的时间，伯格问他："约翰，你不会在宣判时，用'那个词'吧？"哈伦没有正面回答，伯格只好感慨地说："一旦你用了这个字眼，最高法院就完蛋了。"哈伦最终还是很给伯格面子，在没有提到该字眼的情况下，宣读了判决意见。

导致的一点点副作用罢了。容许空气中充满不和谐的声音，不是软弱的表现，而是力量的象征。

　　最高法院在冒犯性表达领域最具争议的裁判，是 1989 年的"焚烧国旗案"，即"德克萨斯州诉约翰逊案"。德州一部法律规定，以"严重冒犯人民"的方式"亵渎"国旗，是犯罪行为，最高法院宣布这部法律违宪。一名在反政府游行中焚烧国旗的人，因此被改判无罪。[129] 布伦南大法官代表多数方五位大法官撰写了判决意见。他说，焚烧国旗的举动，也是表达政治立场的一种沟通方式，并指出："如果第一修正案存在一项基本原则，那就是，政府不能因为社会公众厌恶或反感某种思想，就禁止别人表达这种思想。"这一判决在政坛掀起巨浪。老布什总统甚至呼吁修改宪法，维护国旗尊严。经过激烈争议，国会通过了《国旗保护法》，这部法律完全回避了最高法院的"约翰逊案"判决，宣布不管是否冒犯到旁观者（冒犯到旁观者是德州法律的定罪前提），焚烧国旗都是犯罪行为。

　　1990 年，有人因违反《国旗保护法》被定罪，官司打到最高法院，最高法院多数大法官丝毫不为所动，裁定该法违反第　修正案。[130] 判决意见仍由布伦南大法官撰写，不过，这将是他在这年夏天退休前，主笔的最后一份判决意见。他说，新法尝试将国旗视为国家象征，并施以特别保护，但是，这么做与打压批评政府言论并无不同。他强调，焚烧某一面国旗，"并不会贬低或以其他方式影响到它的象征"。最后，他用一段描述美国精神的判词，为这份意见作结："我们很清楚，亵渎国旗的行为，冒犯到很多人。你也可以说，……'科恩诉加利福尼亚州案'中对征兵制度的粗俗唾骂，'《好色客》诉福尔韦尔案'中的低俗戏仿，都冒犯到许多人……但是，追惩亵渎国旗的行为，恰恰贬损了令它的象征受到尊重，而且值得尊重的自由。"

最高法院继续反对对言论任何形式的"事前限制"。这一立场，由已故首席大法官休斯在 1931 年的"尼尔诉明尼苏达州案"中确立。1970 年代，许多下级法院为保证刑事被告受到公正审判，向媒体下达"封口令"，禁止在审前对案件进行大张旗鼓地报道。1976 年，最高法院审理了一起相关议题的案件。原审被告是一名"恋尸癖"，在内布拉斯加州一个小镇实施了一起灭门惨案，被害人一家六口全部遇难。内布拉斯加州当地法院为避免对陪审团形成误导，禁止媒体发布任何与被告口供有关或"强烈暗示"被告有罪的报道。但是，最高法院禁止这种做法。首席大法官伯格在判决意见中指出："对言论和出版的事前限制，是对第一修正案权利最严重和最不能让人容忍的侵犯。"他说，除非移送管辖或暂时搁置庭审等"可供选择的方案"全部无效或无法操作，否则，不应对媒体报道施加任何限制。*

内布拉斯加州这起案件的判决，短暂平息了是否应为审判公正限制审前报道的争议，1990 年，一起涉及美国有线电视网（CNN）的案件再次挑起这个话题。当时，CNN 播出了一则关于巴拿马前独裁者曼纽尔·诺列加将军的报道。诺列加于美军入侵巴拿马期间被捕，当时正被羁押在佛罗里达州的一座监狱，等待政府以贩毒罪起诉。CNN 宣称，诺列加从狱中打出的电话均已被录音，包括他与律师之间的通话，而 CNN 持有部分录音带。这些录音带，很可能是政府为了影响审判，而故意泄露给媒体的，但是，CNN 还是播出了录音带片段。诺列加的律师迅速向法院提出申请，要求禁止播出录音带中的任何内容，认为这么做会泄露辩方的辩护策略，一位联邦法官随即发出禁令。

---

* 本案即"内布拉斯加州新闻协会诉斯图尔特案"（*Nebraska Press Association v. Stuart*）。

CNN 上诉至联邦上诉法院，法院同意受理此案。然而，就在庭审前夜，CNN 违反禁令，又播出了部分录音内容，此举显然是对法官的公开挑衅。联邦上诉法院遂拒绝撤销禁令，最高法院也迅速拒绝受理此案。后来，地区法院法官委托一名治安法官审查这些录音带，看其中是否确实存在敏感内容。法官最终还是撤销了禁令，CNN 也没有播出其他内容（当然，主要还是因为录音带没有播出价值）。CNN 由于挑战法院权威，导致本案偏离了原来的法律争议，即政府是否有权偷录诺列加的通话。更重要的是，此举造就的先例，弱化了禁止"事前限制"的保护言论力度。今后，其他法官可以说，他们有权发出临时禁令，审查播放或刊出的内容，以决定到底需要禁止多久，以及是否符合第一修正案规定。[131]

当反对"事前限制"遭遇国家安全事务，冲突将更加激烈。1971年春，《纽约时报》得到国防部整理的 43 册关于越南战争起源的秘密报告，那时越战还在进行。这些后来被称为"五角大楼文件"的报告，当时仍被军方列为最高机密。1971 年 6 月，《纽约时报》开始刊出报告部分涉及越战起源的内容。政府随即向法院申请禁令，要求禁止媒体继续刊出文件内容。

巧的是，受理此案者，是刚刚出任联邦法官的默里·格法因。格法因法官"二战"时担任过军方情报官，有人推断，他肯定会同情军方立场，毕竟"五角大楼文件"披露后，可能对越南正在进行的战事造成负面影响。果然，格法因法官同意发出临时禁令。但是，3 天后，格法因法官听取了政府的证词，官方无法说明哪些文件刊出后会导致危险，格法因据此决定驳回政府的申请，拒绝发布禁令。他在裁定中写道："国家安全并非自由堡垒内的唯一价值。安全必须建立在自由体制的价值之上。为了人民的表达自由和知情权等更为重要的价值，政府必须容忍一个不断找茬的新闻界，一个顽固倔强的新闻界，一个无所不在的新闻界。"*

此案当然不会就此打住。上诉法院延长了临时禁令的时效，并要求格法因法官进一步审查政府提供的证据，看是否能证明刊出这类文件会导致潜在危险。与此同时，《华盛顿邮报》也得到一套文件副本，该报立即刊出，不久也收到法院的临时禁令。案件很快来到最高法院。首席政府律师欧文·格里斯沃德告诉大法官们，刊载这些文件，将"导致人员伤亡……影响到停战谈判……不利于营救战俘。"

两周后，最高法院以6票对3票，驳回了政府的禁令申请。多数意见主要陈述了两个理由：第一，国会并未立法授权法院禁止刊出这类文件；第二，若想突破第一修正案对"事前限制"的禁止，政府必须像斯图尔特大法官当年说的那样，证明文件公开后，"确实会对我们的国家或人民产生直接、立即和无法挽回的伤害"，而政府做不到这一点。[132]

对媒体来说，"五角大楼文件案"是一次非同凡响的胜利。至少当时貌似如此。不过，随后几年间，最高法院的一系列判决说明，所谓胜利，只是媒体一厢情愿的想法。在这些案件中，当政府以危害国家安全为钳制言论的借口时，最高法院多倾向于政府一方。在"斯耐普诉美国案"中，这种倾向发展到极致。

弗兰克·斯耐普是中央情报局官员，曾在越南从事谍报工作。1975年，北越攻占西贡，美军仓皇撤离，斯耐普见证了中情局如何冷血地抛弃了那些帮助过美国的南越人士，尤其是当地情报人员。他发

---

　　* 关于"五角大楼文件案"详情，参见全程参与此案的著名律师弗洛伊德·艾布拉姆斯的回忆录。〔美〕艾布拉姆斯：《第一修正案辩护记》，王婧、王东亮译，上海三联书店2007年版。

现，美国不仅抛下他们不顾，还留下了这些人的名册与档案，这将使他们陷入极其危险的境地。斯耐普结合这些经历，写下了《适度缓冲》一书。该书出版前，斯耐普并未履行入行时的承诺，将书稿提交中央情报局审查。政府认为斯耐普违背承诺，以违约为由，将他告上法庭。最高法院认定这是一起违约案件，并同意政府提出的救济方式。首先，未经中情局许可，斯耐普终其余生，不得再发表与他在中情局从事情报工作经历相关的任何文字。此外，到底哪些材料与他的情报工作经历相关，将由中情局进行审查，也就是说，日后斯耐普若想发表任何与越战有关的作品，包括书评、剧本或小说，都必须先交中情局审定。这是最高法院首次同意对涉及政府决策内幕的作品进行事前限制。更过分的是，最高法院将斯耐普通过《适度缓冲》一书获取的收入，以所谓"推定信托"（constructive trust）形式收归国有。*也就是说，将所有稿酬和版税上缴国库，这笔钱高达 18 万美元，远远超过许多严重犯罪的罚金。[133]

最高法院在"五角大楼文件案"中提出两项要求，但"斯耐普案"却未满足其中任何一项。没有法律授权法院对斯耐普发布禁令，或没收他的版税收入，他的书中也无任何内容会导致"直接、立即和无法挽回的伤害"。事实上，原审过程中，政府已承认这本书并未包含机密讯息。而且，最高法院也已在"尼尔诉明尼苏达州案"中，宣布"事前限制"违反第一修正案。可是，在这起案件中，最高法院却删繁就简，既未要求双方当事人提交诉状，也未举行言词辩论，最后

---

* 推定信托：指法律根据当事人的某些行为以及衡平原则而推定产生的信托关系，以阻止不法行为人从其不法获得的财产上获取不当利益。如违反他人意愿或滥用其信任，以实际或推定的欺诈、胁迫或各种违法、不公正、阴谋、隐瞒手段获得在公平和诚信情况下本不应该获得并享有的权利。法律推定这类行为违反信托关系。

的判决意见亦未署名，只有斯蒂文斯、布伦南和马歇尔三位大法官发布了异议意见。最高法院多数大法官之所以被说服，是因为中情局声称，相关讯息公开后，会影响到情报工作的开展。一般来说，大法官们只反对为维护社会利益，而对某种出版物施以事前限制。

在其他案件中，最高法院仍陆续采纳中情局关于国家安全的说辞，对第一修正案作出例外性规定。事实上，政府完全夸大了国家安全体系内的保密需要。1989 年，代表政府一方在"五角大楼文件案"中出庭的欧文·格里斯沃德在《华盛顿邮报》上撰文承认，他在那些文件中，"没看到任何有可能对国家安全造成威胁的内容"。当时，美国朝野正为"伊朗门"军售丑闻闹得沸沸扬扬。政府指出，公布当事人奥利弗·诺斯中校的庭审记录，将严重危害到国家安全。格里斯沃德评价说："任何经常接触机密文件的人都清楚，许多政府文件的密级都被刻意提高，分类标准根本不是什么国家安全，而是为了掩饰政府的尴尬与窘况。……这是我们在'五角大楼文件案'中的深刻体会。"[134]

最高法院之所以如此迁就政府关于国家安全的主张，无疑是总统权在 20 世纪不断扩张的反映。在这个拥有核武器和即时全球通讯的年代，是战是和，通常由美国总统说了算。总统也时常以国家安全需要为借口，要求对政府各类重要事务保密。情报机构每年花掉数十亿美元，公众却不知道这些钱流往何处，更无法质疑其合理性。此外，政府还有涉及武器买卖的大笔秘密预算。上述秘密仿佛印证了麦迪逊那句名言：独裁和低效，往往是缺乏公开辩论和舆论监督的产物。

第一修正案对言论、出版自由的保障，并非仅惠及公民个人，它也是贤明政府的必需品。当政府的一项决策像越战那样莫名其妙失败时，公众有权知道这一错误决策是如何出台的。当一场战争像越战那样黯然收场时，公众应当听到弗兰克·斯耐普等内部人士的批评。值得注意的是，最高法院已开始为那些以国家安全为托辞的说法，悄然设置各类例外性规定。在这个问题上，最高法院必须恢复过去捍卫第一修正案的坚定立场。

抛开国家安全问题不谈，"《纽约时报》诉沙利文案"之后，言论、出版自由确实有了非同寻常的发展。不过，最高法院是否会一直延续第一修正案的精神，仍是未定之数。有些大法官已经认为，最高法院对表达自由保护得有点儿过了头。比如，在焚烧国旗案中，首席大法官伦奎斯特就在异议意见中指出："民主社会的最高目标之一，是立法遏制各类严重危害到多数人的行为，如谋杀、侵占、玷污和焚烧国旗。"

言论自由不能单靠法律和法院维护，还取决于民意支持，在这个问题上，第一修正案一直颇受公众关注。过去，政府动辄以"事关国家安危"之类说辞危言耸听，因此，当媒体希望总统就战争事务作出解释时，公众反会怪罪媒体不识时务。但是，到了20世纪末，美国人与过去相比，更能够包容异议。辛辛那提市的陪审员们，都被罗伯特·马普尔索普拍摄的同性恋照片所震撼，但是，当美术馆馆长因展出这些照片而被起诉时，他们一致裁定后者无罪。当佛州劳德尔堡的说唱乐团"2 Live Crew"因歌词不雅被控猥亵时，当地陪审团也作出无罪裁决。[135] 更值得注意的是，那些叫嚣着要通过修宪来捍卫国旗的人，如今已销声匿迹。最高法院审理第二起焚烧国旗案后，修宪动议彻底不了了之。美国人，或者说绝大多数美国人，已逐步认同霍姆斯大法官当年的说法："我们应当对某种做法时刻保持警惕，那就是对那些我们深恶痛绝，甚至认为罪该万死的言论的不当遏制。"

对于最高法院在"沙利文案"之后一系列推动言论自由的判决，

不少人亦心存疑虑，他们担心美国社会今后会仅仅拘泥于法条，机械理解言论自由。第一修正案固然伟大神圣、生机勃勃，但是，如果只是由法官对人们该说什么，或不该说什么设置界限，或许会折损它的政治意义。"五角大楼文件案"中，便发生过类似情形。当时，尼克松政府提起诉讼，禁止媒体刊出越战文件，此案随即由律师与法官接管，公众的注意力亦转移到"第一修正案的含义"问题上，而非"五角大楼文件"本身传递出的讯息：使美国卷入越战的，是腐朽的官僚系统作出的错误决策。

当时代表《纽约时报》出庭的亚历山大·比克尔教授后来写道[136]：

> 我们不需要法律的时候，恰是法律对我们的保障最为周全之际。那些不被质疑或界定的自由，正是最有保障的自由。从这个角度来看，尽管媒体在 1971 年的"五角大楼文件案"中战胜了政府，但这也恰恰说明，在这次胜利之前，媒体反而更为自由。在 1971 年 6 月 15 日之前，我们先后经历了 1798 年的风波、内战与两次世界大战的磨难，以及随后几次战争的煎熬，但是，联邦政府从未尝试过以直接实施或经由诉讼的方式，对报纸内容进行事前审查。此例一开，言论自由必因此受损。

受"《纽约时报》诉沙利文案"影响，媒体开始重视法律问题，尤其是新闻领域极易出现的诽谤诉讼。1964 年之前，没有任何一家报纸会专门聘请应付诽谤诉讼的律师，也不会主动讨论什么新闻法。即使偶尔有个把诽谤官司，媒体亦不以为意。如今，美国各大报刊、广播电台，都设有处理相关问题的律师，高层也十分关注这类案件。在这一领域，联邦宪法法律与各州法律错综复杂，处理起来也更加棘手。布伦南大法官确立的"沙利文规则"（即官员只有在证明对方"确有恶意"的情况下，才能提起诽谤之诉），甚至成为电影《无心之失》的素材。

现在诽谤法之所以如此复杂，很大程度上是拜"《纽约时报》诉沙利文案"判决所赐。当时，最高法院必须在个人名誉与言论自由两项利益间作出抉择。如果最高法院采纳布莱克大法官的建议，判定第一修正案禁止任何类型的诽谤诉讼，相关法律或许会更加简单明了。至于在相互冲突的利益间取得平衡，则是一项复杂的技艺，需要法官划定相对妥当的界限，需要律师们据理力争，需要学术界孜孜钻研。尽管如此，人们还是抛弃了布莱克大法官关于搁置名誉权问题的解决方案。早在1964年，赫伯特·韦克斯勒就已看出这一问题的复杂性，当莱斯特·马克尔来信表达自己对"沙利文案"判决的疑虑时，韦克斯勒回复："这其实是一些令人颇感纠结的问题，我当然希望自己能给出一个令人满意的解决方案。不过，如果我这辈子都找不到完美的解答，也是很正常的。"

诽谤法的错综复杂，也是最高法院不断扩张媒体自由，或者全体美国人的言论自由所应付出的必然代价。如果没有"《纽约时报》诉沙利文案"，媒体未必敢像今天这样，竭尽全力去探知现代政府权力运作的种种内幕，将政坛真相呈现给社会大众。"沙利文案"的政治效果，直接体现在南方的种族事务上。有人曾在"沙利文案"二十周年纪念会上，询问一审时代表《纽约时报》出庭的埃里克·恩布里，如果最终判决不利于《纽约时报》，会导致什么样的后果？恩布里回答："答案就是，包括CBS在内的各大媒体，再也不敢播出与南方种族议题有关的节目。"该案的最终受益者并非媒体，而是人民，从此，他们可以听到各类批评之声，也可自由表达心声。弗吉尼亚大学著名宪法学教授 A. E. 迪克·霍华德教授谈及"沙利文案"时，曾作此评价："我想不出什么案子，能比这起案件更有利于促进整个国家的思想交流了。"[137]

"沙利文案"判决二十年后，那些直接介入此案的人，似乎都挺满意这起案件的结果。代表沙利文局长出庭，并输了官司的罗兰·纳奇曼回顾这起案件时，曾自嘲道："我那时是阿拉巴马当地的《广告报》和《阿拉巴马纪闻》的常年法律顾问，负责替他们应付各类诽谤官司。如果在一起诽谤诉讼中，代表原告出庭，必须得征得他们的同意。他们现在仍是我的客户，而他们觉得我做得最棒的事情，就是为他们输掉了这场官司。"韦克斯勒指出，尽管仍有许多人对"沙利文案"判决不满，并提出各种从立法层面进行改革的方案，但是，审理诽谤案件的宪法基础，依旧是最高法院 1964 年作出的这起判决。他说："在我看来，'沙利文案'判决之所以能垂范久远，经受住各方质疑与考验，在于它合理运用了各种史料，也即杰弗逊与麦迪逊在抵制《防治煽动法》过程中阐述的种种思想。任何人听到麦迪逊那句名言，即'如果有检查言论的权力，那也应当是人民检查政府的言论，而不是政府检查人民的言论'时，都会忍不住感叹，我的天呐，这是多么伟大的观点！在建国之初，这样的思想就被国会和执政党广泛接受，并转化为制度，这对我们这些关注宪法判决的司法功能的人来说，是一件多么欣慰的事啊！"

"《纽约时报》诉沙利文案"以及其他与第一修正案相关的判决所包含的美国精神，也影响到越来越多的国家。那些与极权政府斗争的人们，藉此领会到现代民主与言论、出版自由之间的关系。一位流亡海外的外国记者，曾如此描述他对代议制政府本质的理解："民主意味着选择的权力。如果缺乏资讯，选择只是空想。"同样的话，詹姆斯·麦迪逊当年也曾说过。

与美国同行相比，英国出版界受到更多桎梏。事前限制远未退出历史舞台，前特工彼得·赖特的《抓间谍者》在世界各地热销，惟独在英国无法付印。玛格丽特·撒切尔政府拟出台的"改良版"《公务员保密法》，甚至禁止前情报部门人员撰写任何与本职工作相关的文章，消音之彻底，远甚于"斯耐普案"判决提出的要求。那起案件中，法院只要求前情报官员在出版之前，将作品交原来所在部门审查。不过，受美国影响，英国政府正在调整这种封闭保守的政策。

"二战"之后，许多欧洲国家加入《欧洲人权公约》，公约特别强调对言论自由的保障，并由欧洲委员会和欧洲人权法院负责实施。人权法院在解释公约内容时，经常会参考美国在维护自由领域的做法。1979年，欧洲人权法院判定，英国政府禁止报纸报道镇静剂萨立多胺致害消息的做法，违反了《欧洲人权公约》。在此之前，英国法院判称，媒体发表这些文章，会影响正在审理的医药纠纷案件，构成藐视法庭罪。但是，欧洲人权法院却宣布："诸多遭遇不幸的受害家庭……迫切需要了解事实真相。"此案之后，英国修订了他们关于藐视法庭罪的法律。[138]

1986年，欧洲人权法院就一起诽谤案作出的判决，令美国人拍手称快。1975年，奥地利记者彼得·米歇尔·林根斯在一篇报道中，指责时任总理的布鲁诺·克赖斯基是"卑鄙的投机主义者"。克赖斯基控告林根斯诽谤，奥地利法院要求后者向原告作出赔偿。欧洲人权法院认定，奥地利的诉讼程序违反了《欧洲人权公约》，要求该国政府赔偿林根斯的全部损失。法院指出："言论自由……是民主社会的基

石，也是社会进步的基础动力之一……它不仅适用于无害、顺耳的
'资讯'或'思想'，还应适用于那些令人反感、震惊、愤懑的言论。
这是一个多元、包容、开放的社会的必然要求，缺乏这些，就根本谈
不上什么'民主社会'。"[139] 法院随后指出：

> 新闻自由为公众对政治领袖示意或表态提供了最佳途
> 径。推而广之，政治辩论的自由是民主社会的核心概
> 念。……政治家接受批评时应抱有的胸怀，应当比普通个人
> 更加宽广。与后者相比，前者的言行应受到记者、公众更严
> 格的检视，他必须表现出更大的包容。

欧洲人权法院的这段话，令人们联想起布伦南大法官的那段评
论，官员应当是"坚韧不拔之人，能够在任何恶劣气候下生存"，同
时，此语也与"《纽约时报》诉沙利文案"等诸多判决遥相呼应。

欧洲或世界其他国家，未必认同美国的言论自由理论，和美国人
对公众深恶痛绝的言论也施以保护的做法。当然，欧洲这么做，或许
自有苦衷，因为这片大陆上的多数国家，历史上都曾深受极端思想荼
毒。法国著名宪法学者罗杰·埃内拉曾撰文谈及美国宪法对世界各国
的影响。他认为，许多国家不会像美国人那样，对打着纳粹旗帜穿街
过巷之类的"极端政治表达"保持宽容态度，这是因为，美国人受自
身历史影响，具备欧洲人无法拥有的个性，那就是："根深蒂固的社
会和历史乐观主义"。

埃内拉说得对。美国人的确是天生的乐观派。麦迪逊是乐观派，
因为他坚信，只要人民拥有"自由检视公众人物和公共事务的权利"，
民主就可以在联邦体制下生根发芽、枝繁叶茂。小马丁·路德·金也

一定是乐观派，因为他相信言论可以唤起良知，移除压迫在数代人身上的种族歧视桎梏。当最高法院依循麦迪逊的美好理想，去审理"《纽约时报》诉沙利文案"时，大法官们虽未明示，但他们的内心深处，也一定洋溢着这样的乐观主义。

注　释

1. 关于这则广告引起的连串后果，参见 Taylor Branch, *Parting the Waters: America in the King Years 1954-63*, 289（1988）。

2. 美国宪法第一修正案的全文是："国会不得立法：确立国教或禁止信教自由；侵犯言论自由或出版自由；剥夺人民和平集会或向政府陈情请愿申冤之权利。"

3. 雷·杰金斯的回忆内容，引自他与本书作者的通信。

4. *Parting the Waters* 281-82.

5. *Parting the Waters* 444, 448-49.

6. "伯明翰狱中信札"，引自 *Parting the Waters* 739.

7. "德雷德·斯科特案"：即"斯科特诉桑福德案"（*Scott v. Sandford*），60 U.S.（19 How.）393, 404-5（1857）。

8. "斯特劳德诉西弗吉尼亚案"（*Strauder v. West Virginia*），100 U.S. 303, 307-8（1880）。

9. "普莱西诉弗格森案"（*Plessy v. Ferguson*），163 U.S. 537, 551, 560, 562（1896）。

10. "布朗诉教育委员会案"（*Brown v. Board of Education*），347 U.S. 483, 492, 495（1954）。

11. 蒙哥马利市抵制公车运动的经过，参见 Anthony Lewis, *Portrait of Decade* 70-84（1964）。金博士的话转引自该书第 74 页。

12. 参见 Anthony Lewis, *Portrait of Decade* 88.

13. 恩布里的回忆，来自他与本书作者的访谈。

14. 关于琼斯法官在法庭实施种族隔离的报道，参见 1961 年 2 月 1 日的《阿拉巴马纪闻》。

15. Harrison E. Salisbury，*Without Fear or Favor* 388（1980）.

16. *Portrait of a Decade* 141-47.

17. *Portrait of a Decade* 210-14.

18. *Portrait of a Decade* 186.

19. 比克尔教授的评论，参见 Bickel，*The Least Dangerous Branch* 267（1962）.

20. Madison：*4 Elliot's Debates on the Federal Constitution* 571.

21. "博哈纳斯诉伊利诺斯州案"（*Beauharnais v. Illinois*），343 U. S. 250，251，266（1952）.

22. 最高法院关于"全国有色人种促进会诉阿拉巴马州案"（*N. A. A. C. P. v. Alabama*）的三起判决：357 U. S. 449（1958），360 U. S. 240（1959），377 U. S. 288，310（1964）。阿拉巴马州最高法院的判决：273 Ala. 656，674-76，686，144 So. 2d 25，39，40，50（1962）.

23. "马伯里诉麦迪逊案"（*Marbury v. Madison*），1 Cranch 137，177（1803）. 最高法院判例汇编最开始是以编撰者的姓名命名，本册即为"威廉·克兰奇（William Cranch）卷"。

24. 华盛顿总统与大法官们围绕此事的来往书信，收录在：*Hart and Wechsler's The Federal Courts and the Federal System* 65-67（Bator，Mishkin，Shapiro & Wechsler 3d ed. 1988）.

25. "麦克卡洛克诉马里兰州案"（*McCulloch v. Maryland*），4 Wheat. 316，415（1819）.

26. 安德森教授的评论，参见"The Origins of the Press Clause," 30 *UCLA Law Review* 455，491，535（1983）.

27. "国王诉塔特因案"（*Rex v. Tutchin*），3 Anne 1704，reprinted in Howell，ed.，*State Trials*，vol. 14，1095，1128（1812）.

28. "人民诉克罗斯韦尔案"（*People v. Croswell*），3 Johnson's Cases 337（New York）（1804），reprinted in N. Y. Common Law Rep. App. 717-41（1883）. 另参见 Forkosch，"Freedom of the Press：Croswell's Case," 33 *Fordham Law Review* 415，417，448（1965）.

29. 转引自 Nevins，*American Press Opinion：Washington to Coolidge* 21（1928）.

30. Saul Padover，*The Complete Madison* 257-58（1953）.

31. James Morton Smith，*Freedom's Fetters：The Alien and Sedition Laws and American Civil Liberties* 96（1956）.

32. John D. Stevens，"Congressional History of the 1798 Sedition Law," *Journalism*

Quarterly, Summer 1966, pp. 247-48.

33. *The Adams-Jefferson Letters: The Complete Correspondence Between Thomas Jefferson and Abigail and John Adams*（Capon, ed.）, 274-76（1959）.

34. "巴伦诉巴尔的摩案"（*Barron v. Baltimore*）, 7 Pet. 243.

35. 限制最高工时案是"洛克纳诉纽约州案"（*Lochner v. New York*）, 198 U. S. 45（1905）. 限制使用童工案是"哈默诉达根哈特案"（*Hammer v. Dagenhart*）, 247 U. S. 251（1918）.

36. "帕特森诉科罗拉多州案"（*Patterson v. Colorado*）, 205 U. S. 454, 462（1907）.

37. Rabban, "The First Amendment in Its Forgotten Years," 90 *Yale Law Journal* 514, 542（1981）.

38. "《群众》杂志社诉帕腾案"（*Masses Publishing Co. v. Patten*）, 244 F. 535, 539-40（S. D. N. Y. 1917）.

39. Blasi, "Learned Hand and the Self-Government Theory of the First Amendment: Masses Publishing Co. v. Patten," 61 *University of Colorado Law Review* 1（1990）.

40. "申克诉美国案"（*Schenck v. United States*）, 249 U. S. 47, 51-52.（1919）.

41. "德布斯诉美国案"（*Debs v. United States*）, 249 U. S. 211, 212-14（1919）.

42. Gunther, "Learned Hand and the Origins of Modern First Amendment Doctrine: Some Fragments of History," 27 *Stanford Law Review* 719, 732, 755, 757-59（1975）.

43. Chafee, "Freedom of Speech in War Time," 32 *Harvard Law Review* 932, 934, 947-8, 963, 967-8（1919）.

44. "艾布拉姆斯诉美国案"（*Abrams v. United States*）, 250 U. S. 616, 621, 627-31（1919）.

45. *Fighting Faiths* 221-22. On Chafee's article, 参见 *Fighting Faiths* 22-23. 也见 Rabban Chicago 1315, Rabban Yale 581 n. 364.

46. 参见 Rabban Chicago 1265-66, 1271.

47. *Fighting Faiths* 224-27.

48. *Freedom of Speech* 155.

49. Kalven, *A Worthy Tradition* 146.

50. "吉特洛诉纽约州案"（*Gitlow v. New York*）, 268 U. S. 652, 666, 671-73（1925）.

51. "惠特尼诉加州案"（*Whitney v. California*）, 274 U. S. 357, 374-77（1927）.

52. Freund, "Mr. Justice Brandeis: A Centennial Memoir," 70 *Harvard Law Review* 769, 789（1957）.

53. Strum, *Louis D. Brandeis: Justice for the People* 137（1984）.

54. "美国诉施维默案"（*United States v. Schwimmer*）, 279 U. S. 644, 653-55（1929）.

55. "尼尔诉明尼苏达州案"（*Near v. Minnesota*），183 U.S. 697，702，704，713-20（1931）。"布里奇斯诉加利福尼亚州案"（*Bridges v. California*），314 U.S. 252，163（1941）。

56. Friendly，*Minnesota Rag*（1981）。

57. Lewis，"Justice Black and the First Amendment，"38 *Alabama Law Review* 289，291-92，295-97（1987）。

58. "丹尼斯诉美国案"（*Dennis v. United States*），341 U.S. 494，510，581（1951）。

59. *Principles，Politics，and Fundamental Law 3*（1961）。

60. "美国诉克拉西克案"（*United States v. Classic*），313 U.S. 299（1941）。

61. "沙利文案"之后，纳奇曼的法律职业生涯仍然十分辉煌，他后来在美国律师协会联邦司法委员会工作过八年，该委员会负责审核、评定联邦法官（包括最高法院大法官）候选人的任职资格。

62. 阿拉巴马州公共服务委员会诉南方铁路公司案"（*Alabama Public Service Commission v. Southern Railway*），341 U.S. 341（1951）。

63. "坎特韦尔诉康涅狄格州案"（*Cantwell v. Connecticut*），310 U.S. 296，310（1940）。

64. "芝加哥市诉《芝加哥论坛报》公司案"（*City of Chicago v. Tribune Co.*），307 Ill. 595，60l，139 N.E. 86，88（1913）。

65. "科尔曼诉麦克伦南案"（*Coleman v. MacLennan*），78 Kan. 711，713（1908）。

66. "费思科诉堪萨斯州案"（*Fiske v. Kansas*），274 U.S. 380（1927）。

67. Chafee，"Book Review，"61 *Harvard Law Review* 891，897（1949）。

68. "史密斯诉加利福尼亚州案"（*Smith v. California*）361 U.S. 147（1959）。

69. "罗斯诉美国案"（*Roth v. United States*），354 U.S. 476（1957）。

70. "全国有色人种协进会诉巴顿案"（*N.A.A.C.P. v. Button*），371 U.S. 415，423-24 n.7，433，445（1963）。

71. *A Worthy Tradition 67*.

72. Kalven，*The New York Times Case*：*A Note on "The Central Meaning of the First Amendment，"* 1964 *Supreme Court Review* 191，221 n.125.

73. "盖瑞森诉路易斯安那州案"（*Garrison v. Louisiana*），379 U.S. 64，66，74-75（1964）。

74. "美国诉《纽约时报》案"（*United States v. New York Times*），328 F. Supp. 324，331（S.D.N.Y. 1971）。

75. *South Africa Associated Newspapers Limited and Another v. Estate Pelser*，［1975］4

So. Aft. L. R. 797, 800（App. Div.）

76. "西川诉杜勒斯案"（*Nishikawa v. Dulles*），356 U. S. 129, 133（1958）.

77. "贝克诉卡尔案"（*Baker v. Carr*），369 U. S. 186（1962）.

78. Jackson，*The Supreme Court in the American System of Government* 16（1955）.

79. "马丁诉亨特的租户案"（*Martin v. Hunter's Lessee*），1 Wheat. 304（1816）.

80. "科恩斯诉弗吉尼亚州案"（*Cohens v. Virginia*），6 Wheat. 264（1821）.

81. 关于这段往事，参见 Hugo Black Jr.，*My Father：A Remembrance* 260-61（1975）.

82. Meiklejohn，"The First Amendment Is an Absolute," 1961 *Supreme Court Review* 245, 259.

83. "《时代》周刊公司诉希尔案"（*Time Inc. v. Hill*），385 U. S. 374, 388-89（1967）.

84. Garment，"Annals of Law：The Hill Case," *The New Yorker*，April 17, 1989, pp. 90, 98, 104, 109.

85. "柯蒂斯出版公司诉巴茨案"（*Curtis Publishing Co. v. Butts*），388 U. S. 130, 155, 163-64（1967）.

86. "罗森布鲁姆诉大都会传媒案"（*Rosenbloom v. Metromedia*），403 U. S. 29, 43, 47-48, 79（1971）.

87. "罗森布拉特诉贝尔案"（*Rosenblatt v. Baer*），383 U. S. 75, 91, 92-93（1966）.

88. "圣阿曼特诉汤普森案"（*St. Amant v. Thompson*），390 U. S. 727, 731-32, 734（1968）.

89. "《时代》周刊公司诉费尔斯通案"（*Time, Inc. v. Firestone*），424 U. S. 448（1976）.

90. Epstein，"Was New York Times v. Sullivan Wrong?," 53 *University of Chicago Law Review* 782, 783（1986）.

91. "欧曼诉埃文斯案"（*Ollman v. Evans*），750 F. 2d 970, 996（C. A. D. C. en banc 1984）.

92. "蒲琳诉阁楼国际公司案"（*Pring v. Penthouse International, Ltd.*），695 F. 2d 438（Ioth Cir. 1982）.

93. "塔沃拉里亚斯诉普利沃案"（*Tavoulareas v. Piro*），817 F. 2d 762（C. A. D. C. en banc 1987）.

94. "赫伯特诉兰度案"（*Herbert v. Lando*），441 U. S. 153（1979）.

95. "赫伯特诉兰度案"（*Herbert v. Lando*），781 F. 2d 298（C. A. 2 1986），cert. denied 476 U. S. 1182（1986）.

96. 此案详情，参见 *Columbia Journalism Review*，January/February 1983，pp. 42-43.

97. 参见 "Journal Settles Libel Suit for ＄800000," *New York Times*，June 9，1984，p. 8，col. 4.

98. *Wall Street Journal*，September 29，1983，p. 1，col. 1.

99. 此案详情，参见 Smolla，*Suing the Press* 148-59（1986）.

100. Chafee，I *Government and Mass Communications* 106-7（1947）.

101. Schaefer，"Defamation and the First Amendment," 52. *University of Colorado Law Review* I，8（1980）.

102. Saul Padover，*Thomas Jefferson on Democracy 92*（Mentor Edition）.

103. Padover 97.

104. *Suing the Press* 9-19.

105. Brennan，"Address," 32 *Rutgers Law Review* 173，179，181（1979）.

106. 最高法院借审理"布兰斯伯格诉海斯案"，集中解决了三起案件涉及的争议，参见"布兰斯伯格诉海斯案"（*Branzburg v. Hayes*），408 U. S. 665（1972）.

107. *Buthelezi v. Poorter and Others*，〔1975〕4 So. Afr. L. R. 608.

108. Bork，"Freedom，the Courts and the Media," *Center* magazine，March/April 1979，p. 34.

109. "伊穆诺公司诉摩尔-扬科夫斯基案"（*Immuno A. G. v. Moor-Jankowski*），549 N. Y. S. 2d 938，940-44.（1989），vacated and remanded，110 Sup. Ct. 3266（1990），decided again by the New York Court of Appeals，77 N. Y. 2d 235（199I），cert. denied 59 U. S. Law Week 3810（June 3，1991）.

110. "View From Inside a Landmark Libel Case," *New York Times*，January 25，1991，p. A28，col. 3.

111. *A Supreme Court Decision Fosters Litigation*，Nieman Reports，Spring 1990，p. 4.

112. 此案详情，参见 *Suing the Press* 198-237.

113. "博斯公司诉消费者协会案"（*Bose Corporation v. Consumers Union*），466 U. S. 485（1984）.

114. "安德森诉自由游说公司案"（*Anderson v. Liberty Lobby，Inc.*），477 U. S. 242（1986）.

115. Henry R. Kaufman，*Trends in Libel*，chapter 1 in *The Cost of Libel：Economic and Policy Implications*（Dennis and Noam，editors）7（1989）.

116. Nieman Reports，Spring 1990，p. 4.

117. Epstein，"Was New York Times v. Sullivan Wrong?," 53 *University of Chicago Law Review* 782，792（1986）.

118. Anderson, "Reputation, Compensation, and Proof," 25 *William & Mary Law Review* 747, 755 (1984).

119. 弗兰德利法官的判词，参见"巴克利诉《纽约邮报》案"（*Buckley v. New York Post*）判决，373 F. 2d 175. 182 (1967).

120. Dwyer, *The Goldmark Case* 273, 279-80 (1984).

121. "《迈阿密先驱报》诉托恩尼诺案"（*Miami Herald v. Tornillo*），418 U. S. 241 (1974).

122. "邓 & 布拉德斯特里特诉格林玛斯建筑公司案"（*Dun&Bradstreet v. Greenmoss Builders*），472. U. S. 749, 764, 767, 771, 775 n. 1 (1985).

123. "圣阿曼特诉汤普森案"（*St. Amant v. Thompson*），390 U. S. 727 (1968).

124. "《好色客》杂志诉福尔韦尔案"（*Hustler Magazine v. Falwell*），485 U. S. 46, 48, 51-55 (1988).

125. 麦迪逊这段话引自他 1822 年 8 月 4 日致 W. T. 巴里的信，转引自 Padover, *The Complete Madison* 346 (1953).

126. "邦德诉弗洛伊德案"（*Bond v. Floyd*），385 U. S. 116, 120-21, 124, 135-36 (1966).

127. "布兰登伯格诉俄亥俄州案"（*Brandenburg v. Ohio*），395 U. S. 444 (1969).

128. "科恩诉加利福尼亚州案"（*Cohen v. California*），403 U. S. 15, 23-25 (1971).

129. "德克萨斯州诉约翰逊案"（*Texas v. Johnson*），491 U. S. 397, 414 (1989).

130. "美国诉艾希曼案"（*United States v. Eichman*），110 Sup. Ct. 2404, 2408, 2410 (1990).

131. 这起事件的详情，参见 Singer, "How Prior Restraint Came to America," *The American Lawyer*, January-February 1991, p. 88.

132. "美国诉《纽约时报》案"（*United States v. New York Times Co.*），328 F. Supp. 324, 331 (S. D. N. Y. 1971). "《纽约时报》诉美国案"（*New York Times Co. v. United States*），403 U. S. 713, 730 (1971).

133. "斯耐普诉美国案"（*Snepp v. United States*），444 U. S. 507 (1980).

134. Griswold, "Secrets Not Worth Keeping," *Washington Post*, February 15, 1989, p. A25.

135. 辛辛那提市的案件，参见 Wilkerson, "Cincinnati Jury Acquits Museum in Mapplethorpe Obscenity Case," *New York Times*, October 6, 1990, p. 1, col. 1. 劳德尔堡的案件，参见 Rimer, "Rap Band Members Found Not Guilty in Obscenity Trial," *New York Times*, October 21, 1990, section 1, p1, col. 1.

136. Bickel, *The Morality of Consent* 60-61 (1975).

注　释

137. Professor Howard，"The Brennan Legacy：A Roundtable Discussion，"77 *American Bar Association Journal* 52，58（1991）.

138. "《星期日泰晤士报》诉联合王国案"（*Sunday Times v. United Kingdom*），2 E. H. R. R. 245，281（1979）.

139. 此案即"林根斯诉奥地利案"（*Lingens v. Austria*），8 E. H. R. R. 407，409，418-19（1986）. 在这起案件中，著名律师弗洛伊德·艾布拉姆斯代表"国际人权保护中心"提交了一份"法庭之友"意见书，着重向欧洲人权法院解释了"沙利文规则"，并建议法官在本案中适用该规则。

判 例 索 引

A

阿伯内西等人诉沙利文案 （*Abernatby et al. v. Sullivan*） 140

艾布拉姆斯诉美国案 （*Abrams v. United States*） 93，97，194，199，284

安德森诉自由游说公司案 （*Anderson v. Liberty Lobby，Inc.*） 310

阿拉巴马州公共服务委员会诉南方铁路公司案 （*Alabama Public Service Commission v. Southern Railway*） 138，308

B

贝克诉卡尔案 （*Baker v. Carr*） 206，309

巴尔诉马泰奥案 （*Barr v. Matteo*） 186

巴伦诉巴尔的摩案 （*Barron v. Baltimore*） 307

博哈纳斯诉伊利诺斯州案 （*Beauharnais v. Illinois*） 52，136，306

博斯公司诉消费者协会案 （*Bose Corporation v. Consumers Union*） 310

布兰登伯格诉俄亥俄州案 （*Brandenburg v. ohio*） 288，289，311

布里奇斯诉加利福尼亚州案 （*Bridges v. California*） 112，121，127，135，166，170，180，197，308

布朗诉教育委员会案 （*Brown v. Board of Education*） 23，44，137，190，305

C

坎特韦尔诉康涅狄格州案 （Cantwell v. Connecticut） 146, 182, 308

芝加哥市诉《芝加哥论坛报》公司案 （City of Chicago v. Tribune Company）
156, 308

科恩诉加利福尼亚州案 （Cohen v. California） 289, 291, 311

科恩斯诉弗吉尼亚州案 （Cohens v. Virginia） 213, 214, 309

科尔曼诉麦克伦南案 （Coleman v. MacLennan） 150, 186, 208, 308

柯蒂斯出版公司诉巴茨案 （Curtis Publishing Co. v. Butts） 232, 279, 309

D

丹尼斯诉美国案 （Dennis v. United States） 308

迪佐恩诉俄勒冈州案 （DeJonge v. Oregon） 126, 135

邓 & 布拉德斯特里特诉格林玛斯建筑公司案 （Dun & Bradstreet v. Greenmoss
Builders） 279, 280, 311

F

费思科诉堪萨斯州案 （Fiske v. Kansas） 151, 166, 308

G

盖瑞森诉路易斯安那州案 （Garrison v. Louisiana） 195, 225, 236, 308

葛茨诉韦尔奇案 （Gertz v. Welch） 236, 273

吉特洛诉纽约州案 （Gitlow v. New York） 103, 184, 307

H

哈默诉达根哈特案 （Hammer v. Dagenhart） 307

赫伯特诉兰度案 （Herbert v. Lando） 247, 279, 309

《好色客》诉福尔韦尔案 （Hustler Magazine v. Falwell） 281, 284

I

伊穆诺公司诉摩尔-扬科夫斯基案 （Immuno A. G. v. Moor-Jankowski） 258,
310

L

林根斯诉奥地利案 （*Lingens v. Austria*） 312
洛克纳诉纽约州案 （*Lochner v. New York*） 307

M

马丁诉亨特的租户案 （*Martin v. Hunter's Lessee*） 213，309
《群众》杂志社诉帕腾案 （*Masses Publishing Co. v. Patten*） 307
麦克卡洛克诉马里兰州案 （*McCulloch v. Maryland*） 306
《迈阿密先驱报》诉托恩尼诺案 （*Miami Herald v. Tornillo*） 277，311

N

全国有色人种促进会诉巴顿案 （*N. A. A. C. P. v. Button*） 181，308
尼尔诉明尼苏达州案 （*Near v. Minnesota*） 112，116，118，121，136，
179，197，292，295，308
西川诉杜勒斯案 （*Nishikawa v. Dulles*） 205，208，309

P

帕特森诉科罗拉多州案 （*Patterson v. Colorado*） 81，86，116，117，307
人民诉克罗斯韦尔案 （*People v. Croswell*） 306
普莱西诉弗格森案 （*Plessy v. Ferguson*） 21—23，305

R

国王诉塔特因案 （*Rex v. Tutchin*） 306
罗森布拉特诉贝尔案 （*Rosenblatt v. Baer*） 309
罗森布鲁姆诉大都会传媒案 （*Rosenbloom v. Metromedia*） 235，272，309
罗斯诉美国案 （*Roth v. United States*） 207，308

S

申克诉美国案 （*Schenck v. United States*） 86，307
斯科特诉桑福德案 （*Scott v. Sandford*） 305

史密斯诉加利福尼亚州案 （*Smith v. California*） 156，185，308

斯耐普诉美国案 （*Snepp v. United States*） 294，311

圣阿曼特诉汤普森案 （*St. Amant v. Thompson*） 279，309

斯特劳德诉西弗吉尼亚州案 （*Strauder v. West Virginia*） 20，305

斯特龙伯格诉加利福尼亚州案 （*Stromberg v. California*） 126，180

《星期日泰晤士报》诉联合王国案 （*Sunday Times v. United Kingdom*） 312

T

德克萨斯州诉约翰逊案 （*Texas v. Johnson*） 291，311

《时代》周刊公司诉希尔案 （*Time Inc. v. Hill*） 225，226，265，309

U

美国诉克拉西克案 （*United States v. Classic*） 130，308

美国诉施维默案 （*United States v. Schwimmer*） 109，307

W

惠特尼诉加利福尼亚州案 （*Whitney v. California*） 105，149，181，288